李政大　袁晓玲　吕文凯◎著

西部地区绿色发展机制研究

RESEARCH ON
THE GREEN DEVELOPMENT
MECHANISM OF
WESTERN IN CHINA

中国财经出版传媒集团

经济科学出版社
Economic Science Press

U0515339

图书在版编目（CIP）数据

西部地区绿色发展机制研究/李政大，袁晓玲，吕
文凯著．－－北京：经济科学出版社，2022.6
ISBN 978 - 7 - 5218 - 3717 - 9

Ⅰ．①西… Ⅱ．①李…②袁…③吕… Ⅲ．①绿色经
济－区域经济发展－研究－西北地区②绿色经济－区域经
济发展－研究－西南地区 Ⅳ．①F127

中国版本图书馆 CIP 数据核字（2022）第 097517 号

责任编辑：杨　洋
责任校对：王肖楠
责任印制：王世伟

西部地区绿色发展机制研究

李政大　袁晓玲　吕文凯　著

经济科学出版社出版、发行　新华书店经销
社址：北京市海淀区阜成路甲 28 号　邮编：100142
总编部电话：010 - 88191217　发行部电话：010 - 88191522
网址：www. esp. com. cn
电子邮箱：esp@ esp. com. cn
天猫网店：经济科学出版社旗舰店
网址：http://jjkxcbs. tmall. com
北京季蜂印刷有限公司印装
710×1000　16 开　15 印张　250000 字
2022 年 6 月第 1 版　2022 年 6 月第 1 次印刷
ISBN 978 - 7 - 5218 - 3717 - 9　定价：60. 00 元
（图书出现印装问题，本社负责调换。电话：010 - 88191510）
（版权所有　侵权必究　打击盗版　举报热线：010 - 88191661
QQ：2242791300　营销中心电话：010 - 88191537
电子邮箱：dbts@ esp. com. cn）

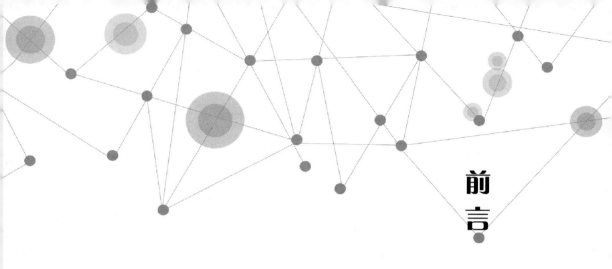

前言

    党的十九大报告指出，中国特色社会主义进入新时代，我国社会主要矛盾已经转化为人民日益增长的美好生活需要和不平衡不充分的发展之间的矛盾。良好生态环境是人民对美好生活向往的重要内容，也是新时代实现奋斗目标的关键任务。习近平总书记强调良好的生态环境是人与自然和谐共生的命运共同体不可或缺的部分，也是中国共产党为之不懈奋斗的坚定方向。

    中国经济在取得显著成就的同时，经济发展的要素依赖性与资源环境的矛盾日益尖锐，这些问题在西部欠发达地区尤为突出，已成为制约建设美丽中国、实现永续发展的主要因素。习近平总书记指出，协调发展、绿色发展既是理念又是举措。让良好生态环境成为人民生活质量的增长点，成为展现我国良好形象的发力点。因此，提高西部欠发达地区绿色发展水平，不仅事关全面建成小康社会的伟大实践，而且是加快形成中国特色发展模式的关键环节，其意义不言而喻。本书以西部地区为研究对象，以提高西部地区绿色发展水平为出发点；以强可持续研究范式为基础；以提高发展质量为研究主线；以厘清绿色发展机制为重点和关键环节；以提出绿色发展综合解决方案为落脚点，为欠发达地区的绿色发展提供理论和决策支持，积极为新时代形成具有中国特色经济发展模式的伟大实践，探索理论支持和实践路径。

本书所尝试的创新可归纳为以下方面。

（1）将绿色发展置于强可持续视角，建立新的研究框架。强可持续性发展是在主要自然资本非退化约束下的经济发展模式，被联合国正式确立为绿色发展新范式。本书将强可持续理论贯穿研究的全过程：一是基于环境总量的非减性发展诉求，从生态损害与生态建设两个维度分析经济发展的"副产品"——生态环境的变化，充分展示人类生态文明建设成果，打通生态环境双向作用路径，使得环境存量非减性成为可能，也彰显"五位一体"战略布局中生态文明建设的重要地位；二是基于资源总量非减性发展诉求，本书从可再生能源和不可再生能源两个维度分析资源投入，不仅有利于引导加快转变能源消费结构，而且能够全面评价可持续发展的质量，体现"资源投入—效率改善—永续发展"的高质量发展本质。

（2）构建 MEBM 模型和 MEBM-Luenberger 指数模型，弥补了全要素生产率算法的不足。本书采用修正后的混合距离模型——MEBM 模型，综合了全要素生产率的径向算法和非径向算法，弥补了径向算法假设投入或产出同比例变动的不足，也弥补了非径向算法忽略效率前沿投影值原始比例信息的缺陷。与 EBM 模型相比，MEBM 模型明确了变量参数的约束条件，避免投影值可能出现的逻辑错误；此外，MEBM 模型改进了投入指标的相关指数计算方法，克服了在极度离散条件下，由于投入指标投影值之间因完全线性负相关而出现的"关联指数理论悖论"现象。MEBM-Luenberger 指数克服了被评价单元集之间可能存在的异质性，无须选择测量角度，且无须进行等比例变动；该分解模型是基于差值的分解方法，具有可加结构，能够考察总产出的变动情况，为实现全要素分解奠定基础。

（3）构建绿色发展机制模型，厘清绿色发展脉络，丰富绿色发展研究方法，拓展研究内容。本书基于系统论、控制论、公共选择、外部性、市场失灵、委托—代理等理论，构建西部绿色发展机制模型，将其分解为动力机制、激励机制、约束机制、保障机制，推演不同政策工具的驱动、激励、约束、保障的作用机理，刻画绿色发展不同要素之间相互联系、相互作用、相互制约的动态机能。引入经济计量模型，实证检验不同政策工具和规划手段在推动西部地区绿色发展中的实施效果，同时开展有效性分析，全面衡量不同政策对绿色发展的贡献。本书的研究丰富了绿色发展战略执行工具和手段体系的研究方法，拓展绿色发展研究内容，为科学、合理地制定绿色发展路径，提供理论和实践依据。

（4）引入基于回归方程的夏普利值分析方法，使得不同绿色发展路径之间开展有效性比较成为可能，为绿色发展研究提供新手段。夏普利值（Shapley value）是基于合作博弈论的分解方法，它认为合作联盟中某一个因素的贡献率，是按任意顺序剔除该因素对合作联盟所产生边际效应的均值。本书把绿色发展的回归方程和夏普利值分解法相结合，量化研究不同政策工具和规划手段对提高绿色发展水平的贡献，将绿色发展分解为回归方程中不同政策工具变量的贡献率和方程残差的贡献率，避免了绿色发展政策影响因素分布的扭曲，为按贡献大小识别不同政策工具的重要性提供了可能，为绿色发展研究提供了新手段，为检验绿色发展政策工具有效性提供工具支持。

本书得到国家社会科学基金（16BJL116）的资助。

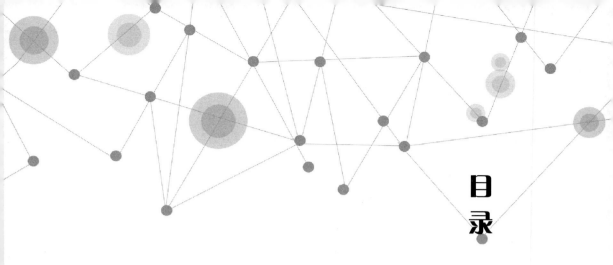

目 录

第1章

绪　　论

1.1　研究背景

　　2017 年党的十九大报告指出，中国特色社会主义进入新时代，我国社会主要矛盾已经转化为人民日益增长的美好生活需要和不平衡不充分的发展之间的矛盾。优美的生态环境是人民美好生活的重要内容，建设人与自然和谐共生的命运共同体，实现人民对新时代美好生活的新期待，是中国共产党为之不懈奋斗的坚定方向。

　　改革开放 40 多年以来，世界对中国经济的巨大变化感到震惊。2018 年末中国的外汇储备、进出口总额均位居世界第一位，分别达到 3.16 万亿美元和 7.1 万亿美元①；GDP 总量 13.6 万亿美元，位居世界第二位。②

---

　　① 《经济参考报》2019 年 9 月 23 日第一版《我国外汇储备连续 13 年稳居世界第一》。

　　② 国家统计局. 经济运行稳中有进 转型发展再展新篇——《2018 年统计公报》评读 [EB/OL]. 国家统计局网站，2019 - 2 - 28.

但是我们也必须清醒地看到，中国经济在取得显著成就的同时，发展过程中资源、环境问题也日益凸显，并且在局部地区有持续恶化的风险和趋势，亟待解决。

1.1.1 经济发展的要素依赖性与资源有限性的矛盾日益尖锐，发展质量仍有较大的改进空间

长期以来，要素投入是中国经济发展主要驱动方式：2005 年中国的经济总量占全球的 4.95%，但消耗的能源总量却占 14.64%；到 2018 年这种现象依旧没有改观：中国经济总量占全球的比例上升到 15.67%，但当年中国能源消费量约占全球的 25%；2005～2018 年中国能源消费量年均增长率为 5.3%，远高于全球 1.8% 的平均值[1]。

虽然中国在不断优化能源消费结构，但是单位 GDP 能耗仍然保持较高消耗量。2018 年，全国能源消费总量为 47.2 亿吨标准煤，GDP 总量为 90 万亿元，按照当年价计算的万元国内生产总值能耗为 0.52 吨标准煤[2]，如果以 2018 年平均汇率 6.6174 为折算标准，2018 年我国万元 GDP 能耗是世界平均能耗的 1.4 倍，是美国的 3.3 倍，是欧盟的 5.5 倍，是日本的 9 倍。[3]

经济发展对要素投入的依赖性与资源有限性的矛盾日趋尖锐。我国虽然资源种类繁多，但是主要矿产资源人均拥有量位居全球第 53 位，仅为全球平均水平的 58%，有 45 种矿产低于世界人均水平的 1/3。2018 年我国的煤炭、石油、天然气人均拥有量分别是全球平均水平的

---

① 资料来源：BP 世界能源统计年鉴 2006，BP 世界能源统计年鉴 2019 手工计算得出。

② 中国能源统计年鉴 2019 ［M］. 北京：中国统计出版社，2020：58.

③ 资料来源：BP 世界能源统计年鉴 2019 手工计算得出。

79%、6.5%、6.1%。① 据统计，2018 年中国的石油进口依赖度已达到 70.9%，铁矿石、铜、天然橡胶、天然气的进口依赖度高达 60%、70%、88%、43%；19 种主要矿产资源中有 14 种依赖进口。② 如果粗放型的发展方式不能改变，资源消耗的"天花板"即将到来，这并不是危言耸听。

1.1.2 粗放的发展方式造成生态环境恶化，阻碍"人类命运共同体"的和谐共生

煤炭是中国的主要能源，在能源消费结构中占 59%③，该比例远高于 24.37% 的全球平均水平，过高的煤炭消耗量成为空气污染的重要原因。2018 年中国二氧化碳排放量约占全球的 25%，成为世界上最大的碳排放国。④ 2018 年，全国仅有 121 个城市环境空气质量达标，占全部 338 个地级及以上城市数量的 35.8%；而环境空气质量不达标的城市有 217 个，占 64.2%。在统计的 338 个城市中发生严重污染 822 天次，比 2017 年增加了 20 天次，此外，臭氧浓度和臭氧超标天数比例较 2017 年均明显上升。2017 年中国二氧化硫排放量 1102.86 万吨，位居世界第二；氮氧化物排放量 1394.31 万吨，位居世界首位；粉尘排放量 1010.66 万吨，位居世界首位。⑤ 2016～2017 年，中央环保督察组对全国 31 个省区市开展督查，处罚 18223 家，罚款 7.28 亿元，拘留 1199 人，问责 12724 人⑥，可见形势

---

① 资料来源：根据中国能源发展报告 2018 手工计算得出。
② 资料来源：根据中国统计年鉴 2019 手工计算得出。
③ 中国能源统计年鉴 2019 ［M］. 北京：中国统计出版社，2020：58.
④ 2018 年，中国碳排放量为 137 亿吨二氧化碳当量，占全球总排放量的 1/4 以上 ［EB/OL］. 碳排放交易网，2022 – 1 – 9.
⑤ 2018 年中国生态环境状况公报 ［EB/OL］. 生态环境部网站，2019 – 5 – 29.
⑥ 中央环保督察威力大：两年内完成对 31 省份全覆盖 ［EB/OL］. 央视网，2017 – 11 – 7.

之严峻。

中国是水资源贫乏的国家，中国的人均水资源拥有量仅为全球平均水平的 25%，全国 600 多个城市中大约 50% 的城市水资源匮乏。[1] 有限的水资源却也正遭受不同程度的污染，环保部 2018 年中国生态环境状况公报显示，七大水系中四类以下的水质近 30%，已经无法作为饮用水资源；111 个被检测的重要湖泊（水库）中，Ⅳ 类、Ⅴ 类、劣 Ⅴ 类共计 37 个，占总数量的 33.3%；2018 年在国家级地下水水质监测点中，Ⅰ 类、Ⅱ 类、Ⅲ 类水质监测点仅占 13.8%，而不能作为饮用水的 Ⅳ 类、Ⅴ 类水质监测点高达 86.2%[2]，数据触目惊心。

生态环境恶化造成生态成本的大幅度增加，环境保护部规划院 2017年 8 月发布的《中国环境经济核算研究报告》显示，2013 年环境退化成本和生态破坏损失合计 2.1 万亿元，损失总额较 2012 年增加了13.5%，约占当年 GDP 的 3.3%。土壤与地下水环境退化成本纳入核算体系，2013 年环境退化成本和生态破坏损失占当年 GDP 的比例将提高至 3.9%。从变化趋势看，2006～2013 年中国环境污染成本持续上升，基于退化的环境污染成本从 2006 年的 6507.7 亿元上升至 2013 年的15794.5 亿元，平均每年增长 13.5%，远高于同期 GDP 的增长幅度；基于治理的虚拟成本从 2006 年的 4112.6 亿元上升至 2013 年的 6973.3 亿元，平均每年增长 7.8%。由于缺乏基础数据，各项损失的核算范围不全面，资源消耗损失没有核算，环境退化成本主要缺少土壤与地下水环境退化成本。报告核算的生态环境退化成本占 GDP 的 3.1%～3.9%（见图 1-1 和图 1-2）。

---

① 中国各省市水资源排名 [EB/OL]. 搜狐网，2019-7-10.
② 2018 年中国生态环境状况公报 [EB/OL]. 生态环境部网站，2019-5-29.

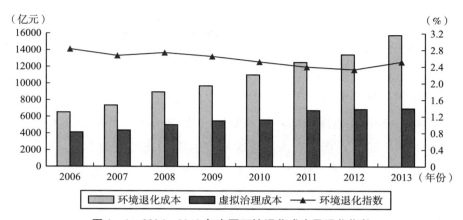

图 1 - 1　2006 ~ 2013 年中国环境退化成本及退化指数

资料来源：环境保护部环境规划院. 中国环境经济核算研究报告 2013，2017。

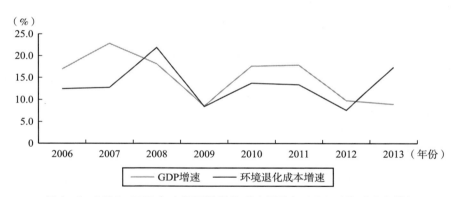

图 1 - 2　2006 ~ 2013 年中国环境退化成本增速与 GDP 对比（当年价）

资料来源：环保部环境规划院. 中国环境经济核算研究报告 2013，2017。

1.1.3　西部欠发达地区的资源、环境问题已成为制约中国可持续发展的主要因素

2006 年，国家环境保护总局首次对外发布《中国的环境保护（1996—2005）》白皮书，书中显示中国生态环境脆弱区占国土面积的 60% 以上，主要集中在西部地区。10 年之后，该现象并没有得到改变：2016 年国家

环境保护部和中国科学院联合发布的全国生态环境变化调查评估报告显示，西部地区的生态环境脆弱，流域生态环境恶化，河流断流、湿地退化、生物多样性减少等问题较为突出；自然保护区、重点生态功能区等重要生态保护区域人类活动干扰问题有加重的趋势。

2017 年 8 月环境保护部环境规划院发布的《中国环境经济核算研究报告：2013 – 2014》指出，西部地区环境污染扣减指数为 1.5，高于同期东部地区的 0.96 和中部地区的 1.13，说明西部地区的环境污染状况明显高于东部、中部地区。2013 年西部地区的 GDP 仅为全国的 20%，但是其虚拟治理成本、生态环境退化成本、生态破坏损失分别占到了全国的 26.6%、30%、55%。[①] 尤其是生态破坏损失占全国的一半以上，可见西部地区生态环境对于全国生态环境的影响之大。

袁晓玲在 2019 年出版的《中国环境质量综合评价报告（2018）》认为，与其他地区相比，西部地区深居中国内陆，降水稀少，气候干旱，沙漠广布，年蒸发量巨大，自然环境禀赋的先天劣势使其环境吸收能力较差，在其他地区环境吸收指数不断升高的背景下，西部地区环境吸收指数却从 1996 年的 1.94 下降到 2016 年的 1.72[②]，形成强烈的反差，这并不利于西部地区生态环境质量的改善。

由于历史原因和自然禀赋的现实，西部地区经济发展明显落后于东部、中部地区。2018 年上半年，中国人均收入低于 10000 元的七个省区，全部位于西部地区。根据中国人民大学中国调查与数据中心 2018 年 1 月发布的《中国发展指数（2017）报告》显示，我国东部发达地区与西部地区之间仍然存在着较大的发展水平差距，位居中国发展指数 RCDI（2017）后 10 位的省份中，有 8 个为西部地区。西部地区的脱贫任务依旧

---

① 中国环境经济核算研究报告：2013 – 2014［M］. 北京：中国环境出版集团，2019：104.

② 袁晓玲，杨万平，张跃胜等. 中国环境质量综合评价报告（2018）［M］. 北京：中国经济出版社，2018.

严峻：2017 年西部贫困发生率为 5.6%，高出全国平均水平 2.5 个百分点；西部贫困人口高达 1634 万人，占全国的 53.6%；农村贫困人口 200 万以上的省份全国有 7 个，其中 5 个在西部地区。全国有 14 个特困地区，其中有 12 个在西部地区，西部地区的"三区三州"① 更是被国家列为深度贫困区。

西部欠发达地区面临着更为明显的发展与保护的双重压力，经济要发展，原本脆弱的生态资源环境压力就会与日俱增；而不发展经济，则中国第二个百年目标几乎就不能实现。"鱼和熊掌"之间如何抉择，考验着党中央治国理政的智慧。

绿色发展将环境资源作为社会经济发展的内生要素，强调经济、环境、资源系统的共生性，把转变发展方式，提高发展质量和效益作为目标，把经济实践过程和结果的"绿色化"作为主要内容和途径，是中国永续发展的必由之路。中国倡导节约资源、保护环境已经 20 多年，经济发展与资源、环境保护的矛盾仍很突出，尤其是在西部地区出现滞后化、"洼地"化、复杂化的倾向，究其原因：一是西部地区的绿色发展思路仍不清晰，从某种意识上说，绿色发展是第二代可持续发展观（胡鞍钢，2014），但绿色发展理论缺乏对西部地区实践的有效指导，尤其是强可持续、绿色发展机制研究有待进一步深入。二是西部地区绿色发展尚未真正成为行动纲领，虽然国家已经制定一系列的绿色发展政策，但是绿色发展政策工具不足，执行机制滞后，地方政府 GDP 本位主义、"GDP 崇拜"仍根深蒂固（蒋德权，2015）。三是西部地区资源禀赋、经济发展的客观基础千差万别，各地社会管理能力也不同，"一刀切"式的政策显然不适用，缺乏有针对性的、差异化的绿色发展路径指导方针。

---

① "三区"是指西藏自治区、新疆维吾尔自治区南疆四地州和四省藏区；"三州"是指甘肃的临夏州、四川的凉山州和云南的怒江州，是国家层面的深度贫困地区。

2017 年 6 月，习近平总书记在山西考察时指出："坚持绿色发展是发展观的一场深刻革命"。[①] 绿色发展是一项包含转变经济发展方式、环境污染综合治理、自然生态保护修复、资源集约利用、完善生态文明制度体系等众多内容的系统工程，但首要任务是全方位、全地域、全过程地开展资源和生态环境保护。坚定不移地走生态优先的可持续发展道路，正确处理好经济发展与资源、生态环境保护的关系，加快形成绿色发展方式，迅速弥补西部地区绿色发展短板，不断提高资源节约型、环境友好型社会建设水平。可见，绿色发展对于建设美丽中国，实现中华民族永续发展，全面建成小康社会，实现中华民族伟大复兴，具有十分重要的意义。这也是本书的出发点和落脚点。

1.2 研究意义

1.2.1 理论意义：丰富中国绿色发展理论体系

（1）将强可持续理论、方法引入绿色发展研究，创新和丰富了绿色发展研究的理论体系。本书引入强可持续发展理论，基于资源、环境福利非减性发展诉求，将环境建设和环境污染同时纳入生态环境评价体系，将不可再生能源和可再生能源同时纳入绿色全要素生产率分析、绿色发展水平测度模型、绿色发展机制检验模型，从范式转换的新视角研究绿色发展。

（2）从理论和经验两方面揭示绿色发展"黑箱"，拓展和深化绿色发

---

① 习近平在山西考察工作时强调 扎扎实实做好改革发展稳定各项工作为党的十九大胜利召开营造良好环境 ［N］. 人民日报，2017 - 6 - 24，第 1 版.

展研究的对象和内容。本书构建绿色发展机制模型，将其分解为动力、激励、约束、保障机制，剖析经济、资源、环境子系统相互联系、相互作用、相互制约的内在机理和协调功能，为解决绿色发展研究中关键的机制设计问题提供新的研究思路。

（3）从过程和效果双维度刻画绿色发展现实条件，修正和完善绿色发展研究的工具方法。采用 DEA 方法，构建了 MEBM 模型和 MEBM-Luenberger 指数，弥补了径向和非径向效率计算的不足，将提高发展质量的本质与绿色发展内涵有效结合，突出了质量型绿色发展路径。

1.2.2 现实意义：为新常态背景下的绿色发展提供政策支持

（1）刻画绿色发展多层面的立体差异现实图景，为绿色发展差异化政策设计提供现实靶向支撑，揭示绿色发展的区域差异特征，探究西部欠发达地区区域质量型绿色发展的现实条件及其有效空间，为制定集约、有质量、可持续的绿色发展路径奠定决策基础。

（2）厘清绿色发展机制，为贯彻落实绿色发展战略提供政策工具手段。对绿色发展机制进行由表及里、去伪存真的处理，从而客观概括绿色发展的普遍本质和关键要素的调节、作用方式；并实证检验绿色发展机制的贡献差异，为推进绿色发展战略、落实绿色发展战略提供政策工具。

1.2.3 社会意义：检验美丽中国建设成果

党的十八大报告提出，要把生态文明建设放在突出地位，融入经济、政治、文化、社会建设各方面和全过程。2015 年 5 月，发布《中共中央 国务院关于加快推进生态文明建设的意见》，从实现"两个一百年"奋斗目标，从中华民族永续发展的高度来审视生态文明建设。本书将环境污染作为"非合意产出"纳入绿色发展研究框架，基于强可持续理论，从环境建设和环境污染两个维度，构建生态环境综合评价体系，力求客观描述生态环境现状，刻画演进轨迹，全面反映不同区域的生态文明建设水平，检验美丽中国建设成果，有助于正确认识绿色发展面临的深刻变化和挑战，准确把握美丽中国的内在规律，为加快转变经济发展方式，实现永续发展提供科学依据和路径支持。

1.3　研究方法与技术路线

1.3.1　历史分析法

历史分析法是运用发展、变化的观点分析客观事物发展和社会现象演变的方法。本书首先梳理经济发展、效率理论研究脉络，对其发展历程进行回顾，查阅各个时期的相关文献，对历史演进过程进行总结、抽象，并用经济学的观点，构建将经济发展、效率改善、要素投入、资源与环境约束同时纳入经济增长的研究框架。

1.3.2　归纳演绎法

演绎法和归纳法是规范性研究的两种主要方法。演绎法是将科学理论与研究过程、结果相结合，从普遍结论或一般性事理中总结、推导出具有个体特征的研究结论；归纳法是通过梳理、整理、总结等方法，从诸多个别的事例或结果中归纳出具有普遍性质的共有特性，从而得出普适性结论。两者的思路相反，但又相互联系，相辅相成。本研究中多次运用归纳法和演绎法，构建绿色发展机制模型，从各因素间的多重联系中抽象出典型化事实并加以经验分析，并把实证结果加以归纳，与欠发达地区经济发展的实际相结合，演绎中国绿色发展的特殊性规律，构建政策支撑体系。

1.3.3 计量分析法

计量经济学是以必要的科学理论为指导，在收集、整理大量统计资料的基础上，运用数学、统计学方法，通过建立经济计量模型，定量分析不同研究对象之间关系的方法论总称。本书的实证分析部分采用计量经济学分析方法，借助 Stata、Maxdea 等计量分析软件，在环境质量评价、效率测度、效率变动分解、发展机制检验等环节，开展计量分析研究。

1.3.4 系统工程分析方法

绿色发展是一项系统工程，本书在研究过程中，采用系统能力分析，构建理论模型、优化发展机制、政策系统决策检验、政策系统性分析评价等系统工程的方法对绿色发展机制进行系统研究。引入强可持续发展理论，从资源、环境总福利非减性发展诉求出发，对绿色发展机制的现实条件进行多目标的系统规划求解。

本书研究的技术路线如图 1-3 所示。

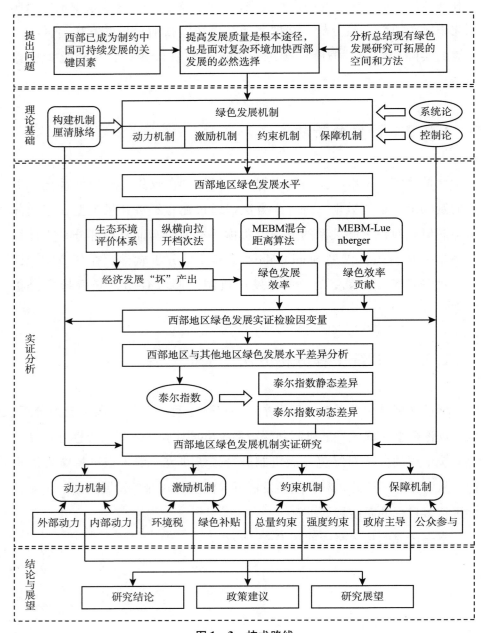

图1-3 技术路线

1.4　概念界定

绿色发展水平。西部地区面临更加严峻的发展和环境保护的双重压力，转变发展方式，提升投入产出水平，提升发展质量显得尤为迫切。党的十九大报告指出，必须坚持质量第一、效益优先，以供给侧结构性改革为主线，推动经济发展质量变革、效率变革、动力变革，提高全要素生产率。全要素生产率是经济学中常用概念，是生产过程中资金、人力、设备、原材料等资源开发利用的结果，全要素生产率能够更好兼顾高质量发展的目的与手段，提供可持续提高劳动生产率的途径。因此，本书从全要素生产率的视角来研究绿色发展问题。全要素生产率分析可分为静态和动态分析方法，静态分析用来刻画某一时点研究样本的投入产出绝对效率值，它易于理解，可视性强，便于比较分析，通过对每一个时点效率值的综合分析，可以揭示绿色发展的过程。动态分析用来刻画相邻两期全要素生产率的变动情况，通过对效率变动情况与经济增长的比较，可以洞察全要素生产率对经济发展的贡献效果，回答了生产率增长来源这一经济学家所关注的核心问题（黄先海，2017）。有鉴于此，本书从过程和效果两个维度来衡量绿色发展水平，将绿色发展水平表征为绿色全要素生产率及其对经济增长的贡献，即：绿色发展水平＝绿色全要素生产率绝对值×绿色全要素生产率对经济增长贡献。

1.5　研究内容

第 1 章为绪论。首先从中国经济发展面临的资源、环境问题出发，介绍本书的研究背景，说明本书的选题缘由。阐述本书的研究意义，说明本书的研究方法、技术路线和研究框架，界定文中绿色发展水平等概念，指出本书的创新之处。

第 2 章为文献综述。重点梳理国内外研究现状。对本书研究所涉及的基础理论、相关研究文献进行梳理，对绿色发展内涵、绿色发展水平评价、绿色发展机制、绿色全要素生产率等相关理论的国内、国外研究现状进行归纳和整理。在此基础上，总结现有文献可拓展的方向和内容，为后续研究奠定基础。

第 3 章为绿色发展机制的理论分析。要了解绿色发展的内部运行规律，首先要"打开"绿色发展的"黑箱"，基于系统论、控制论原理，构建绿色发展机制模型，将其分解为动力机制、激励机制、约束机制、保障机制。引入社会治理、公共选择、外部性、市场失灵、委托—代理等理论，推演不同机制模型中，各项政策工具的驱动、激励、约束、保障作用的机理，剖析内部运行系统，厘清各主体、各要素的作用机理，洞察发展脉络，为全书研究奠定理论基础。

第 4 章为强可持续视角下西部地区绿色发展水平测度。一是构建基于强可持续理论的生态环境综合评价体系，采用基于整体差异的纵横向拉开档次评价方法，科学测度绿色发展中的环境污染，并将其作为约束条件与"好"产出同时纳入绿色发展效率研究框架。二是构建修正后的 MEBM 混合距离模型，刻画西部及其他地区绿色发展效率。三是构建 MEBM – Luenberger 生产率指数，衡量西部及其他地区绿色发展效率对经济增长的贡献。四是将绿色发展水平表征为绿色发展效率和绿色效率贡献的双重作用结果，从过程和效果双维度刻画西部地区绿色发展水平，并开展对比分析。

第 5 章为西部与其他地区绿色发展水平差异分析。将泰尔指数引入绿色发展水平差异分析，从静态泰尔指数和动态泰尔指数两个维度，分析西部地区与东部、东北、中部地区绿色发展水平的差异，为西部地区协同推进绿色发展奠定基础，为缩小西部地区与其他地区绿色发展水平提供理论依据。

第 6 章为西部地区绿色发展机制实证检验。引入了计量经济学模型，分别实证检验动力机制、激励机制、约束机制、保障机制中不同政策工具的实施效果。动力机制实证检验内部动力和外部动力的影响，激励机制实证检验环境税激励和政府绿色补贴的影响，约束机制实证检验总量约束和单位强度约束的影响，保障机制实证检验社会公众参与的环境治理模式和政府主导的环境治理模式的影响。实证检验中引入夏普利值分析方法，进一步分析具有相同作用效果的政策手段的有效性。

第 7 章为研究结论与对策建议。通过对以上章节的总结和提炼，提出提高西部地区绿色发展水平的综合解决方案，为绿色发展提供政策支持；阐明研究中存在的问题，并提出后期研究的展望。

1.6 本书创新之处

本书针对已有文献中有待继续深入研究的问题和实际研究工作的需要，创新之处体现在以下四点。

1.6.1 将绿色发展置于强可持续视角，建立新的研究框架

强可持续性发展是在主要自然资本非退化约束下的经济发展模式，被联合国正式确立为绿色发展新范式。本书将强可持续理论贯穿研究的全过程：一是基于环境总量的非减性发展诉求，从生态损害与生态建设两个维度分析经济发展的"副产品"——生态环境的变化，充分展示人类生态文明建设成果，打通生态环境双向作用路径，使得环境存量非减性成为可能，也彰显"五位一体"战略布局中生态文明建设的重要地位；二是基

于资源总量非减性发展诉求，本书从可再生能源和不可再生能源两个维度分析资源投入，不仅有利于引导加快转变能源消费结构，而且能够全面评价可持续发展的质量，体现"资源投入—效率改善—永续发展"的高质量发展本质。

1.6.2　构建 MEBM 模型和 MEBM-Luenberger 指数模型，弥补了全要素生产率算法的不足

本书采用修正后的混合距离模型——MEBM 模型，综合了全要素生产率的径向和非径向算法，弥补了径向算法假设投入或产出同比例变动的不足，也弥补了非径向算法忽略效率前沿投影值原始比例信息的缺陷。与 EBM 模型相比，MEBM 模型明确了变量参数的约束条件，避免投影值可能出现的逻辑错误；此外，MEBM 模型改进了投入指标的相关指数计算方法，克服了在极度离散条件下，由于投入指标投影值之间因完全线性负相关而出现的"关联指数理论悖论"现象。MEBM-Luenberger 指数克服了被评价单元集之间可能存在的异质性，无须选择测量角度，且无须进行等比例变动；该分解模型是基于差值的分解方法，具有可加结构，能够考察总产出的变动情况，为实现全要素分解奠定基础。

1.6.3　构建绿色发展机制模型，厘清绿色发展脉络，丰富绿色发展研究方法，拓展研究内容

本书基于系统论、控制论、公共选择、外部性、市场失灵、委托—代理等理论，构建西部绿色发展机制模型，将其分解为动力机制、激励机制、约束机制、保障机制，推演不同政策工具的驱动、激励、约束、保障作用的机理，刻画绿色发展不同要素之间相互联系、相互作用、相互制约的动态机能。引入经济计量模型，实证检验不同政策工具和规划手段在推

动西部地区绿色发展中的实施效果，同时开展有效性分析，全面衡量不同政策对绿色发展的贡献。本书的研究丰富了绿色发展战略执行工具和手段体系的研究方法，拓展了绿色发展研究内容，为科学、合理地制定了绿色发展路径，提供了理论和实践依据。

1.6.4 引入基于回归方程的夏普利值分析方法，使得不同绿色发展路径之间开展有效性比较成为可能，为绿色发展研究提供新手段

夏普利值（Shapley value）是基于合作博弈论的分析方法，他认为合作联盟中某一个因素的贡献率，是按任意顺序剔除该因素对合作联盟所产生边际效应的均值。本书把绿色发展的回归方程和夏普利值分析法相结合，量化研究不同政策工具和规划手段对提高绿色发展水平的贡献，将绿色发展分解为回归方程中不同政策工具变量的贡献率和方程残差的贡献率，避免了绿色发展政策影响因素分布的扭曲，为按贡献大小识别不同政策工具的重要性提供了可能，为绿色发展研究提供了新手段，为检验绿色发展政策工具的有效性提供工具支持。

总之，本书尝试的创新都是站在前人的"肩膀"之上，只有立足于现有成果，才可能开展更广泛、更深入的研究，而本书的创新就是探索了继承和发展的关系。

第 2 章
文献综述

2.1 绿色发展的内涵

2.1.1 绿色发展理论演进

2.1.1.1 环保主义

第二次世界大战之后，电子信息技术革命兴起，带动全球经济快速发展，由于第二产业特别是工业的迅猛发展，对环境的影响越来越严重，全球掀起环境保护热潮，提倡重视环境保护和自然生态保护。最著名的当属美国海洋生态学家雷切尔·卡森，她在 1962 年发表的《寂静的春天》中，通过调查农村杀虫剂使用情况，发现大规模、过量使用杀虫剂会造成严重的自然危害，不仅损害自然环境，而且对野生动物、人类自身也会造成极大伤害。书中她疾呼"不解决环境问题，人类将生活在幸福的坟墓中"，她猛烈抨击了美国利用科学技术征服、统治自然生态环境，以牺牲生态环境换取经济发展的模式①。她的研究唤醒了社会公众的环保意识，人们逐渐开始认识到环境保护的重要性，当年美国各州就通过了 40 多个关于限制使用杀虫剂的法案，这也促使美国国会 1969 年通过《联邦环境政策法案》。

成立于 1968 年的罗马俱乐部是一个非正式的民间国际学术组织，1972 年罗马俱乐部发表了《增长的极限》的研究报告。《增长的极限》首次提出了"双极限"的观点，该报告认为经济的高速发展，使得全球人口与自然资本的发展已经达到了极限，甚至超过了自然承载能力，限制增长是避免世界崩溃的最好方法②。《增长的极限》引发全球的热议，虽然也受到了大量的批评，甚至有发展中国家认为这是新殖民主义的借口，但是它使得西方国家认真思考发展中的资源环境问题，国际社会的资源与环境忧患意识明显增强，追求可持续发展的观点逐渐被接受。

1972 年英国经济学家沃德（B. Ward）和美国微生物学家杜博斯（R. Dubos）发表《只有一个地球》的报告，该报告主要研究了全球的环境问题，从社会、经济和政治等不同维度，分别研究了全球不同国家经济发展、生态环境污染的现状及原因。该报告认为如果不能立刻开始进行环境保护，那么"人类将直接从摇篮进入坟墓"③。

1972 年 6 月 5 日联合国在瑞典首都斯德哥尔摩召开人类环境会议，来自 113 个国家的政府代表研讨了全球环境问题和环境保护战略等，发表了《联合国人类环境会议宣言》。该宣言要求，各国拥有开发本国资源的权利，但同时有责任确保在本国范围内的各种发展行为不会对其他国家的环

---

① R. 卡逊. 寂静的春天［M］. 北京：科学出版社，2007.

② Meadows D，Randers J，Meadows D. The limits to growth［M］. New York：Universe Books，1972.

③ 芭芭拉·沃德，勒内·杜博斯. 只有一个地球［M］. 长春：吉林人民出版社，1997.

境造成损害。自此以后，本次会议的开幕日 6 月 5 日被确定为"世界环境日"。

综上所述，环境保护主义理论将资源、环境问题视为经济系统的外生变量，对发展的思考并没有触及经济发展方式的本质，出发点仍然是对传统经济发展模式的补救，并没有反思深层次的发展原因。

2.1.1.2 弱可持续的绿色发展理论

可持续发展的观点最早出现于 1980 年联合国委托国际资源和自然保护同盟发布的《世界自然资源保护大纲》中，该大纲的目的是通过保护全球生物资源，实现永续利用的发展："需要认真研究自然、社会、生态、经济、自然资源的相互关系，以确保全球的可持续发展"①。1981 年，美国世界观察研究所所长莱斯特·布朗（Lester R. Brown）发表了《建设一个可持续发展的社会》，首次提出了可持续发展的概念，在书中他认为人口增长、自然资源、生态环境是无法回避的问题，人类社会要从片面追求经济指标的增长转变到追求社会的持续全面发展，他认为人类不仅要正确地对待眼前的"经济蛋糕"，还要考虑下一代甚至若干代人如何合理分享"经济蛋糕"②。

进入 20 世纪 80 年代后，全球化潮流愈演愈烈，伴随着科技进步的加快，世界各国经济、社会取得巨大成就，物质文明得到极大丰富。物质文明建设取得显著成就使得各国公众参与生态保护的意识也得到提高，对环境问题的认识更加深刻。与此同时，经济增长和环境恶化成为发达国家共同面临的问题，这促使主要发达国家团结一致应对这一挑战。在这种背景下，1987 年 2 月在日本东京召开的联合国第八次世界环境与发展委员会

---

① 陈业材.《世界自然资源保护大纲》简介［J］. 环保科技，1982（2）：45－46.
② 莱斯特·R. 布朗. 建设一个可持续发展的社会［M］. 北京：科学技术文献出版社，1984.

通过了关于人类未来发展的报告——《我们共同的未来》，正式将可持续发展理念作为全球共同的发展理念。

英国学者皮尔斯 1989 在《绿色经济蓝皮书》中提出绿色经济发展概念，他首次提出了弱可持续和强可持续的概念。弱可持续理论认为只要经济增长所带来的福利能抵消环境和社会损失的福利，发展即应该被视为具有可持续性的；而强可持续理论则认为人类存在的社会中，经济、资源、环境不仅是一个整体，同时又是相对独立的体系。强调关键自然资本如能源、环境的非减化发展，认为即使经济增长所带来的福利能抵消环境和社会损失的福利，但如果关键自然资本无法实现非减化，也是不可持续的发展。

1992 年 6 月，联合国在巴西里约热内卢召开环境与发展会议，这是继 1972 年瑞典斯德哥尔摩联合国环境大会之后，规模最大的一次国际会议，说明国际社会已经广泛关注经济与资源环境的协调发展问题。这次大会通过了《里约热内卢宣言》《21 世纪议程》《森林问题原则声明》三项文件，会议要求遵循可持续的发展方式，保护全球环境和资源。这次会议迈出人类可持续发展进程上的重要一步。

2000 年 9 月联合国召开千年首脑会议，189 个国家参加，会议发布《联合国千年宣言》，其中关于环境的要求是将可持续发展理念和政策纳入国家政策和执行体系，改变因环境、资源的流失导致生物多样性丧失的现状。

肯尼特（Kennet，2006）认为人类拥有的自然资源是有限的，因此要将经济增长控制在自然资源的承载力范围之内。欧（Oh，2014）认为绿色发展不是打着环境保护的名义限制经济发展，而是有效地促进经济增长，他认为绿色发展将粗放式经济增长转变为集约式经济发展。绿色发展作为一种以经济与环境的和谐发展为目标的新型经济模式，呼吁经济、社会发展的协调，使自然负载力限制在自然界本身。

弱可持续性是新古典经济学对可持续发展的解释，他们不认为可持续发展概念对传统的经济增长有根本性的冲突（褚大建，2016）。

2.1.1.3 强可持续的绿色发展理论

经过第二次世界大战后的经济增长，要求恢复并保持资源、环境存量增长的呼声日趋强烈。皮尔斯和奥哈金森（Pearce & Atkinson，1993）通过索洛—哈特维克法则提出了强可持续的发展准则，在国民真实储蓄增长的基础上，自然资本的消耗量要小于自然资本的增加量。强可持续发展理论强调一个经济发展模式必须在不同的代际之间保持总资本的存量水平不下降，而且代际间自然资本的存量水平不降低。马丁斯（Martins，2016）认为生态系统服务和强可持续性等概念可以在古典政治经济学家提出的理论框架内得到最好地理解和发展，它们的发展受到新古典经济学的主导地位的制约。新古典经济学提供了一个线性的经济概念，导致了对弱可持续性的关注，而弱可持续性又源于对可替代性和总资本的强调。

2008 年 12 月 11 日，时任联合国秘书长潘基文在联合国气候变化大会提出了"绿色新政"概念，提出大力发展绿色经济。"绿色新政"要求首先要在观念上打破环境与经济之间对立、不统一的认识（最具代表性的是环境库茨尼茨曲线理论），即环境与经济并非此消彼长的关系；其次在政策上要建立公共部门和私人部门投资绿色产品的激励机制；最后在技术上大力促进绿色创新。技术创新和经济创新以提高自然资本、经济发展的生产效率为标志。低碳经济和循环经济是绿色经济的重要内容，低碳经济可以看作基于环境目标的绿色经济，要求提高传统能源的使用效率，大量推广使用清洁能源，降低经济发展过程中的碳排放。循环经济是基于资源目标的绿色经济，要求加强生产过程中的生产资料重复利用，尽可能减少经济发展中自然资源的投入，将废弃物重新转化为资源（褚大建，2012）。

由于经济危机的影响，绿色经济得到广泛呼应。绿色新政在很大程度上代表了绿色经济，而绿色经济的成功取决于工业生产的生态结构调整（Bauhardt，2014）。英国提出 2020 年可再生能源在能源结构要达到 15%。① 2014 年英国设立"绿色新政住宅改良基金",给予每户居民最多 7600 英镑的补贴,旨在支持英国家庭推广节能措施,鼓励住户建造节能的住宅,从而提高能源的使用效率。佩蒂弗(Pettifor,2015)利用创新决策过程的概念框架,检验了英国绿色新政的实施效果,认为业主对能源效率的意图因财政利益的不确定性而减弱。基夫(Keeffe,2016)的研究发现,中小企业在与绿色新政互动时遇到了多重障碍,如缺乏信息、培训和方案交付的混乱,但受益于新的商业模式和伙伴关系。除英国外,美国2009 年 2 月 15 日颁布的《美国复苏与再投资法案》(ARRA),将技术进步作为美国绿色新政的重点,提出一揽子投资方案,主要用于鼓励科学和健康方面的科技研发、技术进步以增加提高经济效率,并且加大环境保护投资。李(Lee,2019)的研究表明,在 ARRA 实施之后,"农民贸易调整援助"法案(TAAF)的参与者大幅度增加,该法案旨在资助因进口而受到影响的农民。2009 年日本政府发布《绿色经济与社会变革》,提出削减温室气体排放以强化日本绿色经济的绿色化,并对中长期的低碳社会进行了规划,日本提出了打造全球第一个绿色低碳社会的发展目标。2010 年欧盟提出"欧洲 2020 战略",表示将重点关注科技创新、清洁能源的发展,为此,欧盟委员会提出到 2020 年,欧洲的二氧化碳排放量将在 1990 年基础上再减少20%,可再生能源占总能源的比重提高到 20%,总能耗下降 20%。有专家预测,"欧洲 2020 战略"可以为欧洲提供 2 个百分点的潜在增长率。

2011 年 2 月联合国环境计划署发布《迈向绿色经济:通往可持续发展和消除贫困》的研究报告指出,传统能源行业中有 20% 行业的投资需要从原来的"褐色经济"投资转型为"绿色经济"投资②。瑞德(Read,

---

① DECC. The UK low carbon transition plan: national strategy for climate and energy act on CO_2 [M]. London: The Stationery Office, 2009.

② UNEP. Towards a green economy: Pathways to sustainable development and poverty eradication [EB/OL]. http://www.unep.org/greeneconomy/Portals/88/documents/ger/GER_synthesis_en.pdf, 2011.

2011）的观点与此相似，他认为现有的自然资源远不够让世界上所有的人达到英国人的生活水平，因此需要用更加绿色的新兴产业替代传统的资源型产业，绿色生活、生产方式的转型。

简（Jian，2013）认为强可持续概念强调社会需要维持类似于生态足迹的自然资本，并优于弱可持续标准，因为自然资本在更大程度上不能被促进人类发展的其他资源所替代。他构建的可持续人类发展指数（SHDI）从可持续性的角度来捕捉人类发展。该指数包括生态足迹生物容量指数（EFBI）与联合国开发计划署人类发展指数（HDI）的部分指标。

强可持续理论发展史上非常值得一提的是 2012 年 6 月联合国在巴西里约热内卢召开的"里约 + 20"全球可持续发展大会。大会强调经济增长、社会发展与环境保护不可割裂。大会认为绿色经济对消除贫困、调整经济结构等具有积极意义，绿色经济是实现可持续发展的重要手段，是发展经济、创造就业与保护环境的一个潜在结合点。大会将强可持续发展理论正式作为全球经济发展的推荐范式，其提出的绿色经济具有对传统的褐色经济进行范式更替的革命意义。大会提出的绿色经济将空气、水、土壤、矿产等自然资源作为国家资本，强调经济增长必须控制在关键自然资本的有效承载力范围之内；用绿色发展将"公平"或包容性变成与传统经济学中的"效率"同等重要的基本理念。

2015 年 9 月，在美国纽约举行的联合国可持续发展峰会通过了《改变我们的世界——2030 年可持续发展议程》，指出传统的"经济、环境、社会"三维可持续发展模式将被"人本、地球、繁荣、和平与伙伴关系"五位一体的可持续发展模式所取代，这也是本次峰会的重要创新。2015 年 11 月 30 日第 21 届联合国气候变化大会在巴黎举行，大会最终通过了《巴黎协定》。《巴黎协定》是继 1992 年《联合国气候变化框架公约》、1997 年《京都议定书》之后，国际社会加强环境协同治理的第三个里程碑式文件，奠定了 2020 年后全球气候治理格局的基础。《巴黎协定》进一步强调了强可持续发展理念，在保持经济发展的同时，必须削减全球碳排放，将全球气候治理确定为绿色低碳发展，从过去依赖石化能源的经济发展模式向去碳化的低碳绿色经济发展模式转变。

鲍文（Bowen，2018）的研究表明，美国由"褐色经济"向绿色经济转型已经提供了 19.4% 的工作机会，他认为如果从战略高度做好绿色发展和绿色产业转型的管理，绿色经济是经济增长的潜力。尼古拉乌（Nikolaou，2019）基于强可持续性原则，构建综合可持续性指数来衡量企业可持续性绩效，该指数同时结合了可持续发展的经济、环境和社会组成部分，将阈值的概念纳入了企业可持续发展绩效衡量的逻辑综合指数，从而解决了强可持续发展的一些基本问题。

综上所述，强可持续性理论主张地球上主要自然资源（如能源、自然生态环境）的非减性发展，强调人类社会的经济发展必须尊重现有自然的极限，认为绿色发展在提高生产效率的同时，要将社会投资从传统自然消耗产业转向自然维护、扩展产业。强可持续性理论摒弃了传统的"褐色经济"发展模式，转而追求主要自然资本非退化的经济发展模式。强可持续发展认为自然资本与社会资本之间并没有可替代性，自然资本由于其特殊性根本不能和人力资本、社会资本等相互转化，因而强可持续发展是不可替代的范式（Neumayer，2003）。

2.1.2　国内绿色发展理论研究现状

2.1.2.1　绿色发展的狭义内涵

狭义内涵大致可归纳为将绿色发展视为生态和谐的价值观和社会发展的生态圈。和谐的价值观认为绿色发展是绿色价值观（秦书生，2017），不能单纯地把绿色发展理解为节能减排、保护环境，以及围绕上述目标形成的一系列措施，绿色发展的实质及内涵在于人与自然友好相处的方式，保证资源得到合理利用，生态损害与生态补偿均衡，经济、社会发展适度（蒋南平，2013），其价值目标是使人民群众获得生态幸福。推进绿色发展应以加快推进生产方式和生活方式的绿色化作为着力点，构建促进绿色发展的制度保障体系。王海芹和高世楫（2016）认为可以从四个特征来理解绿色发展：绿色发展兼顾经济发展、社会发展和资源环境承载力，目的是实现绿色富国、绿色惠民，体现了绿色发展协调性的特征；绿色发展内涵包括资源能源节约与高效利用、环境污染治理、生态修复、循环经济、清洁生产、国土空间规划等诸多领域，体现了绿色发展的系统性特征；目前全球共同面临气候危机和环境危机，与每个国家密切相关，需全球共同努力，体现了绿色发展的全球性特征；发展中国家可充分利用国际市场上的技术资源优势，快速提高本国学习能力和研发能力，加快缩小与发达国家在绿色发展领域的差距，体现了绿色发展的后发优势特征。

狭义理解的另一种观点是将绿色发展视为社会发展的生态圈，他们认为绿色发展在解释人类与环境关系的基础上，又融入了更多的经济、社会、文化等因素，形成了人、自然、社会的复合系统。绿色发展与绿色资产、绿色福利是一个整体的概念，绿色发展是主题，绿色资产是基础和载体，绿色福利是归宿（黄志斌，2015），相互联系，相辅相成。黄茂兴和叶琪（2017）认为绿色发展体现了人与自然关系的动态性和全面性，人与环境的和谐共融会推动生产力的巨大飞跃，说明了人与环境之间广阔的空间联系和广泛的载体，验证了以人为本在人与环境关系中的根本地位，总结了人与环境关系的自然规律和约束机制。也有学者将绿色发展定义为经济系统、社会系统和生态系统的统一体，经济系统追求绿色增长，社会系统强调绿色公平，生态系统注重绿色永续，绿色发展是三者的有机结合和整体创新结果（袁倩，2017）。杜莉和周津宇（2018）从强可持续的角度分析，认为绿色发展是以提高人类福祉作为终极目标，所以，应引入对人类福祉和社会公平的考量；而生产发展、生活富裕和生态良好则仅仅是其外在体现。绿色发展体现了环境范畴的社会公平性，公平与效率的改善离不开绿色发展。

2.1.2.2 绿色发展的广义内涵

广义的概念认为绿色发展不仅是一种人与自然和谐共生的状态，更是一种发展方式。绿色发展要尽可能充分吸收和运用生态文明的思想、理念、技术和方法，将生态文明作为绿色发展的目标和方向，打造超越以往任何文明的新文明形态（吕福新，2013）。胡鞍钢将绿色发展视为第二代可持续发展观，是一种更具包容性的发展观。绿色发展作为协调经济增长与资源环境之间关系的新型发展方式，是发展价值的转变，从"黑色发展"到"绿色发展"的价值转变是人与自然之间的统一关系在发展方式上的体现（张乾元和苏俐晖，2016）。史丹（2018）认为绿色发展从源头上破解资源环境瓶颈约束，是提高发展质量、形成人与自然和谐发展方式的必由之路，是未来中国经济社会文化发展的方向。邓文钱（2017）从供给侧结构性改革的角度来审视绿色发展，认为绿色发展是推进供给侧结构性改革的内在要求、重要内容、重要目标和检验标尺。李曦辉（2019）将绿色发展置于新常态背景下分析，认为绿色发展的动力来源于区域经济增长的非均衡性，克服发展方式与发展理念的约束，实现经济与生态环境协调的发展方式。还有学者认为绿色发展是科技、资本、文化和制度共同支撑下的发展路径，要充分认识四个支撑点的性质和特点，只有促使它们互相融合、有机结合才能共同推动可持续发展（郑海友和蒋锦洪，2016）。李梦欣和任保平（2019）从微观和宏观两个层面诠释绿色发展，他们认为绿色发展在微观层面表现在对已有生产消费等行为模式的约束及其衍生的生态危机治理；从宏观层面体现为全社会生产、交换、分配、消费过程系统化和规范化地约束。许宪春（2019）从大数据视角对绿色发展进行分析，他把绿色发展视为经济、社会、环境三者协调的结果，认为正是大数据在资源整合、科学决策、环境监管等方面的作用推动了绿色发展，对于产业转型升级、需求结构优化、经济提质增效等有着独特效果。

总之，广义维度的绿色发展是包括环境、资源、经济、社会要素的生产函数，以质量为目标，以绿色为基础，以转型为主线的多目标发展方式。

2.2 绿色发展质量研究

2.2.1 国外研究现状

综合现有文献，绿色发展质量的衡量可分为绿色国民经济核算和通过构建绿色发展指数衡量两种方式。

2.2.1.1 绿色国民经济核算

由于传统的国民经济核算方式（SNA）以统计经济发展的直接结果为主要目标，并没有考虑经济发展过程对自然生态资源的消耗和损害。因此，不少学者呼吁应该将资源、环境损耗纳入核算体系。

在学术界，1971 年美国麻省理工学院构建"生态需求指标（ERI）"测算经济发展与资源环境压力之间的对应关系。莱佩特（Leipert，1987）提出应该从国民经济核算中减去消耗掉的自然资源成本，从而实现绿色国民经济价值。诺伊迈尔和莱恩（Neumayer and Lawn，2000，2003）也认为将 GDP 按照与环境等相关全部成本进行调整，才能全面反映真实的经济效益。

学术界的研究，日益引起各国政府的关注。1973 年日本政府提出了国民净福利概念，将环境污染通过货币化的核算，与国内发展成果进行比较，计算出扣除环境后的经济净福利。挪威是最早进行绿色自然资源核算的国家，1981 年挪威公布了本国的自然资源核算数据。1985 年芬兰也建立了本国的自然资源核算框架，芬兰核算的内容集中于森林资源和生态系统。1985 年，荷兰在全球首次将碳排放纳入绿色经济核算框架，进行了土地、能源、森林等多方面的绿色核算。1993 年，联合国建立了环境综合经济核算体系（SEEA），为各国建立绿色国民经济核算提供了理论框架。1994 年 4 月，美国以 SEEA 框架为基础，结合美国 20 世纪 70 年代社会账户的一些关键经验，构建了一个综合经济与环境的卫星账户（IEE-SAs）框架，从商品交易的市场理念提出考核经济与资源环境核算的一系列方法。1994 年欧洲制定了欧洲环境信息收集系统，用于统计环境消耗费用。20 世纪 90 年代，韩国在联合国开发计划署的资助下，也开展了绿色 GDP 核算工作，并从环境保护费用、生产资产账户、非生产资产账户、环境退化账户四个方面进行了实验性的环境核算。加拿大自 1995 年起，建立了本国的环境数据库，对环保支出进行多层面的统计，并在 SEEA 框架的基础上，构建了本国资源环境核算体系（CSERA）。国际发展组织于 1995 年提出真实发展指标（GPI），该指标由社会、经济和环境三个账户组成，用来衡量一个国家或地区的真实社会经济福利。

虽然各国政府建立了各自的绿色 GDP 核算体系，但学术界并不完全认同现有核算方式。西蒙（Simon，2007）针对 SEEA－2003 统计办法，提出了绿色 GDP 核算的改进意见。贝卡（Beca，2010）计算了美国可持续福利指数，他认为将 GDP 作为衡量社会福利的指标是不合适的。世界银行在 2010 年启动"财富核算和生态系统服务价值评估"（WAVES）项目，目的是开展"绿色核算"，将联合国的环境经济核算制度拓展到生态系统和生态系统服务账户，核算的内容主要包括生态系统的服务量和货币价值、生态退化的成本。库纳努塔基（Kunanuntakij，2017）利用 EIO-LCA 方法建立泰国绿色 GDP 模型，从传统 GDP 中减去环境成本。在环境经济核算体系的基础上，将环境成本进一步划分为损耗成本、退化成本和防御成本三个部分，发现泰国的绿色 GDP 与传统的国内生产总值之间的差异仅为 2%。加西亚（Garcia，2017）认为生态系统服务核算是可持续过程或系统所必需的，他对美国的研究显示，与名义 GDP 相比，绿色 GDP 低了 12.0%。①

2.2.1.2 绿色发展指数测度

发展指数测度通过设置一系列用以衡量绿色发展或可持续发展的指标，运用一定的技术方法将各个维度的指标综合为一个能够全面反映被评价对象整体绿色发展状态的数据。这种方法综合性强，但因为数据量大、计算复杂，被认可或产生较大影响力的结果主要来自官方、国际组织或专业学术组织。

研究机构或政府机构发布的具有影响力相关指数主要有：1999 年道琼斯公司发布"道琼斯可持续发展指数"，该指数由经济、社会、环境三个维度组成，评价指标体系中环境指标包括环境报告、与特定产业相关的指标。道琼斯可持续发展指数的数据主要来源于问卷调查、上市公司发布的文件、社会公共信息和直接采访。这是全球微观层面影响力较大的评价指数。2003 年美国国家研究委员会发布了国家生态指数，该指数用来衡量国家生态健康水平。美国国家生态指数由生态资产、生态功能组成，包括 11 个关键评价指标，生态资产包括生物和非生物生态资产，生态功能主要由湖水营养状态、营养利用效率和营养平衡、土地利用效果等指标构成。美国加州 2009 年借鉴国家生态指数的方法，推出"加州绿色创新指数"。2006 年美国耶鲁大学联合哥伦比亚大学发布了全球环境绩效指数，

---

① Garcia D J, You F. Introducing green GDP as an objective to account for changes in global ecosystem services due to biofuel production [J]. Computer Aided Chemical Engineering, 2017, 40: 505 – 510.

该指数是在 2002～2005 年环境可持续指数基础上构建的。该指数包括 25 个环境指标，"环境健康"和"生态系统活力"这两个维度的环境指标自发布以来一直被采用。该指数作为衡量环境绩效得分的主要手段，首先确定环境管理的政策性目标，计算各个国家表现值与目标的差距。联合国于 2015 年将 2000 年的千年世界发展目标进行了修订，提出了全球可持续发展目标指数。该指数由 17 个维度的可持续发展指标构成，其中生态环境维度主要包括地下水消耗量、二氧化硫排放量、活性氮排放量、二氧化碳排放量和生物多样性目标。亚洲开发银行于 2016 年 11 月发布《2016 年亚太地区关键指标》报告，该报告对 48 个亚太国家或地区的经济、财政、社会和环境数据进行评估，首次将"可持续发展目标"纳入分析指数，从社会、经济和环境等方面评估各国的可持续发展的能力。

也有大量的学者进行了绿色指数的研究，古普塔（Gupta，2012）构建城市邻里绿色指数（UNGI）旨在评估城市的绿色程度，该指数由绿色指数、绿色接近程度、绿色结构密度和高度组成。评价方法采用成对比较法进行加权。尚（Shang，2015）构建了绿色矿山指数，通过测量采矿效率、研发（R&D）、清洁生产、企业管理、环境质量和社会效益绩效，揭示了构造绿色矿山的基本内涵。在评价方法上采用德尔菲法、层次分析法和模糊综合评价相结合的方法。努克曼（Nukman，2017）提出了一种绿色制造指数（GMI），从经济和环境的角度确定绿色制造过程的有效性，GMI 指数包括生产的局限性、经济和环境影响。穆萨、雅布和阿卜杜拉（Musa、Yacob & Abdullah，2018）认为可持续发展取决于人类幸福的能力，他们构建了一个社区幸福指数（CH 指数），围绕可持续性人类福祉和生态环境福祉，构建社会、经济、环境和城市管治四个维度的指标来研究可持续发展能力，结果表明社区幸福感的高低取决于城市可持续发展水平。纳曼（Nahman，2016）从经济、社会和环境维度构建包括 26 个指标绿色经济绩效指数。利用该指数对 193 个国家进行了评估。科根（Kogan，

2018）构建绿色声景指数（GSI）分析城市噪声污染的变化，该指数由经验环境（EE）、声学环境（AE）和额外声学环境（XE）三部分组成，可以区分交通、人、自然声音和其他声音。

2.2.2　国内研究现状

2.2.2.1　绿色 GDP 核算

我国的研究还主要集中在理论分析层面，自然资源的核算方法多是沿用国外的估价模型，缺乏创新。目前，国内外普遍按照先实物量再价值量、先存量再流量、先分类再综合地原则进行自然资源核算研究（孔含笑，2016）。

从实物角度进行核算的成果按照来源可分为官方核算成果和学术界核算成果。国家环境保护总局和国家统计局于 2004 年 3 月启动中国绿色 GDP 核算工作，对全国各省份和 42 个行业的环境污染实物量、虚拟治理成本、环境退化成本分别进行核算。2006 年 7 月发布 2004 版的《中国绿色国民经济核算研究报告》，是中国第一份绿色 GDP 核算报告，2006 年因此也被称为中国绿色 GDP 核算元年。2004～2008 年，环境规划院连续 5 年完成环境经济核算报告。北京、天津、河北、辽宁等 10 个省区市从 2005 年启动了绿色 GDP 试点工作，试点工作以调查环境污染的经济损失为主要内容。2015 年为落实中央生态文明建设的部署工作，环境保护部重新启动了绿色 GDP 研究工作，并将其称为"绿色 GDP2.0"核算体系。

学术界的代表性研究成果有：胡鞍钢（2005）根据世界银行衡量国民财富的绿色 GDP 国民经济核算体系对 1970～2001 年我国真实国民储蓄与自然资产损失进行了研究。华中科技大学国家治理研究院于 2017 年首次发布《中国绿色 GDP 绩效评估报告》，该报告围绕 GDP、人均 GDP、绿色 GDP、人均绿色 GDP、绿色发展指数五个方面，综合分析了各个省区市的绿色经济状态。为全国实现绿色发展转型与推进提供科学依据。沈菊琴和孙悦（2016）基于 DPSIR 模型从驱动力、压力、状态、影响和响应五个方面构建地区绿色 GDP 评价指标体系，并对苏州市绿色 GDP 进行核算。沈晓艳、王广洪和黄贤金（2017）从资源环境视角出发，通过构建绿色 GDP 核算体系，测算出国内 31 个省区市 1997~2013 年绿色 GDP、人均绿色 GDP、绿色 GDP 指数，并揭示地区绿色发展现状差异。世界自然保护联盟与中国科学院于 2017 年联合开展生态系统生产总值的核算，核算内容包括生态系统产品、生态调节服务、生态文化服务。绿色 GDP 是反映生态系统与经济系统平衡的重要指标。大量的研究已经绘制出历史绿色 GDP 的空间分布图。但很少有研究关注绿色 GDP 的未来变化。余（Yu，2019）利用中国生态系统服务价值（ESV），绘制了中国绿色 GDP 的空间分布图，认为 1990~2015 年我国绿色 GDP 持续增长，增长率高达 78%。[①]

从价值角度核算的代表性成果有：何玉梅和吴莎莎（2017）引入"资源价值损失法 2.0"，分别构建环境、资源损害模型，对四川省 2009~2015 年的绿色 GDP2.0 进行核算，结果表明绿色 GDP2.0 核算体系具有一定的科学性和可信度。王立彦（2015）提出了 GDP 无效性的理论框架，认为核算绿色 GDP 要区分有效和无效 GDP。窦睿音、刘学敏和张昱（2016）利用 Odum 生态经济系统能值理论和方法对榆林市国民经济生产过程中消耗的不可更新资源和环境损耗进行定量分析，并核算了榆林市 2005~2012 年的绿色 GDP 变化。王克强、熊振兴和刘红梅（2016）基于生态足迹核算方法和生态服务价值理论，将生态占用作为一种要素投入，构建绿色社会核算矩阵。李（Li，2014）使用 GlobCover 2009 和 Nighttime

---

① Yu Y, Yu M, Lin L et al. National green GDP assessment and prediction for China based on a Ca-Markov land use simulation model [J]. Sustainability, 2019, 11 (5763).

卫星图像，估算了全球基于市场价值的 GDP 和基于生态服务系统的绿色 GDP。他们还发现合成的国家绿色 GDP 的分布遵循 ZIPF 定律，认为国家间存在着内部一致性。

2.2.2.2 绿色发展指数测度

研究机构的主要成果有：西安交通大学环境质量综合评价中心从 2015 年起，连续每年发布《中国环境质量综合评价报告》。该报告主要针对环境污染排放、环境建设等，构建环境污染排放、环境吸收因子、绝对环境质量总量指数，并将各项指数细分为环境质量强度指数、环境质量人均指数、环境吸收面积指数，对全国的绿色发展状况进行全面分析与评价。国家统计局、北京师范大学、西南财经大学从 2010 年开展联合编制中国绿色发展指数工作，他们构建的绿色发展指数由增长绿化度、资源环境承载潜力、政府政策支持三个维度、55 个指标组成，重点关注经济发展投入产出效率、资源使用效率、污染排放、政府治理等绿色发展的效果。李晓西、刘一萌和宋涛（2014）首先定义了经济可持续发展和生态资源环境可持续发展的概念，在此基础上构建包括 12 个维度、12 个指标的人类绿色发展指数，按照无量纲的原理，测算了世界 123 个国家绿色发展指数。2016 年国家统计局发布了我国各地区的绿色发展指数，这是中国政府首次发布绿色发展相关评价结果。绿色发展指数由资源利用、环境治理、环境质量、生态保护、增长质量、绿色生活等六个维度组成，共计 55 个评价指标，全面反映了各地区生态文明建设成果。2018 年 11 月中国人民大学国家发展与战略研究院发布了"一带一路"绿色发展指数（GDI），GDI 包括绿色资产存量、绿色技术创新与绿色发展结果三个维度、共计 20 个核心指标，主要评价"一带一路"国家绿色发展水平。

学者的研究主要有：袁晓玲（2016）从资源节约、生态建设、生态损害、发展方式、民生福祉五个维度构建中国生态文明评价体系，对 1997~2012 年中国生态文明现状进行分析。张欢、罗畅和成金华（2016）

运用 Moran's I 指数及其散点图分析了湖北省绿色发展空间关系。张帅（2017）基于强可持续发展理论，应用人类发展指数和生态足迹两个指标，分别测算了 2012 年 82 个人口超过 1000 万人国家的生态福利绩效，认为几乎所有的发达国家都呈现出生态消耗和社会福利"双高"的生态福利特征。这是为数不多的以强可持续为基础的绿色发展研究。吴传清和黄磊（2017）评估了长江中游城市群绿色发展绩效，研究显示增长质量的提升是推动长江中游城市群绿色发展最重要的引擎，资源利用和环境治理的绿色发展贡献较弱。黄跃和李琳（2017）以中国城市群为研究对象，从经济发展、社会进步、生态文明三个维度构建绿色发展综合评价体系，综合分析中国城市群绿色发展时空特征及异质性。结果表明中国城市群绿色发展水平差异呈一定发散趋势，层级间差异成为绿色发展差异的最主要原因。李妍和朱建民（2017）分别从生产、治理、产业、社会与环境五个方面构建天津市绿色发展竞争力评价指标体系，对天津市 2011 ~ 2016 年绿色发展状况进行实证研究。王（Wang，2017）在分析绿色发展内涵的基础上，采用多层次评价法和熵值法，从改善人居环境、污染物处理利用、提高生态效益、改善生态环境等五个方面构建了城市绿色发展评价指标体系，并对珠三角 9 个城市的绿色发展水平进行评价。赵细康、吴大磊和曾云敏（2018）提出一种基于区域发展阶段特征的绿色发展评价方法，对广东省 21 个地市绿色发展水平进行了测评，该方法考虑区域经济发展阶段性因素对地区资源利用和污染物排放水平的影响，构建区域发展阶段与资源利用和污染排放之间关系的绿色发展评价模型，避免了"一俊遮百丑"式的不合理评价。杨（Yang，2019）认为对矿产资源型城市绿色发展水平进行评价，有助于了解各城市绿色发展过程中的主要弊端。他从社会、经济、环境三个维度构建了一个综合的绿色发展评价指标体系。

2.3　绿色发展影响机制

2.3.1　国外研究现状

2.3.1.1　宏观因素

一是认为政府在绿色发展中的作用十分重要。政府可以通过制定财政、税收、治理政策来推动绿色发展。马坎迪亚（Markandya，2013）采用一般均衡理论分析西班牙绿色环境税的实施效果，研究表明，如果考虑由影子经济产生的扭曲，可以找到一个实现环境税的双重路径。奥诺哈（Onuoha，2018）基于马来西亚 350 个房地产开发商的调查研究，论证了绿色税收对房地产行业绿色发展的影响，研究表明绿色税收激励和绿色技能对供给有显著的因果效应，绿色税收激励对绿色商业地产供应和投资的影响最为显著。高（Gao，2018）研究了政府与制造商在不同环境政策下的博弈过程，研究结果表明，政府制定产品绿色标准，并给予制造商补贴是最优解。帕皮姆和巴拉班（Puppim & Balaban，2013）认为政府治理的作用是建立合法的社会机制、绿色社会、生态和经济系统的基础，并做好绿色制度供给。袁（Yuan，2018）构建了 CreePON-DuGu-MareSe（CDM）模型，检验了环境规制对绿色发展的影响，研究结果表明：短期内，环境规制促进了制造业劳动生产率、能效和环境效率的提高，但绿色长期要素生产率却没有提高。法布里齐（Fabrizi，2018）分析政府的监管政策和网络政策对环境创新的单一和联合影响，研究显示这两种政策工具具有互补作用，绿色发展的环境管制政策的有效性可以通过将它们与适当的创新政策相结合而产生新的效果。

二是认为行业资源禀赋作用不容忽视。古韦亚（Gouvêa，2013）认为地理条件、自然资源禀赋、环境柔化等会对一个地区的绿色发展产生影响。麦克唐纳（MacDonald，2018）研究显示电力禀赋是推动绿色发展的有效手段，大多数消费者转向绿色电力很可能会与最便宜的传统电力供应商进行比较，在许多情况下，绿色电力比传统电力更具有成为绿色发展竞争力的可能。梅卡拉和哈顿（Mekala & Hatton，2018）认为绿色基础设施作为一种具有成本效益的手段，是推进绿色发展的有效方式，然而，高交易成本、多中心决策机构是绿色基础设施的障碍，机构间的协调问题可能导致绿色基础设施的次优投资。

三是从社会公众角度看待绿色发展。雷亚（Hsueh，2013）引入德尔菲和模糊逻辑模型，分析了环境教育通过社区居民的中介变量，对绿色发展产生直接、持久地影响和效用过程。欧（Oh，2014）以韩国生态工业园（EIP）为案例，韩国的经验表明，只有通过对公民培训使其积极参与，才能保证绿色发展的成功。米塔尔和达尔（Mittal & Dhar，2016）研究了人在推动绿色发展中的作用，认为绿色变革型领导对绿色组织认同有正向影响，从而促进组织中绿色创造力的提升。此外，资源承诺在绿色组织认同与绿色创造力的关系中起着调节作用。因此，每个国家必须增加他们的资源承诺，以促进员工之间的绿色创造力。

2.3.1.2 微观因素

第一种观点认为实施开发绿色产品、绿色营销可以推动绿色发展。此类研究结果认为消费者在消费敏感性和消费习惯方面的价值观影响和鼓励绿色制造，"绿色"的理念鼓励人们购买绿色产品。罗尹塔和里斯本（loyaltySimão & Lisboa，2017）研究了绿色营销和绿色品牌对绿色发展的影响，研究显示对环境负责任的企业获得多种效益，如降低成本（由于资源消耗，如水或能源）、利润增加（从回收和残留物再利用）、生产过程增强（给定更清洁和更高效的技术）、企业 IM 年龄提升，品牌意识和价值的提升。弗拉卡西亚、詹诺卡罗和阿尔比诺（Fraccascia, Giannoccaro & Albino, 2018）认为绿色产品对一个国家的绿色发展影响最大，他们主张提供产品空间的新应用作为绿色发展的政策制定工具。萨米恩托（Sarmiento, 2018）认为绿色意识使人们提高购买环保产品的意愿，研究显示在绿色餐厅78%的人愿意额外支付5%，近98%的受访者认为，绿色餐厅的可持续性措施会积极影响客户评论，并且他发现收入的不同对顾客的绿色倾向没有显著的影响[①]。

第二种观点认为引入绿色生产技术，实施资源循环利用、清洁生产可以推动绿色发展。帝瓦里（Tiwari, 2018）认为首先要建立一套绿色生产体系，而清洁技术是不可或缺的要素。辛格、菲利普和拉姆库马尔（Singh, Philip & Ramkumar, 2018）采用人工蜂群算法（ABC）制定了制造业绿色工艺过程，并使用 TeaMeTimx 仿真软件进行数值模拟，发现在绿色参数设置下的铣削、钻孔、磨削和 μ-WEDG 工艺分别显示节省了29%、16%、31%和42%的能量，总共节约了28%。豪格（Hole, 2019）认为纺织制造业是造成温室气体排放的主要因素之一，他从生产、消费、循环三个方面论述了纺织工业绿色生产的效果。结果表明，环保技术、纺织品废物回收率可以使得绿色生产和环境系统之间建立平衡。

第三种观点认为企业应该建立绿色产品价值供应链以推动绿色发展。对于有效的绿色供应链而言，绿色供应商是必需的（Medeiros, 2018），让主要供应商参与到为有环境需求的客户和市场开发绿色产品的过程中，可以带来环境和商业上的成功。绿色增长正成为世界经济社会可持续运行的重要模式。王（Wang, 2019）同时考虑了不同绿色增长机制下企业的库存和定价决策，认为绿色的供应商对于推动绿色发展的作用十分明显。

---

① Sarmiento C V, El Hanandeh A. Customers' perceptions and expectations of environmentally sustainable restaurant and the development of green index: The case of the Gold Coast, Australia [J]. Sustainable Production and Consumption, 2018, 15: 16 - 24.

希曼娜（Semana，2019）调查了 123 家获得 ISO14001 认证的制造企业，研究了绿色供应链和绿色创新的关系，以及对环境绩效的影响。结果表明，绿色供应链与绿色创新和环境绩效之间存在显著的正相关关系，因此，他认为绿色供应链对促进组织的绿色创新和制造业企业绿色发展具有重大影响。

2.3.2 国内研究现状

从政府视角分析。政府在绿色发展中的作用主要是制度与规制的供给，杨宜勇、吴香雪和杨泽坤（2016）认为走绿色发展之路要立法先行，综合发挥好政府、企业和公众的作用，利用各种绿色发展的政策工具，统筹绿色发展规划与重点治理相结合。朱斌（2016）的研究表明，影响绿色发展的主要因素是绿色发展、绿色社会和绿色管理三大子系统发展滞后。封颖（2017）研究表明，绿色发展公共科技政策十分重要，而科技政策的有效性取决于政策制定高度、清晰的高层次全局动员治理手段、高效的多部门政策协同和充分的各级资源配置。舒绍福（2016）强调产业制度对于绿色发展的重要性，提出重点加强绿色发展和生态文明的具体制度建设，将环境融入经济决策、制度改革和技术创新等领域，加强综合性政策创新与执行。

从区域角度分析。赵领娣（2016）利用中国 1997～2013 年数据，分析人力资本、产业结构调整及其交互对于绿色发展的作用方向与影响力度，结果显示各地区产业结构高级化与产业结构合理化均表现出改善绿色的态势；人力资本水平（人力资本结构）与产业结构高级化、产业结构合理化的交互项对于绿色发展效率的提升作用不强。岳书敬、杨阳和许耀（2015）分析集聚对城市绿色发展的综合影响，研究表明，随着集聚由弱变强，城市绿色发展先升后降；提高市场化水平有利于城市绿色发展的改善，它可以减弱集聚对绿色发展的边际递减效应。李华旭、孔凡斌和陈胜东（2017）对长江经济带沿江地区绿色发展指数的研究表明，经济因素、第二产业所占比重对绿色发展水平的影响并不显著，技术创新能力、城镇化率、政府规制因素对绿色发展水平产生显著的正向影响。王兵（2017）研究表明环境效应是地区绿色发展差异性的主要原因，经济发展水平、结构因素和对外开放等是重要影响因素。他认为绿色发展要想取得新突破，应着重提升环境效应，在技术进步的驱动模式下，加强效率改善。绿色发展是经济转型发展的根本途径，合理的环境管理体制是实现区域绿色发展的关键。邹璇（2019）研究发现，环境分权对区域的绿色发展产生积极影响，当地方环境保护部门环境管理权力较大时，地方财政自主权的提高带来区域绿色发展水平的下降。他认为绿色发展应在统筹考虑地方财政的基础上，建立差异化的环境管理体制。

从人的角度分析。张三元（2018）认为实现绿色发展的根本在于改变人的生活方式，构建绿色生活方式。倡导绿色消费，引导绿色生产，必须有正确价值观的引导，不断丰富人们的精神文化生活，以精神文化的力量推动绿色生活方式的形成。黄娟（2016）认为绿色产业科技创新是绿色发展的必由之路，树立绿色科技创新理念、制定绿色科技创新任务、加大绿色科技投资和人才队伍建设是重要手段。张华（2017）研究发现，公众诉求有利于提高绿色发展效率，能够产生自下而上的推力作用，因为公众诉求能倒逼政府增加环保支出和提高环境监管力度。杜熙（2018）认为农村是绿色发展和生态文明建设的重要支撑，农民自身的素质成为影响农村绿色发展与生态文明建设的关键因素。

2.4 绿色全要素生产率

效率的测度方法可以归纳为三种：参数方法、半参数方法和非参数方法。非参数方法无须对生产函数的形式进行先验设定，可以进行多投入多产出的生产率核算，适用范围更广。数据包络分析（DEA）能够满足多产出、多投入的核算要求，可以控制主观因素的影响，因而应用也最为广泛。

DEA 算法处理环境污染的方法，大致可以归纳为以下三种。

2.4.1　将环境污染（非期望产出）当作投入变量进行处理

将环境污染作为投入变量的基本思路的基本原理认为企业或其他经济组织通过对自然环境的消耗可以在其他投入要素不变的情况下增加产出，但是超过环境自然吸收的污染会降低环境质量，从而带来负的外部性。污染排放对于经济增长的作用有两方面，一是环境可以发挥其作为社会资本的作用，对增长的影响为正。二是环境资本过于损耗而导致总的社会资本下降，这时的影响则是负面的（陈诗一，2009）。如果实施环境治理，那么节能降耗或减排也会占用原本用于生产"好"产出的社会资本投入，因而会相应降低"好"产出的数量。因此，将"坏"产出作为可自由处置的投入变量，可视为不同承载力条件下的约束。

海露和维曼（Hailu & Veeman，2001）在研究加拿大的造纸行业的生产效率时将环境污染作为投入变量。邓波（2011）将"三废"排放作为投入变量，采用三阶段 DEA 的计算方法对我国 2008 年区域生态效率进行了研究。徐盈之（2011）在对 1991～2008 年中国能源效率的研究中，将各省份工业废水排放量等 6 个污染指标采用改进的熵值法整合为污染指数作为投入变量引入 DEA 模型。蒋伟（2015）对 2002～2012 年中国各省区市全要素生产率的研究同样是选用废水中的化学需氧量和二氧化硫作为污染投入指标。徐杰芳（2016）在研究煤炭资源型城市的生态效率时，将环境污染指标作为 DEA 模型中的投入指标。

将污染作为投入变量力求尽可能地在减少非期望产出的情况下不影响期望产出的增加，但是没有考虑实际的生产过程或者违背了实际生产过程，无法反映生产过程的实质（李平，2017）。

2.4.2 对环境污染做数据变换处理

将非期望产出进行数据处理，以满足不同约束条件对"坏"产出的要求，这种处理方法最早由塞福德和朱（Seiford & Zhu，2002）提出。污染数据处理方法主要可分为负值法、线性转换和非线性转换法。负值法是将环境污染数据作为负值处理；华（Hua，2008）构建网络 DEA 模型，对非合意投入用负号处理。线性转换法将环境污染数据的结果设定为该足够大值与非期望产出的差额。蔡晓春（2010）在研究 1998~2007 年中国全要素能源效率时，将各省区市污染指标工业废气排放总量进行变换处理，取其负数后经过数据变换增加一个足够大的正常量使其变成正数，再纳入常规的框架。曾贤刚（2011）在 2000~2008 中国环境效率的研究中，利用线性数据转换函数将环境污染物进行转化，然后将其作为"好"产出放入 DEA 模型之中。樊华（2012）在能源效率的研究中，将环境污染指标取倒数作为非合意产出纳入 DEA 模型。董锋（2012）将熵值法应用于"工业六废"指标，计算出环境损害指数，并取倒数作为"坏"产出。

对环境污染做数据变换处理的方法，较好地解决了非期望产出存在的效率评价问题，但数据转化实际上会减少"坏"产出（Färe，2004），且加入了一个很强的凸性约束使其只能在规模报酬可变（VRS）条件下求解效率。

2.4.3 将环境污染作为弱可处置性变量与经济产出同时引入生产过程

常用的计算方法可分为径向和非径向计算方法。"径向"是指效率测度中主要关注固定比例增加（减少）产出（投入）。径向以钟等（Chung et al.，1997）的方向性距离函数（directional distance function，DDF）模型为代表，可以假设合意产出增加和非合意产出同比例缩小（Briec，2011），被许多学者应用于测算绿色生产效率（Asche，2013；Fan，2014；Manello，2017；Wen，2018；Du，2018）。方向性距离函数方法虽然同时考虑了合意产出增加与非合意产出缩减的情况，但是不能充分考虑投入产出的松弛性问题，如果投入或产出变量存在非零松弛变量时，使用径向DEA算法计算结果偏高；而角度的 DEA 不能同时考虑投入、产出两个方面，又使得效率值失真；此外，径向的算法存在污染排放的非单调性、效率错误分类和多方向投影目标问题。

为了克服径向算法的缺陷，特恩（Tone，2001）提出了非径向、非角度的基于松弛的效率测度方法，允许要素投入的缩减比例、合意产出的扩张比例与非合意产出的缩减比例不同，其具体比例取决于松弛量。福库亚玛（Fukuyamar，2009）发展了更加一般化的非径向、非角度的 SBM 模型，得到广泛应用（Wang，2013；Lu，2014；Yu，2016；Liu，2016；Yan，2017）。此后，众多相关学者在非径向算法的基础上进行了拓展：周（Zhou，2012）提出非径向方向性距离函数（NDDF）算法，允许两类产出的不同比例的增减。总体而言，以 SBM 模型为代表的非径向算法，以评价对象自己的产出和投入来标准化松弛变量，容易忽视整个样本投入和产出的统计分布信息。

2.5 现有研究的评述

2.5.1 强可持续发展理论在绿色发展机制研究中尚未得到体现

现有可持续发展的研究主要基于弱可持续理论，由于经济发展对资源、环境的索取已经超过自然承载能力，因此可持续发展理论也需要创新。强可持续发展理论在 2012 年 6 月联合国巴西里约热内卢"里约 + 20"全球可持续发展大会，被正式确立为新的绿色发展范式。强可持续性发展理论要求主要自然资本在非减性发展的条件下实现经济增长。但是强可持续在学术界仍然存在一个灰色地带，奥利维拉（Oliveira，2018）对国际清洁生产进步研讨会（IWACP）的论文进行分析，发现只有 5% 的文章与强可持续有关，强可持续发展理论在学术界并没有得到重视。本书基于强可持续发展理论，从环境损害和环境建设两个角度看待环境，满足提高环境的自净能力以保证环境总福利非减性发展诉求；从不可再生资源消耗和可再生资源供给两个角度看待自然资源，满足通过提高可再生资源的供给以保证资源总福利非减性发展诉求。本书将绿色发展置于强可持续发展视角，体现了研究范式的转换。

2.5.2　绿色发展机制研究有待进一步完善

现有绿色发展机制研究大多是影响因素研究，且为系统外部研究，缺乏内部机制研究，系统性也有待提高。绿色发展机制是推进绿色发展的根本动力和源泉，决定着绿色发展的性质和发展方向。因为其不系统、不完整，现有研究无法洞察绿色发展过程中"政府—企业—公众""经济—环境—资源"之间相互联系、相互作用、相互制约的动态关系及功能，无法揭示绿色发展的脉络，弱化了绿色发展政策工具和规划手段的作用效果。本书从内部视角研究绿色发展，构建绿色发展机制模型，"打开"绿色发展的"黑箱"，按照系统论、控制论的原理，将绿色发展机制分解为动力机制、激励机制、约束机制和保障机制，剖析内部运行系统，厘清绿色发展脉络，洞察各主体、各要素的作用机理，检验不同的供给效果，把握关键环节。

2.5.3　效率的测度方法仍有改善空间

全要素生产率静态分析常用的是径向和非径向算法。径向算法在评价效率时要求投入或产出要素同比例变动，这与现实条件明显相悖；径向的算法还需要选择导向。非径向的算法忽略了效率前沿投影值的原始比例信息，由于线性规划方法自身的原因，采用线性规划求解非径向算法时，当选择正的和零值的松弛变量时，其计算结果差异非常明显。为此，本书在特恩（Tone，2010）研究方法的基础上，引入成刚（Cheng，2014）修正后的混合距离模型（MEBM 模型），该算法综合了全要素生产率的径向方法和非径向算法，弥补了径向算法假设投入或产出同比例变动的不足，也弥补了非径向算法忽略效率前沿投影值原始比例信息的缺陷。MEBM 模型明确了变量参数的约束条件，避免投影值可能出现的逻辑错误，改进了投入指标的相关指数计算方法，克服了在极度离散条件下，由于投入指标投影值之间因完全线性负相关而出现的"关联指数理论悖论"现象。

在全要素生产变动分解中常用的 Malmquist 指数和 Malmquist-Luenberger（ML）生产率指数，采用规模报酬可变（VRS）模型计算效率变动时容易出现偏差；当与径向算法相结合时，不同角度选择的分解结果也不同；两种指数分解时共同缺点就是容易忽略投入和产出的混合效应。ML 指数是基于比值的测算方法，难以反映差值的变化情况。有鉴于此，本书将引入 MEBM-Luenberger 生产率指数分析效率变动，MEBM-Luenberger 指数克服了被评价单元集之间可能存在的异质性，无须选择测量角度，且无须进行等比例变动；该分解模型是基于差值的分解方法，具有可加结构，能够考察总产出的变动情况，为实现全要素分解奠定基础。

2.6　本章小结

　　根据研究所涉及的绿色发展相关理论，本章节全面梳理了绿色发展的内涵、质量、影响机制和效率算法等理论的演进及研究现状。本章节为后续研究提供了理论依据，也是全书研究的理论基础。本章节在梳理相关理论的基础上，结合研究的最新进展，总结现有研究可进一步深化的空间和内容，并提出本书拟开展的创新性研究方向和方法，因此，本章节也是本书理论创新的来源和依据。

第3章

绿色发展机制的理论分析

绿色发展体现了"效率的改善化、发展的质量化"。如何推动绿色发展，提高绿色发展水平，特别是提高西部地区的绿色发展水平，缩小与东部发达地区的区域差异，是本书的关键和重点，也是本书的落脚点。实现上述目标，首先要"打开"绿色发展的"黑箱"，剖析内部运行系统，厘清各主体、各要素的作用机理，洞察发展脉络。

绿色发展是一项系统工程，从主体要素可以分为政府、企业、公众、个人等子系统，从客体要素可以分为经济、资源、环境等子系统，从功能要素还可以分为规划、执行、控制、反馈等子系统。系统论的观点认为，任何系统都是一个有机的整体，它不是各个部分的机械组合或简单相加（刘军胜，2017）。因此，需要从整体的角度看待绿色发展，统筹考虑各子系统在绿色发展中的功能和作用。

任何系统都不可能永远保持静止，系统的动态变化是永恒的主题，系统的结构、内部联系、外部表征、运行态势、运动方式、功能特征等都会随着时间的变化而变化，这也被称为系统的演化。演化是系统的普遍属性，系统要演化就离不开动力。一般来说，系统是在内部动力与外部动力共同推动下进行演化的（张子龙，2015）：系统与环境之间的相互作用是演化的外部动力；而系统环境的变化及系统与环境相互联系和作用方式的变化，会在不同程度上诱发系统内部的变化，推动着系统内部运行规律和总体功能的变化，形成内部动力。系统在演化过程中，从外部环境到系统内部需要有信息的传递，保证系统能够相互作用和相互联系（蔡乌赶，2012）。为保证系统的有序演化，系统也需要一种专门用来校正行动的装置，也就是控制装置（周小亮，2017）。为了在不断变化的环境中维持系统的稳定，系统还需要保障体系，自动调节系统稳定性。因此，本书从动力机制、激励机制、约束机制、保障机制四个维度构建绿色发展机制模型。

本书将绿色发展机制分解为动力机制、激励机制、约束机制和保障机制，通过理论推演，揭示"政府→企业→公众""经济→环境→资源"在绿色发展过程中相互联系、相互作用的机理，为绿色发展路径选择、推进方式提供理论依据。

3.1 动力机制

动力机制是指各个经济主体在绿色发展过程中形成的促动机制，来自绿色发展内部不同行为主体对自身经济利益的追求，是绿色发展的出发点。结合中国实际，绿色发展动力可分为外部动力和内部动力。外部动力基于中国经济外部特征，主要应对中国正面临"中等收入陷阱"（middle income trap）的外部威胁进行动力设计。从内部看，重点在于如何把发展效率因素引入地方负责人业绩考核，促使地方政府更好地平衡发展的"量"与"质"。通过激励地方政府领导人的政治晋升意愿，能够形成绿色发展的内部动力。

3.1.1 绿色发展外部动力

经济社会作为一个系统，需要不断地适应外部环境的变化，并不断完善内部结构与优化内部运行体系，才能实现自我发展，因此，外部动力通过外部客观因素的作用实现绿色发展。中国面临"中等收入陷阱"的挑战，跨越这一历史阶段的使命将驱动绿色发展。世界银行2006年发布的《东亚经济发展报告》首先提出"中等收入陷阱"的概念，指出一个国家或地区的人均收入达到世界中等水平后，如果无法完成发展方式的转型，容易出现增长动力不足、生态环境恶化、社会贫富差距加大甚至社会动荡等，这将导致经济发展徘徊、经济长期停滞不前。2017年世界银行将人均国民收入（GDP）在3956~12235美元（现价）列为中高收入国家或地区，人均GDP高于12236美元列为高收入国家或地区，人均GDP达到1006~3955美元的是中等偏下收入国家或地区。①

对遭遇"中等收入陷阱"的国家进行分析，一个广泛的共识是这些步入中等收入的国家，没能及时进行发展方式的战略转型，对相对粗放的发展方式仍然保持路径依赖（湛泳，2015）。布尔曼（Bulman et al.，2017）分析了"中等收入陷阱"的存在性，认为低收入国家和高收入国家经济增长的决定因素存在很大差异，低收入国家需要调整经济增长模式以实现从低收入到高收入行列的跨越。经济增长因素具有边际效应递减的性质，粗放的发展方式导致在"低垂的果子已经被摘完"时，经济增长的外生动力逐渐耗尽（蔡昉，2011），使发展中国家出现土地资源短缺、能源过度消耗、污染严重等一系列资源和环境方面的问题，而突出的环

---

① The World Bank：《New country classifications by income level：2017 – 2018》，https：//blogs. worldbank. org/opendata/new – country – classifications – income – level – 2017 – 2018，2017 年 6 月 1 日。

境、资源问题难以支撑经济的有效发展从而落入"中等收入陷阱"（陈亮，2011）。已经跨入中等收入阶段的国家需要加速增长，而发展方式所导致的资源环境问题阻碍了加速增长（邹薇，2015）。

世界银行2007年的《东亚经济半年报》指出，环境问题在中国面临的"中等收入陷阱"问题中尤为突出。因此，中国只有坚持绿色发展，改变经济增长对资源和要素大规模、高强度投入的高度依赖，才能走出环境与资源的"中等收入陷阱"（朱瑞雪，2013）。戴星翼（2015）认为之所以存在中等国家面临"发展的峡谷"，一方面是跨越中低收入阶段对经济增长速度有一定的要求，另一方面是容易遭受到资源、环境瓶颈，所以，绿色发展是唯一出路。中国已经步入中等收入国家，要避免陷入中等收入陷阱，需要面对一系列挑战，处理好经济、社会与环境的关系（周国梅，2016）。巴丹和乌德里（Bardhan & Udry）的研究认为并不存在一种"伴随一国收入提高，环境得到自动改善"的机制。因此，后发国家以牺牲环境为代价的发展模式极有可能使得发展中国家陷入生态环境与经济发展的恶性循环，所以，坚持包括绿色发展在内的五大发展理念，是成功跨越"中等收入陷阱"的关键（胡鞍钢，2016）。刘晓倩（2018）围绕一国经济能否跨越"中等收入陷阱"问题展开研究，她认为一国经济若想跨越中等收入陷阱，要降低二氧化碳排放量，提高能源利用效率，积极发展绿色经济。

中国人均GDP已经从1978年的156美元，提高到2017年的8826美元，特别是2009年中国人均GPD为3838美元，已经步入中等收入国家，而这一阶段将面临更多的挑战，如果不能及时转换发展模式，中国将极有可能面临中等收入陷阱的"旋涡"。

3.1.2　绿色发展内部动力

推动绿色发展的内部因素可以分为两个：一是良好的市场运行机制；

二是政府的治理机制。由于环境具有典型的外部性特征，使得个人的真实成本被隐匿，而社会公共利益受到损害，造成市场失灵，需要政府治理加以干预，因此绿色发展的内部动力主要来源于政府。作为经济政策的执行者和区域制度供给的倡导者，地方政府官员掌握着种种资源与手段，特别是地方政府中的高级官员位高权重，始终扮演着重要角色，深刻影响着地方经济的运行（黄亮雄，2018）。因此，地方政府的绿色发展意愿将会形成绿色发展的内部动力。得益于组织架构的集约管理，中央政府能够通过任命、调动、交流直接对地方政府产生影响，使中央政府的发展意志、决策规划、行动要求得以落实和实现。这种控制包括发现、培养、选拔、任用、考核、监督等一系列的治理体系及其衍生的管理手段，其中以选拔、任用、考核为主要内容的激励体系的作用举足轻重。

改革开放之后，经济建设成为党和国家的中心工作，所以经济发展，特别是 GDP 规模和增长率较长时间内成为考核地方政府的重要指标，地方政府的努力则内生于以 GDP 为核心的政绩激励体系，特别是当 GDP 发展目标具有"一票否决"的性质时，地方政府会尽其所能地助推 GDP 增长，除了能在地区间的竞争中取得先发的优势，还能累积政府与社会治理的能力和声誉。纪志宏（2014）认为地方官员在晋升压力较大时，会动用自身行政控制力扩张经济规模。这种以 GDP 为主的晋升激励同样对微观企业的发展方式产生影响（陈文磊，2018），也对企业创新驱动实施效果产生影响，企业创新数量和质量都会显著降低，这种抑制作用在地方国有企业、市场化程度更低和有政治关联的企业中表现更为显著（王砾，2018）。

GDP 业绩考核、政治晋升意愿可能会导致地方政府将经济发展的长期收益提前贴现，或者放弃"前人栽树，后人乘凉"的长期战略性支出，抑或隐藏经济发展中的公共服务短缺、资源枯竭、环境破坏等发展成本，从而大力推动短期利益和"竭泽而渔"式的经济增长。此外，政治晋升的不确定性还可能造成的"政绩"收益与"政绩"成本的时空不对称性，容易加剧地方政府行为短期化（刘瑞明，2015）。韩国高（2018）也认为以经济考核为主的地方政府官员晋升制度明显加剧了我国城市的环境污染。地方政府的决策行为对于城市污染具有影响，其对城市工业污染的影响呈先减后增的趋势（张鑫，2018）。罗党论（2015）从政权合法性和权威性的视角揭示官员晋升与经济增长的影响，研究发现官员的政治晋升与任期内的相对经济增速具有正相关关系，前任官员的绩效水平被视为当期官员的"标杆"。同时，对经济增长进行分解后发现，具有经济效率（TFP）提升的经济增长与晋升的关系更强。

综上所述，中央政府的考核方式对地方官员有绝对权威，中国独特的政绩考核和干部晋升机制实现了对地方官员的强大引导力。为了政绩，地方官员可能会选择粗放型或质量型的经济发展方式，地方官员政治晋升的表现形式也就会演变为地方政府之间的业绩竞争。所以改变中央对地方政府官员的考核方式，将成为地方政府推动绿色发展的内部动力源泉。通过对减排化学需氧量（COD）的研究，证明地方政府更为关注，而针对地方政府的政绩考核在环保领域同样适用（宋修霖，2015）。当中央把效率因素纳入地方负责人考核体系后，能够促使地方政府在发展的"量"与"质"方面寻求更好的平衡（蒋得权，2015）。

3.1.3 动力机制作用分析

绿色发展是内外部动力相互作用的产物，也是政府、社会、外部环境共同作用实现绿色发展有效演进的结果。外部动力是绿色发展的牵引力，而内部动力则是绿色发展的推动力。

经济动力不足、资源枯竭、环境恶化是中等国家发展到一定阶段所面临的共同问题，也是绿色发展的时代背景。制定科学的产业规划，推动产业转型，完善社会治理法律、法规以确定资源保护、环境改善的社会地位，同时吸引外部资金、技术、人员等发展要素进入资源、环境保护产业，是市场失灵下政府干预的具体体现。因此，外部动力和内部动力共同作用、相互促进会开启绿色发展的序幕，让绿色发展"起得稳"。永续发展是绿色发展的目标，要实现这样的目标，离不开经济社会系统自我发展的内生动力，而市场机制在资源配置、运行优化、要素选择等方面具有无法比拟的优势，充分发挥"看不见的手"——市场经济的作用也显得尤为重要，这也是跨越"中等收入陷阱"、实现步入更高发展阶段的主要路径和有效方法。要发挥市场经济的作用，就必须将政府解决市场失灵的干预机制限制在一定的制度框架中，所以在政策制定、制度供给、执行安排、效果评估等过程中必须统筹考虑内部动力和外部动力中各要素的实施边界、互动方式、作用节奏，也只有这样，内外部动力才能共同作用推动绿色发展"走得好"。

3.2 激励机制

激励机制是指在绿色发展系统中，政府作为激励主体系统运用多种激励手段并使之规范化和相对固定化，而与企业（或行业）等激励客体相互作用、相互制约的结构、方式、关系及演变规律的总和。激励机制的作用是内化于绿色发展本身，使绿色发展能够处于一定的预定形态，通过引导影响着绿色发展系统的良性生存和发展。激励机制的作用可归纳为两种，即推动性和阻动性，所以设计科学合理的激励机制是推动绿色发展的重要手段。

政府促进绿色发展有行政手段和经济手段两种，行政手段直接干预，短期内有效，但排污具有典型的负外部性特征，由于政府在环境治理中与企业存在较为严重的信息不对称，政府对污染难以实施准确、全面的监控（石光，2016），所以经济或市场手段是首选方式。

3.2.1 环境税

环境税有广义和狭义之分，广义的环境税是指以环境保护为目的开征的各个税种的总称。其中包括三个方面：一是对排放污染物行为征收的各种排污税，或称为污染税，如空气污染税、垃圾税、废水排放费等。二是对容易导致高污染的资源产品征收的各种产品税，如对煤炭、石油和各种其他能源的征税，其性质属于特别消费税，可以简称为环保型消费税或者绿色消费税。乔永璞（2018）认为资源税实施后的经济增长和社会福利水平明显高于环境税实施后的影响，且资源税对经济增长和社会福利影响的倒"U"型拐点要早于环境税，但环境税和资源税对环境污染排放量的影响不存在曲线形状上的差异。三是具有环保意义的其他税收。狭义的环境税仅指上述第一类的排污税。狭义环境税是基于"庇古税"对负外部性征税的原理，通常被认为是治理污染最直接、最有效的工具（吴健，2017）。王军（2018）认为狭义和广义绿色税收政策对经济增长数量均存在抑制效应，对经济增长质量会产生促进作用。

环境税的开征具有双重红利效应（David Pearce，1991），即不仅能够有效抑制污染，改善生态环境质量、保护环境；而且可以降低现存税制对资本、劳动产生的扭曲作用。政府通过环境税收实现了分配效应与经济效率的均衡，克里斯蒂安和塔马拉（Cristian & Tamara，2018）对智利环境税的研究认为向所有经济部门征收每吨30美元的CO_2和其他温室气体税，可以降低高达25.7%的温室气体排放量，同时也可以减少对经济的负面影响[1]。直接的"排污税"所带来的减排效应或福利应远远大于

---

[1] Mardones C，Muñoz T. Environmental taxation for reducing greenhouse gases emissions in Chile: an input-output analysis [J]. Environment, Development and Sustainability, 2018, 20 (6): 2545 – 2563.

替代性税收，托拜厄斯、法扎德和体（Tobias，Farzad & Hugh，2017）对 1994~2011 年发达国家的研究显示，引入了一个创新的环境质量措施，较高的环境税收水平与较高的碳效率正相关。虽然环境税容易造成边际行政成本上升，但是在污染物覆盖范围与行政可接受性之间存在一个均衡解。

环境税还具有差异化的影响效果。莱斯利（Leslie，2018）的研究表明，在不完全竞争的批发电力市场中，碳税的引入增加了短期碳排放，他认为不完全市场中污染税的短期影响取决于生产技术、市场结构和税收规模。林和贾（Lin & Jia，2018）对中国的研究也表明，对能源密集型企业征收碳税，即使碳税税率相对较高，对碳排放的影响也相对较小；较高的碳税税率将导致较高的二氧化碳减排量和较高的边际二氧化碳减排量。碳税税率遵循"边际减排递增规律"。他们还认为，税收的重点应该放在能源企业上。只有这样，才能充分发挥能源市场的作用，节约能源，减少排放。卢洪友（2018）认为提高污染物的环境保护税税负对相应污染物的影响存在异质性。叶金珍（2017）研究表明市场化合理税率的环保税既能有效治理空气污染，又能维持经济福利的稳定增长；基于 55 个国家 1994~2014 年的数据显示，环保税对不同国家的影响是异质的，其中，碳税与污染物排量存在异质性因果关系，开征碳税对于 PM2.5 浓度、NO 排量和 NO_2 浓度较高的国家是有效的，而提高汽车运输环保税对于空气质量较差的国家并不利。

第 12 届全国人大常委会 2016 年 12 月 25 日通过了《中华人民共和国环境保护税法》，2018 年 1 月 1 日起施行。《中华人民共和国环境保护税法》征收范围明确为产生排污行为的企业事业单位和其他生产经营者。所以通过制定税收政策同样能够产生绿色发展激励效应。

3.2.2　绿色补贴

绿色补贴又称为"环境补贴"，是政府为鼓励排污者减少污染排放，或当企业无力支付治理污染的费用时，政府通过专项支付、低息贷款、设备购置退税等形式给予企业一定环境性质的资金支持，以共同治理环境污染。绿色补贴同样可分为广义和狭义的概念，广义的绿色补贴是所有为降低污染、节约能耗、改善环境等一系列的资金资助，除了研发、技术、设备、工艺、改造的资金支持外，还包括绿色贴息贷款、税收征收补贴、外汇汇率变动补贴。狭义的绿色补贴为与环境治理直接相关的专项资金补贴，如对购买污染治理、污染监控设备的补贴。

绿色补贴是一种面向经济主体行为的经济激励政策，通过对保护环境和自然资源的资助，对企业（或行业）在治理污染排放、改善产品加工工艺、推动清洁生产和节能减排的补贴，来激励生产者持续地提供正外部性或减少负外部性，从而达到社会最优的环境服务水平和环境污染水平。绿色补贴分为"奖励型"和"惩罚型"两种激励方式（刘炯，2015），前者有助于提升环境投入，后者有助于强化环境规制。绿色补贴被视为一项机会成本，排污者因选择减少排放污染物可获得补偿，如果选择继续排放污染，则视为放弃了这一补偿，因而被用作鼓励污染控制或减轻监管冲击的激励。中国现有多种绿色补贴，例如绿色建筑补贴、绿色生态补贴、绿色制造重点项目补助、节能环保补贴等。

绿色补贴可以提高绿色技术的扩散率与扩散速度，有利于促进绿色技术的升级、扩散，并在一定程度上弥补了不同绿色技术之间的互补性或者创新性的差距（杨国忠和姜玙，2018）。李（Li，2018）认为政府提供的绿色贷款补贴能够提高企业技术创新的意愿，通过减少企业的能源排放来改善环境质量。绿色补贴有利于促进能源价格改革，改变化石与清洁能源间的替代弹性，有效改善能源消费结构，降低主要污染物排放强度（徐晓亮，2018）。环境补贴还可以促进绿色效率的提高（Bai，2018）、促进消费（He，2017）。此外，一个精心设计的补贴政策不仅可以为制造商创造更多的利润，而且可以为政府节省补贴投资。随着消费者环保意识或补贴政策的变化，即使竞争更加激烈，制造商也可以获得更多的利润（Yu，

2016）。尚洪涛和祝丽然（2018）发现直接技术补贴对企业的环境绩效有积极的促进作用，直接技术补贴比税收优惠更能促进企业环境绩效的提升。他们认为研发人员对直接技术补贴与企业环境绩效关系起正向调节作用，环境研发投入在直接技术补贴与企业环境绩效之间起中介作用。

与环境税相比，由于污染监控困难，需要设置排污标准，政府提供绿色技术补贴既可减少监控费用，也能促进企业绿色技术的创新（Stran-lund，1997）。杨飞（2017）的研究认为，环境补贴虽然能够促进清洁技术创新，但效果较弱。他认为如果只单独实施环境税或环境补贴，对清洁技术创新的激励不够大；如果环境税和环境补贴政策能够"双管齐下"，对清洁技术创新的作用更显著。魏巍贤和赵玉荣（2017）也认为绿色补贴可优化能源结构，这是增进大气环境效益的根本原因；绿色补贴减少了温室气体、污染气体的总排放量和颗粒物浓度；在补贴的基础上如果辅以环境税，实现补贴与税收双管齐下不仅可以有效地增进大气环境福利效益，而且还能抵消征税对经济增长的负面效应。

也有研究认为政府补贴的加入并没有影响环境规制与企业技术创新的"U"型关系，适当使用政府补贴反而可以弱化环境规制对技术创新的负面影响，促进企业提前开展技术创新（袁丽静，2017）。但是，许家云和毛其淋（2016）认为适度的政府补贴能显著改善企业的生产效率和市场存活率，但高额的政府补贴会诱使企业进行寻租和商业贿赂，导致社会资源配置的低效率和全社会创新激励的弱化。

3.2.3　激励机制作用方式

绿色发展的激励机制直接影响了绿色发展的速度，它通过利益化的制度设计影响政府、行业、企业和个人参与绿色发展实践的意愿和力度，产生不同方向的刺激效果，从而影响各主体的经济行为方式。在本书所设计的绿色发展激励机制中，各级政府可以通过绿色补贴和环境税的货币补偿方式直接奖惩下级政府、行业协会、企业乃至个人的生产和消费方式，调整不同主体行为获取利益报酬的行为模式，从而激发各主体积极参与绿色发展的实践。

当前的环境税、绿色补贴主要影响的主体是行业和企业，可以预见在未来也会将个人纳入征收和补贴范围。环境税收通过对排放物的经济处罚方式，为企业引入了一项市场机制，使得企业可以在不改变生产行为、缴纳环境税和改变生产行为、避免缴税之间进行选择。这种市场化的机制能够以最经济的方式，让企业对市场信号做出快速反应。关停污染源是政府在环境治理中经常采用的治理手段，这种方式较为简单、原始，甚至在某些地方的执行过程中还有粗暴的嫌疑。由于中国的污染排放企业多是中小企业、乡镇企业，他们承担着"保就业、稳增长"的重要任务，最简单粗暴的关停方式导致基层地方政府面临着就业和经济发展的巨大压力。而与关停污染源相比，环境税在激励过程中是温和的、渐进的。实施环境税后，不会对企业的生产设备、生产技术带来致命的打击，企业仍然可以使用原有生产设备和工艺技术，有助于企业持续经营，当然企业需要承担环境税收成本的增加和企业利润减少的压力，从而把对经济增长的伤害降到最低。

绿色补贴解决外部性导致的价格信号失真和资源配置低效问题，通过补偿，激励生产者持续地提供正外部性或减少负外部性，使得环境资源或服务的价格尽量逼近其真实价格，从而实现环境资源的有效配置，达到社会最优的环境服务水平和环境污染水平。如果企业选择减排避免缴税或获取更多的补贴时，激励机制又可以让企业在引入清洁生产设备和开发绿色生产技术之间做出市场化的选择。绿色技术可以为企业创造额外的经济利益，使企业始终保持进一步提高节能减排的动力，但绿色技术开发容易受内部研发能力和外部技术革命的影响，且研发周期一般较长。购买清洁生产设备则可以快速改善生产行为，产生减排效果，但由于无法掌握核心绿色技术，故减排效果的持续周期有限，且清洁生产设备存在着升级换代、技术折旧的风险。此时，绿色补贴的激励效果就更容易显现：通过对补贴方式、补贴对象的差异化设计，引导企业在开发绿色技术和购买清洁生产设备之间做出选择，企业通过衡量包括补贴在内的成本差异，基于利益最大化的考虑，往往会趋向于制度设计的目的。对行业而言，绿色补贴的激励机制还可以将环境保护的经济利益合理分配到各个行业，例如绿色信贷补贴、绿色证券补贴、绿色产业补贴等，能够通过拓展绿色发展资金供给渠道，改变资金对高投入、高能耗、高污染企业的流动现象，促进资金向绿色企业、绿色产业流动，激励区域内的绿色发展转型升级和动力转换。

3.3　约束机制

约束机制是指通过某种制度或政策使绿色发展主体行为限制在不超越规定范围的制约机能。在绿色发展中，一方面，约束机制可以是中央政府通过制定政治、经济、科技等政策，明确社会经济运行机制的有关规则，以及颁布各项法律对各经济主体行为进行制约；另一方面，地方政府或企业、行业，为适应中央约束并谋求自身经济利益所进行的调节、控制过程。中央政府在绿色发展中起主导约束作用，地方政府或企业、行业起能动反馈约束作用。约束机制实质是在绿色发展过程中的方法、方式规制，以较合理的方式、较小的代价达到绿色发展目标。

3.3.1　总量减排约束

中国是世界第一大碳排放国，2014 年碳排放约占全球的 23.4% ，节能减排不仅是绿色发展的需要，也是强可持续理论中全球治理模式的重要内容。2015 年巴黎气候大会，中国承诺二氧化碳排放到 2030 年左右达到峰值，并降低碳强度使得与单位国内生产总值二氧化碳排放相比 2005 年下降 60%～65%[①]，《巴黎协定》鼓励发展中国家向绝对量减排或限排目标迈进，这说明中国面临着总量减排和强度减排的双重压力。我国人口众多，人均资源禀赋较差，生态环境脆弱，气候条件复杂。节能减排不仅事关我国经济社会可持续发展的成功与否，而且对满足人民对美好生活向往至关重要。加快节能减排，不仅是加快生态文明建设、实现中华民族永续发展的内在要求，也是展示中国的大国形象的有效手段。

2016 年 12 月国务院在《关于印发"十三五"节能减排综合工作方案的通知》中明确要求到 2020 年，全国能源消费总量控制在 50 亿吨标准煤以内。COD 排放总量控制在 2001 万吨，氨氮排放总量控制在 207 万吨，二氧化硫（SO_2）排放总量控制在 1580 万吨，氮氧化物的排放总量控制在 1574 万吨以内。黄冬娅和杨大力（2016）将总量减排分为"督企模式"和"督政模式"。他认为两种模式的差异在于污染减排目标核算到什么程度，"督企模式"是将减排目标分解到污染源来约束污染排放主体的生产行为，并通过司法、行政的手段加以监管。"督政模式"是将总量减排目标分解到各级政府，通过强化政府自上而下的行政管理手段实现污染物减排目标。他认为在中国的现行体制下，"督政模式"的模式效果更明显。但吴瑞财（2018）则认为针对地方政府的总量减排约束机制主要依靠的是行政领导干部的权威，其约束的整合机制并不总是有效的，依赖考核的约束执行机制无法替代"监管型政府"建设。

总量减排约束性政策对中国污染排放量产生了显著的结构性影响，在保证经济平稳增长的方针政策下，总量减排的约束势必会造成碳排放高峰值的下降（石莹、朱永彬和王铮，2015）。在总量约束的前提下，如何分

---

① 巴黎气候大会. 中国为实现低碳承诺做了这些事［EB/OL］. 央广网，2015 - 11 - 28.

配污染排放量对于地方和国家的经济绩效都将产生重要的影响。乔晓楠和段小刚（2012）比较分析了社会福利原则、公平原则、溯往原则和产值原则等不同分配原则对经济的影响，他们认为排污量向技术优势企业所在的区域进行倾斜，有利于提高企业的利润总和，但是却会拉大区域之间的差距，中央政府进行减排专项转移支付则可以在一定程度上解决公平性的问题。

李丽平（2010）将总量减排区分为工程减排、管理减排、结构减排三种方式，他对攀枝花市的研究表明，不同的减排方式对总量减排目标具有不同的效果，会出现正的和负的协同效应，甚至存在无效的零和协同效应，而正的协同效应主要来自结构减排。长期来看，碳排放量与人均 GDP 不存在必然联系，因此，节能减排约束性政策不会影响经济增长（常凯，2015）。林伯强（2015）也同样持有此观点，他认为环境治理下的煤炭消费和二氧化碳排放峰值并不会明显抑制经济发展，他认为即使在严格的环境治理约束下，就业仅下降 0.014%，对应的 GDP 下降 0.927%。这对总体就业的影响很小，对产出的影响也不大。[①]

3.3.2　强度减排约束

强度减排约束是通过制定单位产出的污染物排放目标来实现绿色发展。欧美等发达国家主要倡导总量减排，而中国、印度等发展中国家主要倡导以单位 GDP 排放强度为约束条件的强度减排，实现限定的碳强度目标。

与总量减排相比，强度减排保证了经济增长的潜在空间，为发展与治理在空间上的双维联系提供了可能。周县华（2016）对比总量减排和强

---

①　林伯强，李江龙．环境治理约束下的中国能源结构转变——基于煤炭和二氧化碳峰值的分析［J］．中国社会科学，2015（9）：84－107.

度减排政策后，认为基于碳强度约束下的减排方案在维持产出水平、增加就业需求、稳定物价和提高劳动者报酬等方面表现出更大的优势。强度约束实现了环境质量改善和经济持续增长的双重红利，双重红利产生的原因是由于碳减排政策使得资源要素使用成本上升，进而提高了低碳要素需求，使得行业之间生产要素重新配置，在一定情况下实现了经济增长和环境改善（范庆泉，2015）。在碳强度约束下，碳排放降幅高于能源消费降幅，能够促使能源消费和碳排放大幅下降（董梅、徐璋勇和李存芳，2018）。碳排放绝对效率水平要高于碳强度相对效率水平，但是为了达到全国总体减排成本最小化的目标，应当以碳强度效率为参考，优化分配各省区市的最优减排目标（于潇和孙猛，2015）。

董梅（2019）发现在碳强度约束下，由于能源价格的上涨，国民经济中非能源部门的价格、产量和综合收入将会下降，带动国内碳排放的综合水平下降。强度减排不仅能够通过减排任务的合理分解实现要素的优化配置并激发"创新补偿效应"，产生相对较高的经济增长效应与社会福利效应（张同斌，2018），而且强度减排通过优化经济结构实现绿色发展：一是通过中间产品抑制工业结构"重型化"趋势，二是将农业减排的压力转化为"富碳农业"的动力，使得农业占 GDP 的比重上升，三是服务业通过提高非能源要素的投入量，如劳动、资本等要素，降低了能源生产行为的负向影响。

在实施单位 GDP 强度减排时，相当于为生产者提供了产出补贴，因为生产企业在强度约束目标内不涉及额外的成本，部分弥补了生产成本的变化（汤维祺、吴力波和钱浩祺，2016）。他们的研究认为如果按照不同地区的历史数据设置强度减排目标，弱化了中央减排政策对能源大省的影响；如果按照基期数据设置强度减排目标，将使减排收益转移到附加值较高的行业，降低了中西部地区高耗能产业的集聚，容易扭曲中西部经济结构。因此以拍卖的方式设置强度减排目标是最有效的。

张友国（2013）认为不能忽视强度减排的成本，他认为当未来经济增长水平低于预期水平时，选择强度约束作为减排目标会比总量约束更有效，但边际减排成本和损失也会较大。较低的污染强度减排目标不利于产业结构的调整，而随着污染强度减排目标的逐渐提高，其倒逼效应逐渐显现（原毅军和谢荣辉，2014）。实施碳强度减排也会降低各行业的利润，削弱其还款能力，传导至银行信贷资产质量；相同减排量下行业减排成本越高，则该行业的利润降幅就越大，不良贷款也越多（曹军新和姚斌，2014）。

3.3.3　约束机制作用方式

绿色发展的约束机制可以从供给侧和需求侧两个维度来分析。从供给侧来看，经济系统的总产出是资本、劳动力、资源、其他投入共同作用的结果，这些生产要素在生产过程中通过一定的组织、配置、合作等形式形成生产关系，并相互产生联系。绿色发展中的经济主体，在生产过程中进行决策时必然会受到减排机制的约束：一是不论总量减排目标还是强度目标，均会通过国家或地区的中长期规划分解到各级政府、各个行业主管部门，以落实减排的执行体系，使减排目标具有可实现的路径。约束目标分解后，经济系统的各类生产者在制定发展方案、生产计划时会充分考虑减排目标的限制。作为国民经济重要组成部分的能源系统会根据未来市场能源的需求，以成本最小化为目标制定生产方案（因为约束目标的限制，收益已可预测），从而会减少能源生产和供给。污染排放系数较大的一次性能源和化石类资源由于受到较强约束，生产和供给量会大幅减少，而可再生能源、清洁能源因其污染排放系数小，受约束作用较小会增加生产和供给量，推动能源结构的优化。二是因约束机制的作用，能源生产和供给的减少会使其价格上涨，能源价格的上涨，让能源依赖型生产部门的生产成本增加，这些生产部门将会调整其生产的中间投入结构，从而改变高污染生产环节的生产作业方式。能源价格上涨，还会促使生产主体采购更多的清洁生产和节能减排设备，或开发有效的绿色生产技术，提高能源利用率。因此，就供给侧而言，减排目标的约束不仅可以改变能源消费结构，而且能够改变生产方式，提高资源利用效率，推动绿色发展。

从需求侧来看，包括能源产品在内的社会总投资、总消费、进出口总额也会受到总量减排和强度减排的影响。根据上述内容：一是减排约束造成能源价格上涨，在相同生活条件下，增加了政府、居民的消费成本，进而降低能源消费量。能源消耗型生产部门，因能源投入占原材料比重大，能源价格上涨推高生产成本，不得不提高最终产品售价。社会居民从自己利益最大化的角度出发，必然会减少对能源消耗型产品的购买，降低这些产品的消费量；而同类可替代产品中，那些能源消耗少的产品，因为能源价格上涨的影响小，其最终产品价格变化不大，在与能源消耗型产品的竞争中处于优势，其消费量也会增加，这样就推动了产品消费结构，尤其是绿色产品消费结构的升级和优化。二是能源消耗型产品因价格上涨降低了销量和盈利能力，社会资本会认为其行业前景黯淡转而涌入绿色产品或非能源消耗型产品行业，社会固定资产投资结构也将会随之调整和优化。三是因国内能源消耗型产品的价格上涨，其在国际市场中的竞争优势将会发生变化，此类产品的出口数量将会下降，而进口数量则会增加；相反，同类可替代产品中的非能源消耗型产品因为价格变化不大，其在国际市场中的竞争优势会保持不变或增强，此类产品的出口数量就会增加，进口数量会下降，带动经济系统中的进出口总额也发生变化，而进出口总额的变化，又会促进绿色产品或绿色行业的生产。总之，减排约束下需求侧的变化也会推动绿色发展。

3.4 保障机制

保障机制是基于绿色发展系统稳定性和安全性的考虑，促使各要素在参与绿色发展过程中建立多层次、广覆盖面的绿色发展保障制度。它是贯穿绿色发展全过程的"协同助推器"。

3.4.1　政府主导的污染治理模式

政府作为污染治理的主体源于政府是环境公共产品提供者，环境权是公民的基本权利，由于环境作为公共产品具有明显的外部性特征，国家有责任和义务承担环境的生产、供给。空气、水资源、森林等环境产品由于具有公共的性质，可能存在着"拥挤效应""公地悲剧效应"，以及信息不对称带来的道德约束等外部性问题，政府作为社会公共利益的代表，对其修正只能由政府来完成。因此，环境公共产品中的政府政策，作为市场经济运行机制中的制度安排，被看作弥补市场失灵、维护市场良性运作、履行社会管理职能的有效手段。

政府主导的环境治理主要体现在环境治理的决策、执行和监督三个层面：决策层面，政府加强行政立法，及时颁行环境保护的政策、法规，使环境治理有法可依。治理执行层面推进各项制度的宣传、教育、组织设置、资金分配、使用。环境治理监督层面，对环境治理工作的跟踪、环境治理效果的评估和反馈（娄树旺，2016）。地方政府在治理过程中需要处理多方面的关系，包括自身的环境治理、与其他地方政府和民众的协作治理等三个方面关系（崔晶，2016）。每一种环境治理行为都有不同的特点，也容易形成治理的掣制和羁绊。

除非中央政府采取非常规的行政强制手段，否则，地方政府缺乏治理环境污染的主动性和积极性。这也从侧面反映当前地方主导型环境治理的弊端，使环境污染成为被过度滥用的"公共池"而恶化（马万里和杨濮萌，2015）。此外，政府在环境治理过程中容易产生短视行为，客观原因在于人类对环境问题无法准确认知，虽然这种短视行为有因为科层体制无法实现多主体民主治理的原因，但也是体制性、制度性、市场性等因素综合作用的结果（韩艺，2014）。而中央集权化的管理体制使得在地方政府间、地方政府官员间形成了一种类似于内部市场的政绩竞争机制，又为各类环境决策的短视增加了外部推动力。

政府主导的环境治理模式中，环境治理管理体制是争议的焦点，从各国管理实践来看，环境保护职责主要通过行政科层制在各级政府之间实现合理配置，环境分权是政府实行环境公共治理的一项重要制度安排，盛巧燕和周勤基（2018）基于全球 78 个国家的数据研究表明，环境集权类国家表现出更好的环境质量。而祁毓、卢洪友和徐彦坤（2014）则认为环境治理的分权加剧了财政分权对环境保护的激励不足。李强（2017）也认为当环境治理权分离未形成市场壁垒时，环境治理分权能够促进企业生产效率的提升；当环境治理权分离形成市场壁垒时，会抑制企业生产效率的提升。

3.4.2　社会公众参与的污染治理模式

20 世纪 90 年代以来，强调政府、非政府组织、市场、志愿团体及其他社会组织"多中心共治"的环境治理模式逐渐进入大众视野，成为全球环境治理最重要的发展趋势（殷杰兰，2016）。生态治理要有政府参与，但要去政府中心化，这是政府生态治理能力现代化的必然取向，也是政府生态治理能力现代化的必由之路（张劲松，2016）。

不同于以政府为中心的参与式管理，社会参与的治理模式强调各种主体在自愿、平等基础上通过合作与协调，构成一个绿色的复合型主体，形成一个绿色的社会系统，最大限度地维护生态安全，保护环境，促进人类与自然的和谐共生（杨立华，2014）。社会环境组织在一定程度上可以降低政府信息不对称等因素，改善环境治理状况。社会环境组织的参与还能够使得环境税所带来的环境治理改善和生产效率提高的双重红利逐渐释放（张同斌，2017）。

公众参与环境治理的正式渠道主要有信访、人民代表大会和政治协商会议提案、环保行政诉讼和行政仲裁、参加环境影响评估的听证会、互联网诉求发布、对污染问题的法律诉讼等。公众参与环境治理本质上体现了政府与公众对环境问题的合作管理，是国家权力向社会的回归，政治过程的民主化表现，有利于提高公众对政府的认同度和对权威的认可。通过公众参与，强化政府与公民的互动，增强公众对公共管理的监督，构成了新治理模式的重要特色。

通过国家内部的考核体系来实现监管目标是中国监管体系的基本特征，减排降耗依赖于国家内部的控制体系，这部分地缓解了环保日常监管能力的不足，使中国环境治理走了一条与西方监管相当不同的道路，但也带来一系列棘手的难题。因此，依靠社会问责而非国家内部考核体系强化监管执行，是我国监管体系建设的重要任务（黄冬娅和杨大力，2016）。李子豪（2017）研究表明，公众参与明显助推地方政府环境治理，由于环保信访等能够为地方环境执法部门提供直接执法线索，人大、政协的环保提案则会给环境执法部门带来直接压力；由于地区间的 GDP 产出导向扭曲环保投资，而地方人大、政协提案、网络环保舆论则会对地方政府环保活动产生较大压力，促使地方政府加大环境治理投资。公众在绿色发展中的理念、偏好、行为甚至是习惯，都是影响生态治理方向、进程和质量的重要原因。只有获得广泛而有效的社会公众支持，生态治理才能取得成果（杜飞进，2016）。"十三五"规划纲要指出，如期实现全面建成小康社会奋斗目标，推动经济社会持续健康发展必须"保证人民平等参与、平等发展权利"，所以公众参与不仅是绿色发展的重要保障，也是坚持人民主体地位的要求。

3.4.3　保障机制作用方式

从政府治理的角度看，首先，政府可以通过建立推动绿色发展的科学规划机制保障绿色发展。与社会公众相比，政府拥有广泛的社会资源，因而政府具有成为绿色发展引导者的先天优势。政府制定绿色发展战略规划，设计绿色发展的执行机制和运营路径，明确绿色发展过程中的参与主体、阶段目标、执行方法、检验方法、评估标准，牵引绿色发展战略。其次，政府可以通过提供生态环境制度供给，保障绿色发展。制度供给是政府实施生态环境管理的首要任务，也是政府存在的前提条件。政府通过明确环境法律的刚性约束，完善生态环境司法制度，提高生态环境司法执行能力，保障绿色发展中各相关主体推动绿色发展的权利和义务。政府通过建立包括资源资产管理制度在内的环境管理制度，完善生态补偿制度、资源定价制度、有偿使用制度、环境赔偿制度、生态修复制度等，保障绿色发展的执行体系。最后，政府通过环境监管权，保障绿色发展。政府推动环境管理权的变革，调整集权与分权的关系，提高绿色发展的组织保障能力。2016 年中国实施省以下环保机构垂直管理，将地方为主的环境管理体制调整为集权化的管理体制，增强环境管理的统一性、规范性、可借鉴性，是保障绿色发展的新措施。

从公众角度看，公众参与生态环境治理的程度，反映了国家生态文明的发展程度。公众通过发挥民间环境组织的作用，保障绿色发展监督的专业性。民间环境组织具有一定的专业知识，可以为社会公众参与环境治理提供专业化的指导，提高公众参与、解决、监督环境事务的能力，成为公众与政府沟通和合作的桥梁。公众参与通过发挥舆论监督作用，保障绿色发展的规范性。通过环境教育提高公众对环境问题的重视，提高公众的参与意识和责任感，自觉参与生态保护。公众认识程度的提高，使个体认识到每个人都是环境治理的重要力量，有助于激发绿色技术研发的积极性。公众参与环境治理的规模不论大小，只要有多个合作性的群体联合起来，绿色发展的质量和效率就能得以保证。

3.5 本 章 小 结

本章基于系统论、控制论原理，构建绿色发展机制模型，将其分解为动力机制、激励机制、约束机制、保障机制。引入社会治理、公共选择、委托代理、外部性、市场失灵、委托—代理等理论，推演不同机制模型中，各项政策工具的驱动、激励、约束、保障作用的机理，刻画"政府—企业—公众""经济—环境—资源"之间相互联系、相互作用、相互制约的动态机能，为后续研究奠定理论基础。

第4章

强可持续视角下西部地区绿色发展水平测度

第3章从理论上提出了绿色发展系统化的推动机制，为全书奠定理论基础，也是后续实证研究的理论依据。从本章开始，将对西部地区绿色发展机制进行实证研究，要洞察绿色发展机制的效果，首先要了解绿色发展现状。本书从过程和效果两个维度来衡量绿色发展水平，将绿色发展水平表征为绿色全要素生产率及其对经济增长的贡献。前者也称为静态效率，表示在某一时间内，各种生产要素能够带来的产出数量。静态效率比较直观，便于比较，能够用来衡量绿色发展过程，但是难以用来比较从灰色经济到绿色经济的客观转变过程，特别是转折节点（陈诗一，2012）。后者是动态效率与经济增长的比较结果，动态效率反映一定周期内全要素生产率的增长或下降情况，通过与经济发展比较，可以揭示全要素生产率的效果，进而可用来衡量经济增长是否真正建立在效率提高的基础上（刘伟，2010）。本章将强可持续理论引入绿色发展水平测度模型，基于环境、资源非减性发展诉求，将环境建设纳入环境污染评价模型，将可再生能源纳入全要素生产率及其动态分解模型。

生态环境（ecological environment）是人类赖以生存的基础。由于人类文明进化过程中对工业文明的负面产出认识不足，导致了全球性的环境污染问题。因此，在衡量经济发展质量时，如果不考虑环境污染的影响，显然无法全面反映人类社会进步的真实成果（李政大，2014）。将环境污染与经济产出一起引入生产函数，不仅能够合理地拟合环境约束条件在生产过程中的制约作用，而且使得捕捉环境规制的真实经济效应成为可能（李政大，2018）。本书在计算绿色全要素生产率的绝对值和动态效率时，均要用到环境污染数据，因此本章的第一步需要测度环境污染情况。

4.1　环境污染测度

原国家环保总局局长周生贤（2012）指出，发达国家上百年工业化过程中分阶段出现的环境问题在我国却是集中涌现，呈现出结构型、复合型、压缩型的特点。此外，各种污染物相互交叉、相互融会，在时空上形成叠加，导致污染物在生成、输送、转化过程中产生复合污染，对环境系统造成协同性负面影响（李政大，2014），因此，有必要建立生态环境综合评价体系。

4.1.1　评价体系

本书建立一个环境质量综合评价体系，全面评估绿色发展中的环境污染情况，并将其作为非合意产出引入生产函数。本书将强可持续理论引入环境污染评价，根据强可持续理论的发展要求，如果要保持环境存量非减性，需要通过提高环境的吸收（自净）能力来实现。本书在评估环境污染情况时，基于强可持续理论，将环境吸收能力纳入评价体系，从环境建设、环境损害两个方面评价环境污染现状，充分展示人类生态文明建设成果，打通生态环境双向作用路径，使得环境存量非减性成为可能，也彰显

"五位一体"战略布局中生态文明建设的重要地位。评价体系如表4-1所示。

表4-1 环境综合评价体系

评价维度	序号	指标名称	单位
环境建设	1	耕地面积	公顷
	2	城市绿地面积	公顷
	3	水资源总量	亿立方米
	4	林地面积	万公顷
	5	森林面积	万公顷
	6	湿地面积	千公顷
环境损害	7	工业废水排放总量	万吨
	8	生活废水排放量	万吨
	9	工业废气排放量	亿立方米
	10	工业二氧化硫排放量	万吨
	11	工业固体废弃物产生量	万吨
	12	二氧化碳排放总量	亿吨
	13	生活垃圾清运量	万吨
	14	化肥施用量	万吨
	15	农药施用量	万吨

有别于其他研究者只关注工业对生态环境的损害，本书将生活污染排放也纳入评价指标体系，生活废水排放量、生活垃圾清运量[1]均反映了生活污染排放。

由于大量不合理地施用化肥和农药，我国土壤污染有加剧的现象，导致土壤质量有下降与退化的趋势。我国粮食产量占世界的16%，但是化

---

① 随着物质生活水平的提高，家庭、个人各种垃圾数量持续增加，生活垃圾不管是焚烧、掩埋等均会对生态环境造成损害。

肥用量占 31%[①]，每公顷耕地的化肥用量是世界平均水平的 4 倍，过量的化肥会被水冲到地下，影响土壤质量。我国的农药用量高达 180 万吨，超过全球用量的 50%，但有效利用率不足 30%。过量的农药不仅造成土壤污染，而且形成超标的粮食、食品、瓜果、蔬菜等农产品的药物残留，甚至增强了农作物病虫害的免疫能力。本书将化肥施用量、农药施用量纳入评价体系，以反映农业的污染情况。

由于中国并没有正式的二氧化碳排放量指标的官方统计数据，本书的估算方法是基于 IPCC《国家温室气体排放清单指南》2006 年版，利用能源消费量来计算二氧化碳排放量，计算公式如下：

$$C_{it} = \sum E_{ijt} \times \eta_j (i = 1, 2, \cdots, 30; t = 1, 2, \cdots, 17; j = 1, 2, \cdots, 9)$$

$$(4-1)$$

C_{it} 为 i 省第 t 年的二氧化碳排放总量；E_{ijt} 为 i 省第 t 年第 j 种终端能源消费量；η_j 为第 j 种能源的排放系数。根据《中国能源统计年鉴》口径，将最终能源消费种类划分为原煤、焦炭、原油、汽油、煤油、柴油、燃料油、天然气、电力 9 类。各类能源标准煤换算系数、二氧化碳排放系数如表 4 - 2 所示。

表 4 - 2　　　　　　　　能源标准煤换算系数及二氧化碳排放系数

系数	原煤	焦炭	原油	汽油	煤油	柴油	燃料油	天然气	电力
转换系数	0.714	0.971	1.429	1.471	1.471	1.457	1.429	13.3	1.229
排放系数	0.755	0.855	0.585	0.591	0.574	0.591	0.618	0.448	另计算

4.1.2　评价方法

本书采用基于整体差异的纵横向拉开档次评价方法（郭亚军，2007）

[①]　我国化肥农药的使用量触目惊心 [N]. 经济日报，2017 - 7 - 19.

测度生态环境建设指数、生态环境损害指数。

4.1.2.1 评价原理

在现实生活中随着时间的推移与数据的积累，人们开始拥有大量按时间顺序排列的平面数据表序列。这样一组按时间顺序排放的平面数据表序列称为面板数据并记为 $\{x_{ij}(t_k)\}$。设有 n 个被评价对象 s_1，s_2，$\cdots$，s_n，有 m 个评价指标 x_1，x_2，$\cdots$，x_m，且按时间顺序 t_1，t_2，$\cdots$，t_k 获得原始资料 $\{x_{ij}(t_k)\}$，并构成一个时序立体资料表（见表 4 – 3）。

表 4 – 3 时序立体数据

	t_1	t_2	$\cdots$	t_k
	x_1，x_2，$\cdots$，x_m	x_1，x_2，$\cdots$，x_m	$\cdots$	x_1，x_2，$\cdots$，x_m
s_1	$x_{11}(t_1)$，$x_{12}(t_1)$，$\cdots$，$x_{1m}(t_1)$	$x_{11}(t_1)$，$x_{12}(t_1)$，$\cdots$，$x_{1m}(t_2)$	$\cdots$	$x_{11}(t_k)$，$x_{12}(t_k)$，$\cdots$，$x_{1k}(t_k)$
s_2	$x_{21}(t_1)$，$x_{22}(t_1)$，$\cdots$，$x_{2m}(t_1)$	$x_{21}(t_1)$，$x_{22}(t_1)$，$\cdots$，$x_{2m}(t_2)$	$\cdots$	$x_{21}(t_k)$，$x_{22}(t_k)$，$\cdots$，$x_{2k}(t_k)$
$\vdots$	$\vdots$	$\vdots$	$\vdots$	
s_n	$x_{n1}(t_1)$，$x_{n2}(t_1)$，$\cdots$，$x_{nm}(t_1)$	$x_{21}(t_1)$，$x_{22}(t_1)$，$\cdots$，$x_{2m}(t_m)$	$\cdots$	$x_{n1}(t_k)$，$x_{n2}(t_k)$，$\cdots$，$x_{nk}(t_k)$

为保证原始数据可比性，假定对原始数据 $\{x_{ij}(t_k)\}$ 进行了指标类型一致化、无量纲化处理，即在以下讨论中假设评价指标 x_1，x_2，$\cdots$，x_m 均是极大型的，$\{x_{ij}(t_k)\}$ 是经过无量纲化处理了的"标准"数据。如何合理地、充分地挖掘 $\{x_{ij}(t_k)\}$ 所提供的信息，对在 t_k 时刻 s_1，s_2，$\cdots$，s_n 的发展状况进行客观、透明且不含主观色彩影响的综合评价。对时刻 t_k 处的截面资料 $\{x_{ij}(t_k)\}$（$i = 1$，2，$\cdots$，n；$j = 1$，2，$\cdots$，m），当求得该时刻与指标 x_j（$j = 1$，2，$\cdots$，m）相对应的权重系数 $\omega_j(t_k)$ 时，系统 s_i 在时刻 t_k 处的经济运行状况可描述为：

$$y_i(t_k) = \sum_{j=1}^{m} \omega_j(t_k) x_{ij}(t_k) \tag{4-2}$$

确定 $\omega_j(t_k)$ 的原则是在时序立体数据表上能最大限度地体现出各被评价对象之间的差异。而 s_1，s_2，$\cdots$，s_n 在时序立体资料表 $\{x_{ij}(t_k)\}$ 上的这种整体差异，可用 $y_i(t_k)$ 的总离差平方和来刻画。

$$\sigma^2 = \sum_{k=1}^{N} \sum_{i=1}^{n} (y_i(t_k) - \overline{y})^2 \qquad (4-3)$$

由于对原始数据的标准化处理，有 $\overline{y} = \dfrac{1}{N} \sum_{k=1}^{N} \left(\dfrac{1}{n} \sum_{i=1}^{n} \sum_{j=1}^{m} \omega_j x_{ij}(t_k) \right) = 0$。从而有：

$$\sigma^2 = \sum_{k=1}^{N} \sum_{i=1}^{n} (y_i(t_k))^2 = \sum_{k=1}^{N} [\omega^T H_k \omega] = \omega^T \sum_{k=1}^{N} H_k \omega \qquad (4-4)$$

其中 $\omega = (\omega_1, \omega_2, \cdots, \omega_m)^T$；$H = \sum_{k=1}^{N} H_k$ 为 $m \times m$ 阶对称矩阵；

$H_k = A_k^T A_k$（$k = 1, 2, \cdots, N$）并且

$$A_k = \begin{bmatrix} x_{11}(t_k) & \cdots & x_{1m}(t_k) \\ \cdots & & \cdots \\ x_{n1}(t_k) & \cdots & x_{nm}(t_k) \end{bmatrix} \qquad (4-5)$$

可以证明如下结论：

（1）若 $\omega^T \omega = 1$，当 ω 为矩阵 H 的最大特征值 $\lambda_{max}(H)$ 所对应的特征向量时，σ^2 取最大值。并且具有 $\max\limits_{\|\omega\|=1} \omega^T H \omega = \lambda_{max}(H)$。

（2）当 $H_k > 0$（$k = 1, 2, \cdots, N$），必有 $H > 0$，且有正的权重系数向量 ω。

当 $H_k > 0$（$k = 1, 2, \cdots, N$）时，在 t_k 时刻应用横向拉开档次法和纵横向拉开档次法所得到的关于被评价对象的排序是相同的。这样，大大减少动态综合评价的计算量，使得各系统在各个时刻的评价值具有直接的可比性。

又由线性代数中的 Frobin 定理知，当 H 为正矩阵（$h_{ij} > 0$）时，的最大特征值所对应的（标准）特征向量是正的。当 H 不为正矩阵时，ω_j 可能有中的某个分量是负的（习惯上希望 $\omega_j > 0$），那么，ω_j 可由下面的规

划问题解出。即选择 ω_j，使得：

$$\max \ \omega^T H \omega$$
$$\text{s.t.} \ \| \omega \|_2 = 1 \tag{4-6}$$
$$\omega > 0$$

显然，为求得人们习惯上容易接受的正的加权系数，只好采用式（4-6）以降低 s_1，s_2，$\cdots$，s_n 之间的整体差异为代价了。

4.1.2.2 环境污染综合指数

根据本书构建的生态环境综合评价体系，采用纵横向拉开档次评价方法可分别计算出环境建设指数、环境损害指数。借鉴刘伯龙（2015）的研究方法，本书构建考虑环境建设的环境污染综合指数：

$$EI = EP \times (1 - EB) \tag{4-7}$$

EI 为环境污染综合指数，EP 为环境损害指数，EB 为环境建设指数。从式（4-7）中可以看出，提高环境建设效果，可以有效降低环境污染情况；而反之，则对环境污染的影响较小。

4.1.3 评价结果

为了便于比较西部与其他地区环境污染情况的差异，本书同时测算西部与东北、东部、中部及全国的环境污染水平，纳入统一分析框架，同时考察、衡量全国所有样本的研究结果（下同），使得西部地区的研究结果不仅能够纵向比较还可以横向比较，更全面地反映西部地区研究样本的全貌。东北地区为东部三省，包括辽宁、吉林、黑龙江。东部地区包括华北三省市（北京、天津、河北）、华东五省市（上海、江苏、浙江、福建、山东）、南方两省市（广东、海南），共计 10 省市。中部地区为山西、安徽、江西、河南、湖北、湖南 6 省。西部地区包括内蒙古、广西、云南、贵州、四川、重庆、西藏、陕西、青海、甘肃、新疆、宁夏，共计 12 个省区市，但是西藏数据缺失较多，实际研究范围为除西藏的 11 个省区市。

本书选取 1996～2016 年作为研究周期。1996 年是我国改革开放"三步走"战略承前启后的关键时期，1995 年中国完成了 GDP 比 1980 年翻两番的第二步战略目标，并迈出向第三步战略目标前进的重要一步。此外，1996 年"九五"规划提出要实现今后 15 年的奋斗目标，关键是实现经济增长方式从粗放型向集约型转变，这是具有全局意义的根本性转变，对中国的可持续发展产生了深远的影响，也可以称为绿色发展"元年"，因此，本书将 1996 年作为研究周期的起点。为了提高研究的实际意义，本书对重庆和四川 1996 年各项数据进行了分解：假定行政隶属关系变化前后，四川省和重庆市的工业结构、污染密集度等因素保持稳定，以隶属关系变化后的重庆与四川各种污染物的线性比例作为隶属关系变化前的分摊比例，得到重庆排放量估计值。本书计算的环境建设指数、环境损害指数和环境污染综合指数如图 4－1 至图 4－3、表 4－4 至表 4－6 所示。

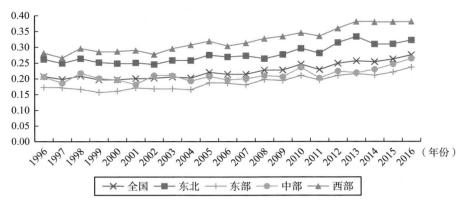

图 4－1　1996～2016 年全国各地区环境建设指数（EB）变化趋势

资料来源：作者计算整理。

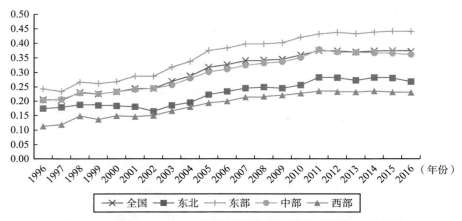

图 4－2　1996～2016 年全国各地区环境损害指数（EP）变化趋势

资料来源：作者计算整理。

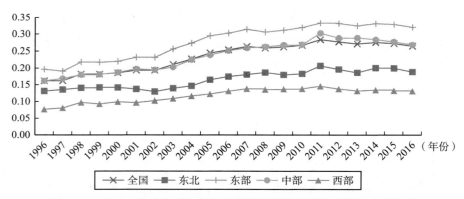

图 4－3　1996～2016 年全国各地区环境污染综合指数（EI）变化趋势

资料来源：作者计算整理。

表 4－4　　　　　　　　　1996～2016 年全国各地区环境建设指数（EB）

省区市	1996 年	2000 年	2005 年	2010 年	2015 年	2016 年
安徽	0.190	0.135	0.160	0.183	0.213	0.236
北京	0.012	0.012	0.020	0.024	0.027	0.028
福建	0.198	0.204	0.242	0.247	0.236	0.290

续表

省区市	1996 年	2000 年	2005 年	2010 年	2015 年	2016 年
甘肃	0.108	0.106	0.133	0.154	0.188	0.188
广东	0.357	0.297	0.343	0.392	0.396	0.434
广西	0.329	0.272	0.301	0.364	0.420	0.403
贵州	0.153	0.154	0.148	0.172	0.230	0.225
海南	0.057	0.058	0.051	0.073	0.052	0.071
河北	0.158	0.150	0.168	0.181	0.180	0.186
河南	0.153	0.163	0.194	0.205	0.190	0.194
黑龙江	0.470	0.466	0.501	0.530	0.593	0.595
湖北	0.190	0.205	0.197	0.231	0.262	0.295
湖南	0.313	0.301	0.304	0.331	0.342	0.361
吉林	0.189	0.184	0.211	0.233	0.227	0.237
江苏	0.126	0.128	0.159	0.164	0.209	0.222
江西	0.291	0.260	0.268	0.335	0.324	0.339
辽宁	0.165	0.143	0.166	0.194	0.190	0.199
内蒙古	0.422	0.416	0.540	0.564	0.642	0.635
宁夏	0.014	0.019	0.024	0.030	0.033	0.033
青海	0.118	0.122	0.177	0.198	0.239	0.241
山东	0.151	0.152	0.177	0.200	0.202	0.208
山西	0.101	0.095	0.104	0.113	0.116	0.119
陕西	0.155	0.154	0.172	0.190	0.206	0.202
上海	0.009	0.009	0.012	0.031	0.037	0.037
四川	0.408	0.461	0.488	0.486	0.513	0.524
天津	0.007	0.007	0.010	0.010	0.015	0.016
新疆	0.160	0.166	0.201	0.250	0.299	0.311
云南	0.432	0.434	0.438	0.446	0.481	0.496
浙江	0.163	0.170	0.183	0.220	0.239	0.237
重庆	0.079	0.090	0.082	0.104	0.114	0.125
全国	0.207	0.197	0.220	0.246	0.262	0.275
东北	0.262	0.248	0.275	0.296	0.310	0.322

续表

省区市	1996 年	2000 年	2005 年	2010 年	2015 年	2016 年
东部	0.173	0.161	0.187	0.210	0.221	0.236
中部	0.206	0.196	0.207	0.236	0.246	0.264
西部	0.282	0.287	0.319	0.345	0.379	0.380

资料来源：作者计算整理。

表 4-5　　　　　1996～2016 年全国各地区环境损害指数（EP）

省区市	1996 年	2000 年	2005 年	2010 年	2015 年	2016 年
安徽	0.177	0.187	0.234	0.290	0.328	0.325
北京	0.072	0.057	0.065	0.076	0.076	0.079
福建	0.104	0.120	0.192	0.223	0.223	0.220
甘肃	0.064	0.069	0.099	0.127	0.167	0.160
广东	0.282	0.299	0.459	0.509	0.547	0.552
广西	0.142	0.172	0.245	0.285	0.236	0.245
贵州	0.079	0.147	0.150	0.159	0.156	0.151
海南	0.011	0.016	0.025	0.050	0.053	0.050
河北	0.256	0.294	0.404	0.480	0.501	0.481
河南	0.241	0.306	0.432	0.499	0.524	0.518
黑龙江	0.132	0.144	0.186	0.212	0.216	0.212
湖北	0.252	0.270	0.306	0.357	0.351	0.349
湖南	0.217	0.227	0.292	0.311	0.311	0.305
吉林	0.102	0.109	0.137	0.163	0.185	0.181
江苏	0.334	0.354	0.479	0.501	0.537	0.533
江西	0.114	0.123	0.176	0.224	0.244	0.251
辽宁	0.231	0.238	0.285	0.325	0.359	0.339
内蒙古	0.084	0.098	0.196	0.269	0.308	0.299
宁夏	0.018	0.027	0.046	0.070	0.069	0.067
青海	0.005	0.007	0.017	0.029	0.055	0.054
山东	0.362	0.414	0.541	0.620	0.651	0.656
山西	0.128	0.180	0.236	0.269	0.280	0.267

续表

省区市	1996 年	2000 年	2005 年	2010 年	2015 年	2016 年
陕西	0.104	0.103	0.151	0.182	0.203	0.202
上海	0.130	0.123	0.133	0.142	0.120	0.119
四川	0.181	0.258	0.299	0.324	0.302	0.303
天津	0.038	0.050	0.055	0.065	0.068	0.068
新疆	0.055	0.068	0.101	0.139	0.209	0.208
云南	0.083	0.098	0.136	0.176	0.231	0.231
浙江	0.160	0.203	0.292	0.335	0.335	0.330
重庆	0.090	0.134	0.148	0.144	0.133	0.133
全国	0.205	0.232	0.317	0.358	0.372	0.370
东北	0.173	0.183	0.222	0.255	0.279	0.267
东部	0.243	0.268	0.374	0.419	0.439	0.438
中部	0.203	0.232	0.301	0.349	0.363	0.359
西部	0.113	0.148	0.193	0.227	0.230	0.229

资料来源：作者计算整理。

表 4 - 6　　　　　　　1996 ~ 2016 年全国各地区环境污染综合指数（EI）

省区市	1996 年	2000 年	2005 年	2010 年	2015 年	2016 年
安徽	0.143	0.162	0.197	0.237	0.258	0.248
北京	0.071	0.056	0.064	0.074	0.074	0.077
福建	0.084	0.096	0.145	0.168	0.170	0.156
甘肃	0.057	0.061	0.086	0.107	0.136	0.130
广东	0.181	0.211	0.301	0.310	0.330	0.312
广西	0.095	0.125	0.171	0.181	0.137	0.146
贵州	0.067	0.124	0.127	0.131	0.120	0.117
海南	0.010	0.015	0.024	0.047	0.051	0.047
河北	0.216	0.250	0.337	0.393	0.411	0.392
河南	0.204	0.256	0.348	0.397	0.425	0.417
黑龙江	0.070	0.077	0.093	0.099	0.088	0.086
湖北	0.204	0.215	0.246	0.274	0.259	0.246

续表

省区市	1996 年	2000 年	2005 年	2010 年	2015 年	2016 年
湖南	0.149	0.158	0.203	0.208	0.205	0.195
吉林	0.083	0.089	0.108	0.125	0.143	0.138
江苏	0.292	0.309	0.403	0.419	0.425	0.415
江西	0.081	0.091	0.129	0.149	0.165	0.166
辽宁	0.193	0.204	0.237	0.261	0.291	0.271
内蒙古	0.049	0.058	0.090	0.117	0.110	0.109
宁夏	0.017	0.026	0.045	0.068	0.067	0.065
青海	0.004	0.006	0.014	0.023	0.042	0.041
山东	0.307	0.351	0.446	0.496	0.520	0.520
山西	0.115	0.163	0.212	0.238	0.247	0.235
陕西	0.088	0.087	0.125	0.148	0.162	0.161
上海	0.129	0.122	0.132	0.137	0.116	0.114
四川	0.107	0.139	0.153	0.166	0.147	0.144
天津	0.038	0.050	0.055	0.064	0.067	0.067
新疆	0.046	0.056	0.081	0.104	0.146	0.143
云南	0.047	0.055	0.077	0.098	0.120	0.116
浙江	0.134	0.168	0.238	0.261	0.255	0.252
重庆	0.083	0.122	0.135	0.129	0.118	0.117
全国	0.162	0.186	0.244	0.267	0.272	0.264
东北	0.131	0.142	0.165	0.183	0.200	0.189
东部	0.196	0.221	0.295	0.320	0.329	0.321
中部	0.161	0.187	0.239	0.269	0.277	0.268
西部	0.077	0.099	0.123	0.138	0.132	0.131

资料来源：作者计算整理。

受篇幅所限，表4-4、表4-5、表4-6分别列示了1996～2016年全国各地区的环境建设指数（EB）、环境损害指数（EP）和环境污染综合指数（EI）。环境建设指数越高，说明该地区环境自净能力就越强；环境损害指数越高，说明该地区环境污染程度越严重，也说明该地区经济发展的非合意产出也越多。同理，环境污染综合指数越高，说明考虑环境建设因素后的环境质量越差。

从全国范围看，研究周期内中国环境质量在不断恶化，环境污染综合指数从 1996 年的 0.162 提高到 2016 年的 0.264，说明伴随着经济的快速发展，生态环境受到了严重的破坏。从变化趋势看，1996~2010 年为快速上升阶段，说明这一阶段生态环境的恶化加快；而从 2011 年后整体保持平稳，且略有下降，说明这一阶段全国生态环境的快速恶化现象得到初步遏制，生态环境保持稳定。从影响因素看，主要是环境损害指数的变化远远快于环境建设指数，虽然环境建设指数从 1996 年的 0.207 上升到 0.262，说明生态环境的吸收能力不断提高；但与此同时，环境损害指数却从 1996 年的 0.205 提高到 2016 年的 0.372，说明环境污染在不断恶化。两者相抵后，环境污染情况仍呈现不断加重趋势。同样也是受环境损害指数从 2011 年遏制恶化的影响，环境污染综合指数（EI）从 2011 年后呈现平稳态势。

通过与其他地区对比可以看出，西部地区的环境污染综合指数最低，说明西部地区的生态环境污染最小，这是因为西部地区的生态建设水平最高，而环境污染水平最低，所以考虑环境建设后的环境污染水平仍然保持较低水平。东部最高，中部次之，东北第三，说明东部地区环境污染最严重。从环境建设维度进一步分析，西部地区的环境建设水平在各地区中处于相对高位，说明西部地区的环境自净能力最强。西部地区的自然禀赋和后期的生态文明建设能力不断加强，特别是国家"退耕还林、还草"工程在西部取得明显效果。退耕还林是根据西部生态和地理特点，从保护和改善生态环境出发，对于土质松散、地形较差、容易造成水土流失的耕地，退出耕种，因地制宜地植草造原、植树造林。1999 年，国家在四川、陕西、甘肃三省率先开展了退耕还林试点，2002 年 1 月国务院全面启动退耕还林工程，2011 年 4 月 11 日，发出《国务院关于进一步完善退耕还林政策措施的若干意见》，这是具有里程碑意义的指导文件。数据显示，

1999～2008 年，全国累计实施退耕还林 4.03 亿亩，其中退耕地造林 1.39 亿亩，荒山荒地造林 2.37 亿亩，封山育林 0.27 亿亩①，这些成绩主要在西部地区。针对西部地区经济发展相对落后、生态环境脆弱的现状，我国通过生态补偿不断提高西部地区环境质量，2017 年全国森林生态效益补偿资金共计 175.8 亿元，其中 60% 的资金在西部；中央草原补助金 187.6 亿元，西部地区占 96%②，此外湿地补助、沙化土地封禁保护补贴、重点生态功能区转移支付等投入都非常大。通过生态补偿，转变了生态保护地区的生产生活方式，提高了西部地区生态环境自净能力。目前西部的国家级公益林 10.6 亿亩，占全国总和的 65%。西部地区禁牧草原面积已经达 11 亿亩，草畜平衡面积达 26 亿亩。③ 2016 年西部地区森林面积达到 10945.45 万公顷，是 1996 年的 1.6 倍，占全国森林面积总和的 51.1%，较 1996 年提高近 7 个百分点。但是西部地区环境建设非常不均衡：西部地区约有 81.20% 的森林资源集中分布在贵州、广西、云南、四川及西藏的东南部，而青海、宁夏、甘肃及新疆四省区的森林资源仅占 8.20%；西部地区水资源总量主要集中在四川、重庆、云南、西藏，其占全国的比重从 1996 的 51.6% 下降到 2016 年的 39%④，也需要重点关注。

从环境损害维度看，西部地区的污染排放相对于东北、东部、中部而言，属较低的，这主要是因为西部地区的经济发展水平和生活水平相对较低。以 1990 年不变价格计算，西部地区 11 个省份 1996 年 GDP 总量占全国的比重为 20.34%，而到了 2016 年该比重为 18.34%。经过 20 年经济发展，西部地区的经济地位反而下降了。东部地区环境损害指数最高，说明污染物排放最严重，东部地区 2016 年的二氧化碳排放量达到 12.6 亿吨，

---

① 1999 年至 2008 年中国累计实施退耕还林 4.03 亿亩［EB/OL］. 中央政府网站，2009 - 9 - 9.

②③ 发改委：生态补偿机制实现金山银山和绿水青山有机统一［EB/OL］. 中国财经网，2018 - 8 - 30.

④ 根据中国环境统计年鉴 2017 手工计算得出。

较 1996 年的 3.12 亿吨提高近 3 倍,占全国的比重从 37%,提高到 43%。东部地区生活污水排放量从 1996 年的 5.3 亿吨提高到 2016 年的 27.3 亿吨,占全国的比重由 1996 年的 24%上升到 49%;生活垃圾清运量从 1996 年的 4067 万吨增加到 2016 年的 10135 万吨,占全国的比重由 1996 年的 37.8%上升到 2016 年的 50.2%。但是东部地区较早地进行了产业结构调整,农业所占比重明显下降,其化肥施用量、农药使用量均呈明显下降。东部地区污染主要是受广东、山东、河北、江苏四省的影响,而这四个省份占中国经济的比重较高,污染排放较多。从变动趋势看,西部与东北、中部、东部一样,从 2012 年后环境损害指数的变动趋于平稳,并有小幅下降。究其原因,是国家对于环境问题的认识上升到较高的高度:2012 年底,党的十八大站在新的历史高度,提出大力推进生态文明建设的战略决策,并将生态文明建设作为"五位一体"战略部署的重要内容,从十个方面制定了生态文明建设的宏伟蓝图,凸显了生态环境治理的重要地位。

2015 年 9 月 11 日,中共中央审议通过了《生态文明体制改革总体方案》,提出改善环境质量,提高资源利用效率,推动形成人与自然和谐发展的现代化建设新格局。2015 年"十三五"规划将绿色作为破解发展难题,增强发展动力、厚植发展优势的指导理念之一,党的十九大把绿色发展作为新时期的时代主题和解决社会主要矛盾的重要手段。2018 年 5 月 18 日习近平总书记在全国生态环境保护大会上指出:"绿色发展是构建高质量现代化经济体系的必然要求,是解决污染问题的根本之策"[1],提出以绿色发展引领新常态。党和国家对环境污染的高度重视,制定了一系列措施,对抑制包括西部在内的各地区的环境损害指数上升趋势,起到了积极作用,从 2012 年后各地区环境损害指数趋于稳定。

就西部地区而言,青海、宁夏的环境污染综合指数最低,说明这两个

---

[1]　习近平在全国生态环境保护大会上强调坚决打好污染防治攻坚战,推动生态文明建设迈上新台阶 [N].人民日报,2018-5-20,第 1 版.

省份的环境综合质量相对最好；而陕西、广西、四川、新疆环境污染综合指数最高，说明这些省份的环境综合质量相对较差。进一步分析可以发现，青海和宁夏环境综合质量较好的主要原因并不是环境建设指数最高，而是这两个省份的环境损害指数最低。研究周期内，青海和宁夏的平均损害指数为 0.022、0.048，是陕西、四川两省的 1/10 和 1/5，可见其污染排放相对较少。[①] 主要原因是青海和宁夏两个省份经济发展相对落后，工业污染排放较少，以青海为例：2016 年青海的工业废水排放量、工业废气排放量、工业二氧化硫排放量分别是 8621.5 万吨、4939.1 亿立方米、10.91 万吨，分别是陕西省的 22.02%、30.09%、0.01%。由于生活水平相对较低，青海生活污染排放也相对较少：2016 年青海生活废水排放量为 15888.5 万吨，城市垃圾清运量为 82 万吨，仅为陕西的 10.82%、15.4%。青海为生态保护区，大范围实施退耕还林，农作物种植面积较小，且地方政府对化肥、农药的使用控制较为严格，2016 年青海化肥、农药使用量为陕西的 3.78%、14.7%，这些都使得青海的自然环境污染保持较低水平。宁夏呈现两个极端现象，环境损害指数较低而环境建设指数最低，说明宁夏虽然污染排放较少但是生态环境也较为脆弱：2016 年宁夏的城市绿地面积、水资源总量、林地面积、森林面积、湿地面积分别是陕西省的 42.75%、3.54%、14.66%、7.24%、67.16%[②]，说明宁夏的绿地、水资源、森林覆盖都有较大的改进空间。西部地区四川、广西、内蒙古、陕西、云南的环境损害指数较高，说明这些地方的污染排放对环境的损害较大，但是四川、内蒙古、云南、广西的生态建设指数较高，对污染排放物的吸收能力较强，降低了环境综合污染指数。

西部地区青海、宁夏虽然环境损害指数处于相对低位，但是其增长速度较快，应引起高度关注。青海、宁夏的环境污染综合指数从 1996 年的

---

① 资料来源于作者计算整理。

② 根据中国环境统计年鉴 2017 手工计算得出。

0.004、0.017 分别提升到 2016 年的 0.041、0.065，青海几乎增长了 10 倍。进一步分析发现，这主要是环境损害指数的快速增加所致：青海、宁夏环境损害指数从 1996 年 0.005、0.018 快速提升到 2016 年的 0.054、0.067。[①] 青海指数快速上升的主要推手是工业二氧化硫、工业固体废弃物、二氧化碳等污染物排放量增长较快，其中二氧化硫从 1996 年的 1.7 万吨提高到 2016 年的 10.91 万吨，增长了 5.4 倍；工业固体废弃物产生量从 1996 年的 277 万吨提高到 2016 年的 14669 万吨，增长了 51 倍；二氧化碳排放量从 1996 年的 0.05 亿吨提高到 2016 年的 0.28 亿吨，增长了 4.6 倍。宁夏指数快速上升的主要推手是生活废水排放量、工业固体废弃物产生量、二氧化碳排放量，其中生活废水排放量从 1996 年的 3728 万吨提高到 2016 年的 11954.5 万吨，增长了 2.2 倍；工业固体废弃物产生量从 1996 年的 412 万吨提高到 2016 年的 3618 万吨，增长了 7.8 倍；二氧化碳排放量从 1996 年的 0.05 亿吨提高到 2016 年的 0.42 亿吨，增长了 7 倍。[②]

4.2　绿色全要素生产率分析

4.2.1　方法与模型

4.2.1.1　环境生产技术

根据范埃尔（Fare，2007）定义的环境技术（environmental tech-

---

① 资料来源于作者计算整理。
② 根据中国环境统计年鉴 2017 手工计算得出。

nology），建立一个包括投入、期望产出（"好"产出）与非期望产出（"坏"产出）的生产可能性集。假设某一个生产系统中有 n 个决策单元（decision making unit，DMU），使用 m 种要素投入，生产出 r_1 种期望产出，同时生产出 r_2 种非期望产出。投入向量 x、期望产出 y^g、非期望产出 y^b 对应的向量分别表示为 $x \in R_m$，$y^g \in R_{r_1}$，$y^b \in R_{r_2}$。定义 $X = (x_{ij}) \in R_{m \times n}$，$Y^g = (y_{ij}^b) \in R_{r_1 \times n}$，$Y^b = (y_{ij}^b) \in R_{r_2 \times n}$。假定 $X > 0$，$Y^g > 0$，$Y^b > 0$，包含非合意产出的生产技术模型可定义为：

$$P(x) = \left\{ (x, y^g, y^b) \mid x \geq X\lambda, y^g \geq Y^g\lambda, y^b \geq Y^b\lambda, \sum_{i-1}^{n} \lambda = 1, \lambda \geq 0 \right\}$$

$$(4-8)$$

其中，λ 为权重变量，且 $\lambda \geq 0$，$x \geq X\lambda$ 表示实际投入大于前沿投入水平，$y^g \geq Y^g\lambda$ 表示实际的期望产出低于前沿"好"产出水平，$y^b \geq Y^b\lambda$ 表示实际的非期望产出大于前沿非期望产出。

4.2.1.2　MEBM 混合距离算法

效率的计算方法可分为径向和非径向的，径向的计算方法在评价效率时要求投入或产出要素同比例变动，这与现实条件明显相悖。径向的计算方法还需要选择是基于投入导向还是基于产出导向来计算效率值，它不能同时考虑投入、产出两个方面，这将导致效率值的失真。此外，当存在投入过度或产出不足，即存在投入或产出的松弛变量时，径向评价方法会高估效率值，误导决策单元的效率评价。非径向计算方法由于包含了非径向的松弛变量，从而避免了要素投入同比例缩减和扩张的假设条件。但是这样的优化忽略了效率前沿投影值的原始比例信息。此外，非径向的计算方法采用线性规划方法，而线性规划方法自身的原因，当选择正值和零值的松弛变量，其计算结果差异非常明显。

为了弥补径向和非径向的全要素生产率计算方法的缺点，特恩（Tone，2010）提出了一种新的易普希龙混合模型（Epsilon-based-measure，EBM），

EBM 模型将径向和非径向特点纳入统一框架。特恩（Tone, 2010）定义 EBM 混合距离模型如下：

$$\gamma^* = \min_{\theta,\lambda,s^-} \theta - \varepsilon_x \sum_{i=1}^{m} \frac{w_i^- s_i^-}{x_{i0}}$$

$$\text{s. t.} \quad \theta x_{i0} - X\lambda + s^- = 0 \qquad (4-9)$$

$$Y\lambda \geq y_0$$

$$\lambda \geq 0, \ s^- \geq 0$$

其中，γ^* 是最优效率值，θ 是径向模型计算的效率值，s_i^- 是第 i 个要素投入的投入松弛向量。w_i^- 是第 i 个要素投入的权重，$w^- = (w_1^- \cdots w_m^-)$，并且满足 $\sum_{i=1}^{m} w_i^- = 1(w_i^- \geq 0, \forall i)$，$\varepsilon_x$ 是一个重要的参数，它包含了径向变动比例 θ 和非径向的松弛向量，且 w_i^- 和 ε_x 需要事先确定。从式（4-9）$\frac{w_i^- s_i^-}{x_{i0}}$ 项可以看出 $\frac{s_i^-}{x_{i0}}$ 为单位不变，所以 w_i^- 应被视为单位不变数值，反映了投入资源 i 的相对重要性。

命题 1：γ^* 满足 $0 \leq \gamma^* \leq 1$，γ^* 是独立单元，且是固定单位值。

命题 2：如果令 $\varepsilon_x = 0$，式（4-9）则成为投入导向的 CCR 模型。

命题 3：如果令 $\varepsilon_x = 1$，且 $\theta = 1$，式（4-9）则成为投入导向的 SBM 模型，可以看出 EBM 模型是一个混合模型，是一个包含径向的 CCR 模型和非径向的 SBM 模型的特例，但其本质上还是非径向模型。

命题 4：ε_x 存在一个有限的最优值，$\varepsilon_x \in [0, 1]$。

命题 5：如果 $\varepsilon_x > 1$，则式（4-9）是无边界解。

命题 6：在 ε_x 中 γ^* 是非增长值；当 $\gamma^* = 1$ 时，定义 DMU_0 为 EBM 模型的投入效率值；定义 $DMU(x_0^*, y_0^*)$ 的投影如下：

$$x_0^* = X\lambda^* = \theta^* x_0 - s^{-*}$$

$$y_0^* = Y\lambda^* \qquad (4-10)$$

命题 7：$DMU(x_0^*, y_0^*)$ 的投影是 EBM 模型的投入效率。式（4-10）

可写为：

$$\gamma^* = \min_{\theta,\lambda,s^-}(1 - \varepsilon_x)\theta + \varepsilon_x \sum_{i=1}^{m} \frac{w_i^- s_i^-}{x_{i0}}$$

$$\text{s. t.} \quad x - X\lambda = 0$$

$$x = \theta x_0 - s^-$$

$$Y\lambda \geqslant y_0$$

$$\lambda \geqslant 0, s^- \geqslant 0$$

(4 – 11)

式（4 – 11）表明 γ^* 本质上可分为径向项 θ 和非径向项 $\sum_{i=1}^{m} \frac{w_i^- s_i^-}{x_{i0}}$。

可以看出在 EBM 模型中 w_i^- 和 ε_x 是关键参数，为了确定 w_i^- 和 ε_x，特恩（Tone，2010）首先构建了决策单元中不同要素投入之间的关联指数来代替 Pearson 相关系数。所有决策单元中要素投入 a 和要素投入 b 的关联指数 S(a，b) 有如下属性：

属性1（同一性）：S(a，a) = 1，自身相关系数为1。

属性2（对称性）：S(a，b) = S(b，a)，计算的指数与两个指标的前后顺序无关。

属性3（单位不变）：S(ta，b) = S(a，b)（t > 0），数据的测量单位对于指标数据没有影响。

属性4（区间性）：0 ≤ S(a，b) ≤ 1，计算的数据值在 0 ~ 1。

特恩（Tone，2010）提出先用两两计算离散指数，然后用离散指数计算关联指数：

$$S(a,b) = 1 - 2D(a,b) \qquad (4 – 12)$$

D(a，b) 要素投入 a 和要素投入 b 离散指数，表示 a 和 b 的分散程度，被定义为：

$$D(a,b) = \begin{cases} \dfrac{\sum_{j=1}^{n} |c_j - \bar{c}|}{n(c_{max} - c_{min})} & (\text{if } c_{max} > c_{min}) \\ 0 & (\text{if } c_{max} = c_{min}) \end{cases} \qquad (4 – 13)$$

其中，$c_j = \ln \dfrac{b_j}{a_j}$，$\bar{c} = \dfrac{1}{n} \sum\limits_{j=1}^{n} \ln \dfrac{b_j}{a_j}$，$c_{max} = \max(c_j)$，$c_{min} = \min(c_j)$。

根据式（4 - 12）和式（4 - 13）可以形成关联指数矩阵 $S = [s_{ij}] \in R^{m \times m}$（i，j = 1，$\cdots$，m），$0 \leqslant s_{ij} \leqslant 1$（$\forall$（ij）），可以求解出关联指数矩阵 S 的最大特征值 ρ_x 和最大特征向量 W_x，且 $1 \leqslant \rho_x \leqslant m$，$W_x \geqslant 0$。则：

$$\varepsilon_x = \begin{cases} \dfrac{m - \rho_x}{m - 1} & (\text{if } m > 1) \\[2mm] 0 & (\text{if } m = 1) \end{cases} \tag{4-14}$$

$$w^- = \dfrac{W_x}{\sum\limits_{i=1}^{m} W_{xi}} \tag{4-15}$$

将式（4 - 14）和式（4 - 15）代入式（4 - 11），可以得到 EBM 模型下的效率值。

成（Cheng，2014）认为特恩（Tone，2010）的 EBM 模型中有两个问题被忽视：一是变量 θ 和 φ 的取值范围没有界定，当 θ 失去约束条件时，利用投入导向 CRS（规模报酬不变）进行规划求解时，γ^* 有可能大于 1，无效决策单元投入指标的投影值有可能高于其原始值，会出现改进目标是"增加投入"的错误结论信息。同理，当 φ 失去约束条件时，在利用产出导向模型规划求解时，γ^* 有可能小于 1，无效决策单元的投入指标的投影值有可能低于其原始值，会出现改进目标是"减少产出"的错误结论信息。二是关联指数的计算方法与其建立关联指数的理论相悖，而采取 Pearson 相关系数计算的关联指数来构建 EBM 模型的参数更为适宜。由此，成（2014）提出 MEBM 模型，即改进后的 EBM 模型如下所示。

$$\gamma^* = \min_{\theta, \lambda, s^-} \theta - \varepsilon_x \dfrac{1}{\sum\limits_{i=1}^{m} w_i^-} \sum\limits_{i=1}^{m} \dfrac{w_i^- s_i^-}{x_{i0}}$$

$$\text{s. t.} \quad \theta x_{i0} - X\lambda - s^- = 0 \tag{4-16}$$

$$Y\lambda \geqslant y_0$$

$$\lambda \geqslant 0,\ s^- \geqslant 0,\ \theta \leqslant 1$$

$$\gamma^* = \min_{\theta,\lambda,s^-} \frac{1}{\varphi + \varepsilon_x \frac{1}{\sum_{i=1}^{q} w_i^+} \sum_{i=1}^{q} \frac{w_i^+ s_i^+}{y_{i0}}}$$

$$(4-17)$$

s. t. $Y\lambda \leqslant x_{i0}$

$Y\lambda - \varphi y_{i0} - s^+ = 0$

$\lambda \geqslant 0, s^- \geqslant 0, \varphi \geqslant 1$

$$\gamma^* = \min_{\theta,\lambda,s^-} \frac{\theta - \varepsilon_x \frac{1}{\sum_{i=1}^{m} w_i^-} \sum_{i=1}^{m} \frac{w_i^- s_i^-}{x_{i0}}}{\varphi + \varepsilon_x \frac{1}{\sum_{i=1}^{q} w_i^+} \sum_{i=1}^{q} \frac{w_i^+ s_i^+}{y_{i0}}}$$

$$(4-18)$$

s. t. $\theta x_{i0} - X\lambda + s^- = 0$

$Y\lambda - \varphi y_{i0} - s^+ = 0$

$\lambda \geqslant 0, s^- \geqslant 0, \varphi \geqslant 1, \theta \leqslant 1$

式 (4-16)、式 (4-17)、式 (4-18) 分别是 MEBM 模型中的投入导向、产出导向和非导向场景。由于本书主要探讨相同投入条件下的产出效率,因此选择投入导向模型。而在计算两个指标的关联指数时采用如下公式。

$$S(a, b) = 0.5 + 0.5P(a, b) \qquad (4-19)$$

其中,$P(a, b)$ 为两个指标的 Pearson 相关系数。

4.2.2 指标及数据来源

4.2.2.1 投入指标

根据柯布—道格拉斯生产函数原理,本书选取资本存量、人力资本、自然资源资本作为生产的投入指标。

（1）资本存量。资本存量是衡量一个国家或地区物质资本变量的指标，现有文献中，戈德史密斯（Goldsmith，1951）的永续盘存法是最常用的一种资本存量计算方法，它的估计公式可以表达为：

$$K_t = K_{t-1}(1-\delta) + I_t \tag{4-20}$$

其中，K_t 是本期资本存量，K_{t-1} 是上期资本存量，δ 是经济折旧率，I_t 为当年固定资产增加额。式（4-20）中，需要确定初始周期也就是第一期的资本存量 K，以后各期的资本存量就可以根据当年的投资额 I、经济折旧率 δ 逐一计算得出。参照张军（2004）的研究方法，本书同样将 1952 年为资本存量计算的初始周期，即第一年，在他的研究基础上，选择固定资本形成总额作为当年固定资产增加额 I_t，利用投资价格指数将每年固定资产增加额折算为 1995 年的不变价，再按照式（4-20）计算出各年的资本存量。各个地区、各年的折旧率统一按照 9.6% 进行计算。

与其他研究不同，本书对 1996 年的四川与重庆资本存量进行了区分，本书根据 1952~1994 年重庆固定资产增加额占同期四川全省的比例，将张军（2004）列示的 1995 年的四川数据为四川和重庆两个省市，然后再按照式（4-20）分别计算四川、重庆 1996~2016 年数据。各项数据来源于《新中国五十五年统计资料汇编》《中国统计年鉴》《中国固定资产投资统计数典》各年数据。

（2）人力资本。人力资本是指具有知识技能、劳动经验、技术价值的劳动力的综合，提高人力资本的关键因素是提高人口素质，教育则是主要途径，因此本书借鉴张健华（2012）的计算方法，将人力资本定义为劳动数量与质量的集合。

$$Hr = lab \times edu \tag{4-21}$$
$$edu = p_1 \times 15.5 + p_2 \times 12 + p_3 \times 9 + p_4 \times 6 \tag{4-22}$$

Hr、lab、edu 分别是各省人力资本总量、从业人员、平均受教育年限；p_1、p_2、p_3、p_4 分别是大专以上学历人口比重、高中学历人口比重、初中学历人口比重、小学学历人口比重。各项数据来源于各年《中国统计年鉴》《中国人口统计年鉴》。

（3）自然资源资本。为便于计算，本书的自然资源主要指能源。强可持续理论要求自然资源资本总量非减性发展，调整能源结构，增加可再生能源的生产和消费，降低不可再生能源的生产和消费。因此本书将能源投入指标区分为不可再生能源和可再生能源投入。

①可再生能源消耗量。它包括光能、水力、风力电能，潮汐能、地热能、声能等。由于中国的可再生能源消耗量统计数据始于 2012 年，受数据所限，本书采用清洁能源作为可再生能源的替代指标，主要为天然气、电力能源（包括太阳能、风电、水电、地热能，核能发电等）。各项数据来源于各年《中国统计年鉴》《中国能源统计年鉴》《中国电力统计年鉴》《中国环境统计年鉴》和各省统计年鉴。

②不可再生能源消耗量。它是利用较长周期内无法自然形成的能源，它包括固体燃料（煤炭、石煤、泥炭）、液体燃料（石油）、气体燃料（天然气）等。不可再生能源消耗量是能源消耗总量扣除清洁能源后的数量。各项数据来源于各年《中国统计年鉴》《中国能源统计年鉴》《中国环境统计年鉴》和各省统计年鉴。

4.2.2.2 "好"产出指标（合意产出或期望产出指标）

本书将 GDP 指标作为"好"产出指标。按照不同地区的 GDP 指数折算为 1990 年的不变价格。GDP 当年总值和指数来源于《中国统计年鉴》各年数据。

4.2.2.3 "坏"产出指标（非合意产出或非期望产出指标）

将前文已计算出中国各省份 1996～2016 年考虑环境建设后的污染综合指数，作为非合意产出指标。从前述分析中可以看出，该指数能够从正反两个方面反映中国生态环境的污染现状，指标全面，综合性较强。

4.2.3　结果

　　为了便于比较西部与其他地区绿色发展效率的差异，本书同时测算西部、东北、东部、中部及全国的绿色发展效率，纳入统一分析框架。各指标描述性统计如表4-7所示，利用MEBM混合距离模型计算出的1996～2016年全国及各地区绿色发展效率如表4-8所示，受篇幅所限，这里仅列出主要年份的数据。表4-8中的全国、东北、东部、中部、西部等区域绿色发展效率值是以当年各省区市名义GDP占全国的比重和占所在区域的比重为权重的加权平均值。

表4-7　　　　　　　　　　　　绿色发展效率各指标描述性统计

指标	GDP	环境污染	人力资本	社会资本	可再生能源	不可再生能源
最大值	34322.12	0.52	59926.30	51127.70	9126.43	33341.58
最小值	107.60	0.00	1277.44	80.07	71.98	249.18
均值	4598.21	0.16	19786.49	5780.15	1658.29	7909.20
标准差	5243.65	0.11	13570.87	7374.73	1557.24	6053.85

资料来源：作者计算整理。

表4-8　　　　　　　　　　1996~2016年全国各地区绿色发展效率

省区市	1996年	2000年	2005年	2010年	2015年	2016年
安徽	1.0000	1.0000	1.0000	1.0000	1.0000	1.0000
北京	0.7606	0.9530	1.0000	0.8852	1.0000	1.0000
福建	1.0000	1.0000	1.0000	1.0000	1.0000	1.0000
甘肃	0.3438	0.3606	0.3788	0.4068	0.4142	0.4390
广东	1.0000	1.0000	1.0000	1.0000	1.0000	1.0000
广西	0.8320	0.7530	0.7644	0.8204	0.8914	0.8789
贵州	0.4336	0.4269	0.4193	0.4693	0.5150	0.5125

续表

省区市	1996 年	2000 年	2005 年	2010 年	2015 年	2016 年
海南	1.0000	0.9625	0.9715	1.0000	0.9688	0.8795
河北	0.5484	0.5737	0.6345	0.6312	0.6310	0.6521
河南	0.5561	0.5631	0.5452	0.6068	0.6537	0.6751
黑龙江	0.5705	0.6051	0.7104	0.8506	1.0000	1.0000
湖北	0.8018	0.7900	0.7952	0.9091	1.0000	1.0000
湖南	0.7773	0.8074	0.7876	0.7995	1.0000	1.0000
吉林	0.5645	0.6368	0.8040	0.9449	1.0000	1.0000
江苏	0.8760	0.9241	0.8901	0.9298	0.9826	1.0000
江西	1.0000	1.0000	0.9485	1.0000	1.0000	1.0000
辽宁	1.0000	1.0000	1.0000	1.0000	1.0000	0.9981
内蒙古	0.5379	0.5488	0.6046	0.6401	0.5834	0.6007
宁夏	0.4369	0.4271	0.4118	0.4111	0.3842	0.3751
青海	1.0000	0.4495	0.4542	0.5037	0.5048	0.4935
山东	0.7466	0.8925	0.8912	0.9898	0.8981	0.8910
山西	0.4202	0.4287	0.4681	0.4325	0.3993	0.3942
陕西	0.5263	0.4943	0.4752	0.5112	0.5469	0.5231
上海	1.0000	1.0000	1.0000	1.0000	1.0000	1.0000
四川	0.4935	0.5298	0.5480	0.6012	0.7084	0.7200
天津	0.7459	0.8485	0.9484	1.0000	1.0000	1.0000
新疆	0.5384	0.5913	0.5414	0.5342	0.4657	0.4553
云南	1.0000	1.0000	1.0000	1.0000	1.0000	1.0000
浙江	0.9738	0.8936	0.9002	0.8819	0.8707	0.8778
重庆	0.6450	0.4276	0.4994	0.5904	0.6642	0.7016
全国	0.7932	0.8150	0.8268	0.8586	0.8782	0.8815
东北	0.7746	0.8008	0.8712	0.9460	1.0000	0.9991
东部	0.8714	0.9097	0.9165	0.9365	0.9337	0.9374
中部	0.7591	0.7659	0.7529	0.8007	0.8696	0.8758
西部	0.6156	0.5845	0.5935	0.6351	0.6732	0.6781

资料来源：作者计算整理。

表4-8、图4-4显示了1996～2016年西部地区绿色发展效率及其变动趋势，可以看出，不论是西部地区还是各地区，其总体特征为平稳上升趋势。全国绿色发展整体效率从1996年的0.7932提高到2016年的0.8815，说明随着时间的推移，中国各地区的绿色发展能力也在不断提高。西部地区绿色发展效率从1996年的0.6156提高到2016年的0.6781。西部及全国各地区绿色发展效率的提高，主要得益于中国政府越来越重视绿色发展问题。

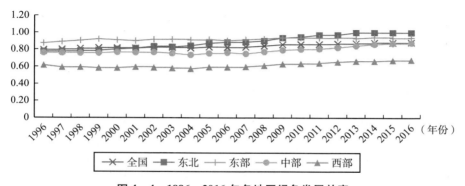

图4-4 1996～2016年各地区绿色发展效率

资料来源：作者计算整理。

1995年发布的《中华人民共和国国民经济和社会发展"九五"计划和2010年远景目标纲要》首次提出走可持续发展道路，着重强调推进经济增长方式转变的重要意义，要求加快转变经济增长方式，要形成有利于节约资源、降低消耗、增加效益的企业经营机制，提高经济整体素质和生产要素的配置效率。该纲要也是绿色发展的动员令。1997年党的十五大进一步强调实施可持续发展战略，转变经济增长方式，要求正确处理经济发展同人口、资源、环境的关系，提高资源利用效率。2001年12月国家环保总局发布《国家环境保护"十五"计划》，面对严峻的环境形势，提出必须坚持环境保护的基本国策，把削减工业污染物排放总量作为污染防治的重点，促进产业结构调整和升级改善生态，全面实施"工业污染物排放达标工程"，实现可持续发展，这从行业层面明确了环境保护的工作重心。2004 年 3 月，胡锦涛同志在中央人口资源环境工作座谈会上对经济增长与经济发展的关系进一步强调，经济发展需要数量的增长，但不能把经济发展简单地等同于数量的增长，经济发展是全方位的发展，包括实现自然生态系统和社会经济系统的良性循环。2010 年 6 月，胡锦涛在两院院士大会上的讲话中首次提出绿色发展。绿色发展思想是对科学发展观的进一步深化，是对可持续发展认识的深化。2009 年联合国在丹麦的哥本哈根召开全球环境大会，中国政府承诺到 2020 年单位 GDP 的二氧化碳（CO_2）下降 40% ~ 45%，[①] 充分表明了中国政府推动绿色发展的态度和决心。

党的十七大把科学发展观作为我国经济社会发展的重要指导方针，党的十八大把科学发展观确立为党的行动指南并写入党章。十八大以来，党和政府对绿色发展的认识进入升华阶段，以科学发展为主题，以加快转变经济发展方式为主线已经成为绿色发展的广泛共识。党的十八大重点强调，把推动发展的立足点转到提高质量和效益上来，党的十八届三中全会提出"建立系统完整的生态文明制度体系"。2016 年 12 月 25 日《中华人民共和国环境保护税法》经全国人大审议通过，自 2018 年 1 月 1 日起施行。"十三五"规划提出"创新、协调、绿色、开放、共享"的新发展理念，将生态文明建设放在更加突出的位置。2017 年 5 月，习近平总书记再次强调，把推动形成绿色发展方式和生活方式摆在更加突出的位置。所以，随着党和国家对绿色发展认识的不断提高，在推动绿色发展方面形成了一系列的决策方案和工作实施计划，推动国家层面和区域层面的绿色发展效率不断提高。

从纵向比较的结果可以看出，西部地区的绿色发展效率在持续提高，

---

① 中国到 2020 年单位 GDP 二氧化碳排放降低 40% – 45%［EB/OL］. 中央政府网，2010 – 9 – 29.

但是横向比较结果显示，西部地区的绿色发展效率处于相对落后的地位，不仅明显低于全国整体水平，也低于东北、东部、中部地区的绿色发展效率：研究周期内，东部地区的绿色发展效率最高为 0.9181，东北地区次之为 0.8857，中部地区为 0.7864，西部地区最低为 0.6166。从变化趋势来看东北地区绿色发展效率提升最快，从 1996 年的 0.7746 提高到 2016 年的 0.9991，提高了 29%；东部地区从 1996 年的 0.8714 提高到 2016 年的 0.9374，提高了 7.58%；中部地区从 1996 年的 0.7591 提高到 2016 年的 0.8758，提高了 15.38%；西部地区从 1996 年的 0.6156 提高到 2016 年的 0.6781，提高了 10.16%。①

　　从技术维度分析，西部地区绿色发展效率变动的主要原因是"好"产出 GDP 总量的增长高于投入的增长，使得投入产出效率提高：在研究周期内西部地区资本存量、人力资本、清洁能源消耗量、非清洁能源消耗量平均每年增长 15.39%、2.34%、10.08%、6.4%，而 GDP 平均每年增长 11.08%，由于"好"产出的增长较投入的增长并不明显，所以改善的速度相对较慢。西部地区绿色发展效率在四个区域中相对落后的主要原因是投入产出率、资源有效利用率相对较低：在研究周期内西部地区资本存量、人力资本、清洁能源消耗量、非清洁能源消耗量占全国的比重分别为 20.41%、24.91%、27.82%、24.69%，虽然西部地区的"坏"产出在全国各地区中最少，但是西部地区贡献的"好"产出 GDP 仅为全国的 17.68%。而东北地区资本存量、人力资本、清洁能源消耗量、非清洁能源消耗量和 GDP 总量占全国的比重分别为 5.76%、7.82%、7.75%、11.39%、9.9%；东部地区资本存量、人力资本、清洁能源消耗量、非清洁能源消耗量和 GDP 总量占全国的比重分别为 56.18%、38.84%、46.61%、44.24%、54.06%；中部地区资本存量、人力资本、清洁能源消耗量、非清洁能源消耗量和 GDP 总量占全国的比重分别为 17.66%、

---

① 资料来源于作者计算整理。

28.424%、17.82%、22.62%、19.87%。[1] 可以看出，与其他地区相比，西部地区的"好"产出比重明显低于其投入要素在全国的比重，因此其绿色发展效率最低。东部、东北的 GDP 总量比重明显高于投入要素的比重，故其绿色发展效率最高，而中部地区"好"产出比重与投入要素比重较为接近。

为什么西部地区绿色发展效率的提升也较慢？要回答这个问题，可以从投入、产出变化中看出原因：西部地区资本存量占全国的比重从 1996 年的 18.56% 上升到 2016 年的 22.2%，上升约 3.6 个百分点；人力资本占全国的比重从 1996 年的 26.5% 上升到 2016 年的 27.76%，上升 1.3 个百分点；清洁能源消耗量占全国的比重从 1996 年的 27.01% 上升到 2016 年的 27.76%，上升近 0.7 个百分点；非清洁能源消耗量占全国的比重从 1996 年的 23.21% 上升到 2016 年的 27.46%，上升了 4.2 个百分点；而 GDP 占全国的比重却从 1996 年的 20.34% 下降到 2016 年的 18.57%，下降约 1.8 个百分点。[2] 说明西部地区投入指标增长快，而"好"产出指标增长慢，拖累了效率的提升。再将西部地区的投入、产出指标与其他地区对比，东北地区资本存量、人力资本、清洁能源消耗量、非清洁能源消耗量和 GDP 总量占全国的比重分别下降 0.58 个、1.19 个、8.46 个、3.18 个、1.42 个百分点。东部地区资本存量占全国的比重下降 6.67 个百分点，而人力资本、清洁能源消耗量、非清洁能源消耗量和 GDP 总量占全国的比重分别上升 4.19 个、9.47 个、1.73 个、1.43 个百分点。中部地区资本存量占全国的比重上升 3.62 个百分点、人力资本、清洁能源消耗量、非清洁能源消耗量、GDP 占全国的比重分别下降 0.87 个、0.9 个、1.45 个、0.5 个百分点。所以，对比之后可以看出，西部在四个区域中"好"产出的比重上升明显低于投入要素占全国比重的上升水平，所以其改进幅度仅高于东部地区。东北地区绿色发展效率提升最快，主要是其投入要素的下

---

①② 资料来源于作者计算整理。

降幅度明显大于"好"产出的下降幅度，尤其是 2005 年后受工业发展的影响，东北地区能源消耗占全国的比重迅速下降，反向作用使得绿色发展效率快速上升（见图 4 – 5）。

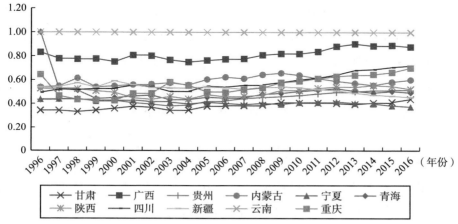

图 4 – 5　1996 ~ 2016 年西部地区各省绿色发展效率变化趋势

从西部地区内部来看，云南和广西绿色发展处于相对较高的水平；甘肃和宁夏处于相对较低的水平；贵州、内蒙古、青海、陕西、四川、重庆、新疆 7 省区市则处于中等水平。但是值得一提的是，四川省和重庆市从 2005 年以后持续保持提升趋势，尤其是 2011 年后，已明显高出中等水平的其他省份。

云南和广西处于高位，主要是两省的"好"产出较多，而投入相对较少，资源利用效率较高：研究周期内，云南的社会资本、人力资本、清洁能源消耗量、非清洁能源消耗量分别占西部的 1.22%、11.87%、7.23%、9.52%，但是其 GDP 总量却占 9.31%；广西壮族自治区社会资本、人力资本、清洁能源消耗量、非清洁能源消耗量分别占西部的 11.68%、14.38%、6.49%、8.19%，其 GDP 总量却占 13.74%。"好"产出多、投入少推动了云南、广西两省份绿色发展效率。甘肃的社会资本、人力资本、清洁能源消耗量、非清洁能源消耗量分别占西部总量的 10.45%、7.28%、6.54%、6.69%，但是其 GDP 总量仅占 5.63%；宁夏的社会资本、人力资本、清洁能源消耗量、非清洁能源消耗量分别占西部总量的 2.09%、1.62%、4.64%、3.54%，但是其 GDP 总量仅占 1.54%。与云南、广西两省区相比，投入高、产出低，再加上"坏"产出优势不明显，造成了甘肃、宁夏两省区绿色发展效率较低。

重庆紧紧抓住西部大开发、长江经济带发展机遇，加快转变发展方式，重庆市《"十二五"科学技术和战略性新兴产业发展规划》提出，加快推进"2+10"战略性新兴产业集群战略，在电子核心部件、机器人、物联网、新材料、高端交通装备、新能源及智能汽车、MDI 及化工新材料、生物医药、环保、页岩气十大战略性新兴产业领域加快布局，加快五大功能区域发展战略、推进产业结构升级。2015 年重庆十大战略性新兴产业实现产值 1664 亿元，对工业贡献率超过 30%，尤其是重庆笔记本电脑生产量约占世界的 1/3，正逐渐成为全市新的经济增长极，支撑全市整体经济持续快速增长。经济发展方式的转变，推动重庆绿色发展效率的不断提高。从技术维度分析，重庆社会资本占西部比重从 2005 年的 11.46% 下降到 2016 年的 9.43%，下降 2 个百分点；人力资本占西部比重从 2005 年的 7.88% 提高到 2016 年的 8.44%，提高了 0.6 个百分点；清洁能源消耗量占西部比重从 2005 年的 8.94% 下降到 2016 年的 8.06%，下降 0.9 个百分点；非清洁能源占西部比重从 2005 年的 7.69% 下降到 2016 年的 7.12%，下降 0.5 个百分点。而"好"产出 GDP 占西部比重从 2005 年的 9.33% 提高到 2016 年的 10.94%，提高了 1.6 个百分点。[①] "好"产出增长速度明显超过"坏"产出速度，带动重庆绿色发展效率不断提高。

四川是西部地区的传统工业大省，2008 年"5·12"汶川地震后，四川把灾区产业发展与转变发展方式结合起来，淘汰了一批"小煤窑""小

---

① 资料来源于作者计算整理。

火电""小水泥"等落后产业,利用全国援建的机遇,引进了一批重大产业项目和优势企业。在产业结构调整过程中,引进了联想、戴尔、富士康等信息行业企业,再加上原有的汽车制造、油气化工、新能源等行业,打造一批现代产业集群,全省产业结构不断上档升级。四川实施成渝经济区区域规划,加快培育区域性中心城市和"四大城市群",建设长江上游生态屏障。受此影响,四川社会资本占西部比重从 2005 年的 21.29% 下降到2016 年的 17.11%,下降近 4 个百分点;人力资本占西部比重从 2005 年的 23.55% 下降到 2016 年的 21.90%,下降 1.6 个百分点。清洁能源消耗量占西部比重从 2005 年的 23.31% 下降到 2016 年的 17.38%,下降 6 个百分点;非清洁能源消耗量占西部比重从 2005 年的 18.02% 下降到 2016 年的 15.89%,下降 2.2 个百分点。而"好"产出 GDP 占西部比重从 2005年的 24.57% 下降到 2016 年的 24.24%,下降 0.3 个百分点[①],基本持平。在"好"产出基本稳定的情况下,投入要素不断下降,推动四川绿色发展效率持续提升。

4.3　绿色全要素生产率的贡献分析

本书从绿色发展效率及其对经济增长的贡献双维度衡量西部地区绿色发展水平,上文已经分析绿色发展效率值,本章节将分析绿色发展效率对经济增长的贡献。要衡量其对经济增长的贡献,首先要了解绿色发展效率的动态变化情况,也就是绿色全要素生产率的增长。

前文利用 MEBM 混合距离模型测度绿色发展效率,开展静态分析,反映既定时期各地区、各省份绿色发展的过程。下文将通过构建 MEBM-Luenberger 指数,对西部及其他地区绿色发展效率对经济发展贡献进行分

---

① 资料来源于作者计算整理。

析，MEBM-Luenberger 指数也是动态分析方法，它可以分析每个省份与生产边界的相对位置变化，以及生产边界的移动，洞察驱动绿色发展效率变动的要素。在此基础上，通过对绿色发展效率变动与经济增长的比较，计算出绿色发展效率的贡献，从而可以揭示绿色发展的效果。

4.3.1　方法与模型

尚贝尔（Chambers，1996）提出 Luenberger 生产率指数，他将 t 期和 t + 1 期之间的全要素生产率的变动定义为：

$$
\begin{aligned}
LTFP_t^{t+1} = \frac{1}{2}\{&[\overrightarrow{s_c^t}(x^t, y^t, b^t; g) - \overrightarrow{s_c^t}(x^{t+1}, y^{t+1}, b^{t+1}; g)] \\
&+ [\overrightarrow{s_c^{t+1}}(x^t, y^t, b^t; g) - \overrightarrow{s_c^{t+1}}(x^{t+1}, y^{t+1}, b^{t+1}; g)]\}
\end{aligned} \tag{4-23}
$$

与 Malmquist 生产率指数和 ML 指数相比，MEBM-Luenberger 指数克服了被评价单元集之间可能存在的异质性，无须选择测量角度，且无须进行等比例变动；该分解模型是基于差值的分解方法，具有可加结构，能够考察总产出的变动情况，为实现全要素分解奠定基础。本书引入 MEBM-Luenberger 生产率分解指数，借鉴尚贝尔（Chambers，2002）的方法将绿色发展水平的变动（LTFP）分解为纯效率变动（LPEC）、纯技术进步（LPTP）、规模效率变动（LSEC）和技术规模变动（LTPSC）。

$$
LTFP = LPEC + LPTP + LSEC + LTPSC \tag{4-24}
$$

$$
LPEC_t^{t+1} = \overrightarrow{s_v^t}(x^t, y^t; g) - \overrightarrow{s_v^{t+1}}(x^{t+1}, y^{t+1}; g) \tag{4-25}
$$

$$
\begin{aligned}
LPTP_t^{t+1} = \frac{1}{2}\{&[\overrightarrow{s_v^{t+1}}(x^t, y^t; g) - \overrightarrow{s_v^t}(x^t, y^t; g)] \\
&+ [\overrightarrow{s_v^{t+1}}(x^{t+1}, y^{t+1}; g) - \overrightarrow{s_v^t}(x^{t+1}, y^{t+1}; g)]\}
\end{aligned} \tag{4-26}
$$

$$
\begin{aligned}
LSEC_t^{t+1} = &[\overrightarrow{s_c^t}(x^t, y^t; g) - \overrightarrow{s_v^t}(x^t, y^t; g)] \\
&- [\overrightarrow{s_c^{t+1}}(x^{t+1}, y^{t+1}; g) - \overrightarrow{s_v^{t+1}}(x^{t+1}, y^{t+1}; g)]
\end{aligned} \tag{4-27}
$$

$$LTPSC_t^{t+1} = \frac{1}{2} \{ [(\overrightarrow{s_c^{t+1}}(x^t, y^t; g) - \overrightarrow{s_v^{t+1}}(x^t, y^t; g))$$

$$- ((\overrightarrow{s_c^t}(x^t, y^t; g) - \overrightarrow{s_v^t}(x^t, y^t; g))]$$

$$+ [(\overrightarrow{s_c^{t+1}}(x^{t+1}, y^{t+1}; g) - \overrightarrow{s_v^{t+1}}(x^{t+1}, y^{t+1}; g))$$

$$- (\overrightarrow{s_c^t}(x^{t+1}, y^{t+1}; g) - \overrightarrow{s_v^t}(x^{t+1}, y^{t+1}; g))]\} \quad (4-28)$$

$\overrightarrow{s_c^t}(x^t, y^t; g)$ 为规模报酬不变（CRS）假设条件下 t 期观测值、t 期技术为参照的 MEBM 混合距离函数；$\overrightarrow{s_c^{t+1}}(x^t, y^t; g)$ 为规模报酬不变（CRS）假设条件下 t 期观测值、t+1 期技术为参照的 MEBM 混合距离函数；$\overrightarrow{s_c^t}(x^{t+1}, y^{t+1}; g)$ 为规模报酬不变（CRS）假设条件下 t+1 期观测值、t 期技术为参照的 MEBM 混合距离函数；$\overrightarrow{s_c^{t+1}}(x^{t+1}, y^{t+1}; g)$ 为规模报酬不变（CRS）假设条件下 t+1 期观测值、t+1 期技术为参照的 MEBM 混合距离函数。与以上内容相对应的是 $\overrightarrow{s_v^t}(x^t, y^t; g)$ 为规模报酬可变（VRS）假设条件下 t 期观测值、t 期技术为参照的 MEBM 混合距离函数；$\overrightarrow{s_v^{t+1}}(x^t, y^t; g)$ 为规模报酬不变（VRS）假设条件下 t 期观测值、t+1 期技术为参照的 MEBM 混合距离函数；$\overrightarrow{s_v^t}(x^{t+1}, y^{t+1}; g)$ 为规模报酬不变（VRS）假设条件下 t+1 期观测值、t 期技术为参照的 MEBM 混合距离函数；$\overrightarrow{s_v^{t+1}}(x^{t+1}, y^{t+1}; g)$ 为规模报酬不变（VRS）假设条件下 t+1 期观测值、t+1 期技术为参照的 MEBM 混合距离函数。

4.3.2　结果

4.3.2.1　西部绿色全要素生产率变动情况

为了便于比较分析，本书借鉴绿色发展效率的研究方法，同时计算了全国各地区的 MEBM-Luenberger 指数及其分解值,以便于比较分析西部与其他地区的绿色效率贡献。由于绿色发展效率的变动反映了较上年的增长情况,因此研究周期的第一年 1996 年为本书绿色发展效率变动的基期,本书的 MEBM-Luenberger 指数值周期为 1997~2016 年(见表 4-9 至表 4-13)。LPEC > 0 说明技术效率增长,LPTP > 0 说明出现了技术进步,LSEC > 0 说明规模效率增加,LTPSC > 0 说明生产过程中偏离规模报酬不变(CRS)。反之,LPEC < 0 说明技术效率下降,LPTP < 0 说明出现了技术退步,LSEC < 0 说明规模效率降低,LTPSC < 0 说明技术向规模报酬不变(CRS)靠近。库姆巴卡尔(Kumbhakar,2000)认为技术规模变动只是代表了生产技术偏离或靠近规模报酬不变的速度,无实质含义,故本书重点分析纯效率变动(LPEC)、纯技术进步(LPTP)、规模效率变动(LSEC)。

表 4-9　　　　1997~2016 年全国各地区绿色发展效率变动 (LTFP)
情况 (基期 = 1996 年)　　　　　　　单位:%

省区市	1997~2000 年	2001~2005 年	2006~2010 年	2011~2016 年
安徽	1.29	0.32	0.15	0.16
北京	9.96	10.21	8.43	7.88
福建	0.38	0.13	0.16	0.29
甘肃	1.30	0.36	1.20	1.79
广东	0.31	0.24	0.26	0.11
广西	0.22	0.18	1.71	4.01
贵州	0.36	0.59	1.62	1.27
海南	-0.20	1.37	1.92	-0.33
河北	1.91	1.23	0.86	1.80
河南	2.04	-0.26	1.52	2.86
黑龙江	1.97	3.39	3.83	4.16

续表

省区市	1997~2000 年	2001~2005 年	2006~2010 年	2011~2016 年
湖北	1.71	0.27	2.43	2.60
湖南	3.52	-0.15	0.32	4.73
吉林	2.94	3.57	3.36	2.69
江苏	3.50	-0.77	3.70	5.21
江西	2.00	-0.85	1.36	0.60
辽宁	1.54	1.33	0.28	0.31
内蒙古	1.64	1.62	2.75	0.48
宁夏	0.67	0.87	1.47	0.57
青海	-1.35	1.05	2.86	1.13
山东	5.79	0.02	2.77	0.95
山西	1.06	2.52	0.85	0.43
陕西	1.01	-0.15	1.44	1.53
上海	1.68	1.07	1.24	1.14
四川	1.37	0.56	1.40	2.82
天津	5.17	6.57	4.48	1.24
新疆	2.57	1.45	2.12	0.15
云南	0.61	0.51	0.67	0.43
浙江	0.11	0.73	2.18	4.44
重庆	0.02	1.89	3.36	3.39
全国	1.70	1.33	2.02	1.96
东北	2.15	2.76	2.49	2.39
东部	2.86	2.08	2.60	2.27
中部	1.94	0.31	1.10	1.90
西部	0.77	0.81	1.87	1.60

资料来源：作者计算整理。

表 4 – 10　　　1997～2016 年全国各地区绿色发展纯效率变动（LPEC）

（基期 = 1996 年）　　　　　单位：%

省区市	1997～2000 年	2001～2005 年	2006～2010 年	2011～2016 年
安徽	0.00	0.00	0.00	0.00
北京	4.68	0.00	– 1.40	1.17
福建	0.00	0.00	0.00	0.00
甘肃	0.09	0.53	– 0.07	0.49
广东	0.00	0.00	0.00	0.00
广西	– 2.23	0.19	1.01	0.97
贵州	– 1.76	– 0.35	0.85	0.51
海南	– 0.67	0.54	0.00	– 1.25
河北	0.56	1.27	– 0.13	0.35
河南	0.86	– 0.87	1.38	1.09
黑龙江	0.65	2.10	2.73	2.29
湖北	– 0.72	0.08	2.33	1.09
湖南	1.35	– 0.24	– 0.23	3.16
吉林	1.69	2.97	2.59	0.72
江苏	2.07	– 1.31	2.09	0.00
江西	0.00	– 0.85	0.85	0.00
辽宁	0.00	0.00	0.00	0.00
内蒙古	0.10	1.04	0.33	– 0.88
宁夏	– 2.41	– 1.42	– 0.86	– 1.37
青海	– 4.15	– 0.75	0.47	0.14
山东	4.62	0.21	1.12	– 0.92
山西	0.36	0.54	– 0.81	– 0.85
陕西	– 1.62	– 0.15	0.63	0.42
上海	0.00	0.00	0.00	0.00
四川	– 0.06	0.00	1.09	1.99
天津	2.11	1.21	0.00	0.00
新疆	0.92	– 1.28	– 0.18	– 1.80
云南	0.00	0.00	0.00	0.00

续表

省区市	1997~2000 年	2001~2005 年	2006~2010 年	2011~2016 年
浙江	-2.23	0.12	-0.25	-0.07
重庆	-1.73	2.09	1.29	1.65
全国	-0.03	0.19	0.50	0.30
东北	0.78	1.69	1.78	1.00
东部	1.11	0.20	0.14	-0.07
中部	0.31	-0.22	0.59	0.75
西部	-1.17	-0.01	0.41	0.19

资料来源：作者计算整理。

表4-11　　1997~2016 年全国各地区绿色发展纯技术进步（LPTP）

（基期 = 1996 年）　　　　　　　　　　　　　　　　单位：%

区域	1997~2000 年	2001~2005 年	2006~2010 年	2011~2016 年
安徽	1.12	0.27	0.15	0.16
北京	5.16	6.74	8.67	5.43
福建	0.31	0.12	0.11	0.26
甘肃	0.43	0.32	0.86	0.89
广东	0.00	0.00	0.00	0.02
广西	1.33	-0.02	0.68	3.08
贵州	0.30	0.45	0.38	0.59
海南	0.40	0.31	0.30	1.02
河北	1.22	0.10	1.02	1.40
河南	1.31	0.21	0.35	1.81
黑龙江	1.22	1.48	0.97	1.45
湖北	2.82	0.52	0.05	1.26
湖南	3.09	0.54	0.02	1.36
吉林	0.99	0.38	0.41	1.64
江苏	1.64	0.17	4.29	3.36
江西	1.22	0.11	0.47	0.57

续表

区域	1997~2000 年	2001~2005 年	2006~2010 年	2011~2016 年
辽宁	1.59	1.30	0.26	0.32
内蒙古	1.21	0.92	1.25	1.32
宁夏	0.02	0.59	0.50	0.56
青海	0.08	0.72	0.58	0.77
山东	1.44	1.08	0.68	1.09
山西	0.81	1.42	1.17	0.89
陕西	1.68	0.37	0.83	1.13
上海	1.35	0.85	1.06	1.05
四川	1.17	0.65	0.40	1.22
天津	2.67	2.14	0.91	0.54
新疆	1.14	2.09	1.52	1.19
云南	0.77	0.55	0.59	0.35
浙江	1.67	0.76	2.53	4.45
重庆	0.86	0.61	1.54	1.53
全国	1.30	0.86	1.08	1.36
东北	1.26	1.05	0.55	1.14
东部	1.58	1.23	1.96	1.86
中部	1.73	0.51	0.37	1.01
西部	0.82	0.66	0.83	1.15

资料来源：作者计算整理。

表 4 – 12　　1997~2016 年全国各地区绿色发展规模效率变动（LSEC）

（基期＝1996 年）　　　　　　　　　　　单位：%

省区市	1997~2000 年	2001~2005 年	2006~2010 年	2011~2016 年
安徽	0.00	0.00	0.00	0.00
北京	0.13	0.94	－0.90	0.75
福建	0.00	0.00	0.00	0.00
甘肃	0.33	－0.16	0.63	0.05
广东	0.00	0.00	0.00	0.00

续表

省区市	1997～2000 年	2001～2005 年	2006～2010 年	2011～2016 年
广西	0.25	0.04	0.11	0.01
贵州	1.60	0.20	0.15	0.21
海南	−0.26	−0.36	0.57	−0.76
河北	0.07	−0.05	0.07	0.00
河南	−0.68	0.51	−0.15	0.04
黑龙江	0.21	0.00	0.07	0.21
湖北	0.42	0.02	−0.06	0.43
湖南	−0.60	−0.16	0.47	0.18
吉林	0.12	0.37	0.23	0.20
江苏	−0.86	0.63	−1.30	1.17
江西	0.00	−0.18	0.18	0.00
辽宁	0.00	0.00	0.00	−0.03
内蒙古	0.17	0.08	0.38	0.23
宁夏	2.16	1.12	0.85	0.77
青海	2.07	0.85	0.52	−0.31
山东	−0.97	−0.24	0.85	−0.73
山西	−0.15	0.25	0.10	0.21
陕西	0.82	−0.23	0.08	−0.22
上海	0.00	0.00	0.00	0.00
四川	0.97	0.36	−0.03	−0.01
天津	0.46	0.79	1.03	0.00
新疆	0.40	0.28	0.04	0.48
云南	0.00	0.00	0.00	0.00
浙江	0.22	0.01	−0.12	0.00
重庆	0.36	−0.65	0.53	0.20
全国	−0.17	0.15	0.14	0.10
东北	0.11	0.12	0.10	0.12
东部	−0.12	0.17	0.02	0.04
中部	−0.17	0.07	0.09	0.15
西部	0.83	0.17	0.30	0.13

资料来源：作者计算整理。

表 4 – 13　　1997 ~ 2016 年全国各地区绿色发展技术规模变动（LTPSC）

（基期 = 1996 年）　　　　　　　　单位：%

省区市	1997 ~ 2000 年	2001 ~ 2005 年	2006 ~ 2010 年	2011 ~ 2016 年
安徽	0.18	0.05	0.00	0.01
北京	− 0.01	2.52	2.06	0.53
福建	0.07	0.01	0.05	0.03
甘肃	0.45	− 0.33	− 0.21	0.36
广东	0.31	0.24	0.26	0.09
广西	0.86	− 0.03	− 0.09	− 0.04
贵州	0.23	0.29	0.24	− 0.04
海南	0.34	0.88	1.04	0.65
河北	0.06	− 0.09	− 0.09	0.05
河南	0.55	− 0.11	− 0.06	− 0.09
黑龙江	− 0.11	− 0.20	0.06	0.22
湖北	− 0.81	− 0.36	0.10	− 0.17
湖南	− 0.32	− 0.30	0.06	0.03
吉林	0.14	− 0.15	0.13	0.13
江苏	0.66	− 0.26	− 1.38	0.68
江西	0.78	0.07	− 0.14	0.03
辽宁	− 0.05	0.03	0.02	0.02
内蒙古	0.16	− 0.43	0.79	− 0.19
宁夏	0.90	0.59	0.98	0.61
青海	0.65	0.23	1.29	0.53
山东	0.70	− 1.03	0.12	1.50
山西	0.03	0.32	0.39	0.18
陕西	0.13	− 0.14	− 0.11	0.20
上海	0.33	0.21	0.18	0.09
四川	− 0.70	− 0.45	− 0.06	− 0.38
天津	− 0.06	2.44	2.54	0.70
新疆	0.12	0.36	0.75	0.28

续表

省区市	1997～2000 年	2001～2005 年	2006～2010 年	2011～2016 年
云南	− 0. 16	− 0. 04	0. 08	0. 09
浙江	0. 45	− 0. 16	0. 01	0. 06
重庆	0. 53	− 0. 15	0. 01	0. 00
全国	0. 60	0. 13	0. 30	0. 20
东北	− 0. 01	− 0. 11	0. 07	0. 12
东部	0. 28	0. 48	0. 48	0. 44
中部	0. 07	− 0. 06	0. 06	0. 00
西部	0. 29	− 0. 01	0. 33	0. 13

资料来源：作者计算整理。

上述各表报告了西部及全国、其他地区 1997～2016 年（基期 = 1996 年）绿色发展全要素生产率的 Luenberger 指数变动及分解情况。从整体看，1997～2016 年全国绿色发展效率的增长呈现"U"型趋势，1997～ 2000 年为上升期，平均每年增长 1.7%；2001～2005 年为谷底，平均每年增长 1.33%；2006～2010 年又开始上升，平均每年增长 2.02%，2011～ 2016 年继续提高，平均每年增长 1.96%。2001～2005 年绿色发展效率增长相对较低，主要原因是 1999 年之后国家出台了一系列扩大内需的措施以应对 1998 年亚洲金融风暴，带动投资上升，资本存量增加。同时由于发展方式粗放的原因，固定资产投入要素的增加带动能源消耗也大幅度上升，造成发展效率增长相对降低。此外，随着中国工业化进程的不断加快，根据霍夫曼定理，重工业比重不断提高：2000 年我国重工业占工业总产值的比重超过 60%[①]，尤其是从 2002 年开始的新一轮经济增长中，钢铁、化工、金属冶炼等重工业的推动作用"功不可没"，这些行业本身就是高产值、高能耗、高污染的行业，拖累了绿色发展水平的增

---

① 根据《中国统计年鉴2001》手工计算得出。

长。从 2006 年后，中国基本完成从原材料为主的重工业向装备制造为主的重工业过渡，投入要素增长趋缓，能源消耗趋稳，带动绿色发展效率 Luenberger 指数增长加快。进一步分析，就全国范围而言，在 1997～2000 年、2001～2005 年、2006～2010 年、2011～2016 年四个研究区间纯技术进步（LPTP）的平均增长率为 1.36%、0.72%、1.21%、1.54%；纯效率变动（LPEC）的平均增长率为 - 0.03%、0.19%、0.50%、0.30%；规模效率变动（LPSC）的平均增长率为 - 0.17%、0.15%、0.14%、0.10%；技术规模变动（LTPSC）的平均增长率为 0.60%、0.13%、0.30%、0.20%。可以看出，技术进步是推动绿色发展效率增长的主要因素，纯效率变动是次要因素。也说明全国绿色发展增长主要依靠新的生产技术，推动全社会生产水平的提高。以纯效率变动反映的资源利用能力、生产管理能力的提高速度并没有生产技术更新那么快。规模效率对绿色效率增长的贡献也较低，反映出现有生产资源投入条件下，未能实现规模经济的增加，这说明资产投入大于产出，出现了产能过剩现象：以煤炭业为例，2012 年底煤矿总产能约 39.6 亿吨，产能建设超前 3 亿吨左右①。

通过西部地区与东北、东部、中部地区的对比可以发现，东北、东部地区的 LTFP 处于相对较高的水平，中部、西部地区相对较低。四个区域的变动也基本呈现"U"型变动趋势，但是中部、西部地区的 LTFP 提升较快，在研究周期末期，基本接近东北、东部地区。西部地区在四个研究区间内的绿色发展效率变动（LTFP）平均增长率为 0.77%、0.81%、1.87%、1.60%，说明从 1996～2016 年西部地区绿色发展效率增长速度的变化快于其他地区。进一步分析，西部地区在四个研究区间内，纯效率变动（LPEC）的平均增长率为 - 1.17%、 - 0.01%、0.41%、0.19%；

① 资料来源：2013 年 10 月 21 日中国煤炭工业协会会长王显政在 2013 国际煤炭峰会上发言。

纯技术进步（LPTP）的平均增长率为0.82%、0.66%、0.83%、1.15%；规模效率变动（LPSC）的平均增长率为0.83%、0.17%、0.30%、0.13%；技术规模变动（LTPSC）的平均增长率为0.29%、-0.01%、0.33%、0.13%。可以看出，技术进步仍然是西部地区绿色发展增长（LTFP）的主要因素，但是从变化趋势观察，纯效率变动（LPEC）从1997～2000年的-1.17%，提高到2011～2016年的0.19%，变化最为明显，是推动西部地区绿色发展增长指数（LTFP）快速提高的主要因素。西部地区之所以在1997～2000年纯效率变动出现负值，主要是受宏观政策的影响。1998年国家实施西部大开发战略，加大对西部地区的建设投资，到2004年的五年间，西部地区陆续新开工60个重大建设工程项目，包括各种交通干线、水利枢纽、西气东输等重大基础设施，总投资高达8500亿元，带动西部地区年固定资产投资增速超过20%，明显高于全国平均水平。固定资产投资增加，提高了社会资本存量，西部地区社会资本存量占全国的比重从1996年的16.7%提高到2004年的18.9%，由于大规模的建设是逐步开展的，特别是在建设初期，许多建设项目的收益还没有显现，所以这一时期的LTFP较低（见图4-6）。

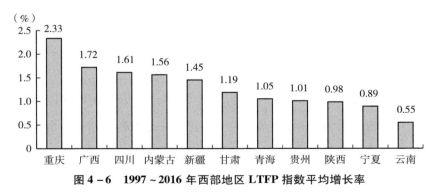

图4-6　1997～2016年西部地区LTFP指数平均增长率

资料来源：作者计算整理。

从西部地区内部看，1997～2016 年重庆、广西、四川的绿色发展效率增长最快，这三个省份 LTFP 每年增长 2.33%、1.72%、1.61%。1997 年 3 月 14 日，八届全国人大第五次会议批准设立重庆直辖市后，重庆市的发展明显加快。但是重庆市在 2003 年之前 LTFP 相对较低，1997～2002 年平均为 1.27%，这主要受两方面的影响：一是三峡库区工程浩大的移民安置工程。三峡作为全球最大的水利工程，需要移民的县市区为 20 多个，最终移民多达 100 多万人，而且大部分位于重庆地区，截至 2002 年底，重庆仅移民安置投资就达到 293 亿元，建设各类房至 2000 万平方米。① 二是重庆设立直辖市后城市建设投资规模大。1997～2002 年重庆社会固定资产投资累计占同期 GDP 的 42%。② 投资拉动的发展模式造成重庆市 1997～2002 年的 LTFP 处于相对低位。自 2003 年之后，重庆市优化经济结构，大力发展第三产业，同时调整产业结构，加快新兴产业，引入了华硕、飞利浦等大批高技术企业。自 2008 年之后重庆的"好"产出——GDP 增幅一直保持全国前列，拉动 LTFP 快速增加。云南的排名位居末尾，这主要是技术原因，云南省的绿色发展效率一直位居生产前沿，持续保持较高水平，因此其变动就较小。陕西作为西部重要省份，是西部大开发的"桥头堡"，其 LTFP 在研究周期内变动较小，绿色效率增长较慢，究其原因：一是陕西经济发展方式未能转型，固定资产投资在陕西经济发展中扮演重要角色，1997 年全社会固定资产投资 421 亿元，占 GDP 的 30.8%；2016 年全社会规定资产投资 20825 亿元，占当年 GDP 的 107.4%，投资拉动对于陕西的经济发展作用明显。2016 年陕西固定资产投资占全国的比重为 3.4%，较 GDP 占全国的比重高出 0.8 个百分点。二是陕西的经济结构调整较慢，陕西第二产业占 GDP 的比重从 1997 年的 41.6% 提高到 2014 年的最高值 63.6%，后略有下降，但绝对值仍然保持

---

① 重庆已累计完成库区动态移民投资近三百亿［EB/OL］. 中国新闻网，2003 - 1 - 9.
② 根据重庆统计年鉴 2003 手工计算得出。

高位。2016 年陕西 GDP 占全国的比重为 2.6% ,而第二产业占全国的比重高达 3.2%。① 三是陕西的科技转化率低,陕西是全国的重要科研基地,截至 2015 年末,陕西拥有各类科研机构 1174 家,普通高等院校 80 所,两院院士 64 人,但是 2016 年陕西全省被授予的发明、实用新型、外观设计仅占全国的 2.97% ,科研成果转化率仅在 30% 左右②,创新驱动、科技创新在推动陕西发展中尚未发挥作用。

4.3.2.2　西部绿色全要素生产率贡献效果

本书用绿色发展效率对经济增长的贡献乘积作为绿色发展水平的表征指标,从过程和效果两个维度来刻画绿色发展水平。

表 4 – 14 展示了全国各地绿色全要素生产率对经济增长的贡献,其中绿色全要素生产率为本章 MEBM-Luenberger 指数所计算的各省份、各地区效率增长情况。1997 ~ 2016 年西部、东北、东部、中部及全国整体情况均呈现 "U" 型趋势。从全国范围看,1997 ~ 2000 年为上升期,绿色效率对经济发展的平均每年的贡献为 21.04% ;2001 ~ 2005 年为谷底,平均每年的贡献为 7.57% ;2006 ~ 2010 年又开始上升,平均贡献为 14.9% ,2011 ~ 2016 年继续提高,平均每年的贡献为 24.98% 。2001 ~ 2005 年贡献值相对较低,如前文所述,不再赘述。

表 4 – 14　1997 ~ 2016 年全国各地绿色发展对经济增长贡献 (基期 = 1996 年)　单位: %

省区市	1997 ~ 2000 年	2001 ~ 2005 年	2006 ~ 2010 年	2011 ~ 2016 年
安徽	12.95	3.23	1.09	1.55
北京	63.84	68.10	69.64	86.17
福建	3.00	1.24	1.09	1.84

① 根据陕西统计年鉴 2017 手工计算得出。
② 资料来源:2016 年时任陕西省委书记娄勤俭接受记者采访讲话。

续表

省区市	1997~2000 年	2001~2005 年	2006~2010 年	2011~2016 年
甘肃	14.94	3.01	11.27	15.34
广东	3.17	2.53	2.09	1.40
广西	1.14	4.26	12.66	45.19
贵州	4.08	4.31	12.85	11.81
海南	-1.86	14.96	14.66	1.05
河北	18.04	11.02	7.49	20.12
河南	22.86	-3.10	12.28	29.60
黑龙江	24.49	31.81	32.34	51.93
湖北	16.72	4.64	17.98	27.91
湖南	37.30	-1.96	2.54	53.61
吉林	32.85	32.29	22.85	35.70
江苏	30.75	-4.85	28.49	59.18
江西	20.67	-5.69	10.55	6.42
辽宁	18.01	13.04	1.94	12.12
内蒙古	12.62	8.18	15.13	4.05
宁夏	8.01	7.89	11.27	6.35
青海	-16.57	8.55	21.71	13.35
山东	54.05	-2.46	21.71	7.93
山西	10.33	19.31	7.18	4.00
陕西	10.27	-3.45	9.56	19.38
上海	14.94	9.53	10.34	14.40
四川	15.78	5.19	9.92	29.52
天津	49.90	47.29	28.12	7.74
新疆	32.38	12.93	19.94	1.89
云南	8.30	5.94	5.78	3.88
浙江	1.40	5.95	20.45	57.50
重庆	-1.46	20.00	22.58	25.06

续表

省区市	1997~2000 年	2001~2005 年	2006~2010 年	2011~2016 年
全国	21.04	7.57	14.90	24.98
东北	23.24	22.88	15.21	28.60
东部	24.35	7.67	17.45	26.34
中部	21.00	1.58	9.31	23.63
西部	10.19	6.44	12.76	20.77

资料来源：作者计算整理。

西部地区与全国各地的变动趋势基本一样，呈螺旋上升态势。总体而言，绿色全要素生产率对经济增长的贡献尚处于较低位置，但是改善速度明显快于其他地区。通过西部地区与东北、东部、中部地区的对比可以发现，东北、东部地区绿色发展效率贡献处于相对较高的水平，中部、西部地区相对较低。四个区域的变动也基本呈现"U"型变动趋势，但是中部、西部地区绿色效率贡献提升较快。东北地区绿色发展效率贡献保持相对较高水平，主要原因是东北地区经济发展速度稍慢。表 4-14 中，西部地区在四个研究区间内的绿色发展效率贡献率分别为：10.19%、6.44%、12.76%、20.77%，说明从 1996~2016 年西部地区绿色发展效率的效果仍然有持续改进的空间。主要原因：一是西部地区 LTFP 的增长有限（见表 4-9），四个研究周期内西部绿色发展效率的增长分别为 0.77%、0.81%、1.87%、1.60%，在与其他地区的比较中处于落后地位；二是西部地区经济增长速度较快，西部地区在 1997~2000 年、2001~2005 年、2006~2010 年、2011~2016 年四个研究周期内的 GDP 增长平均值为 8.63%、11.29%、13.30%、10.50%，除了 1997~2000 年之外，其经济增长幅度在四个区域内均为最快，由于分母的提高，其效率贡献自然随之下降。

4.4 绿色发展水平测度结果

本书采用绿色全要素生产率及其对经济增长的贡献乘积作为衡量绿色发展水平的表征指标，从过程和效果两个维度来刻画绿色发展水平。根据本章计算的绿色全要素生产率绝对值、绿色效率贡献，可知全国各地区绿色发展水平（见表4-15）。

表4-15　　1997~2016年基于过程和结果的绿色发展水平（基期=1996年）

省区市	1997~2000年	2001~2005年	2006~2010年	2011~2016年
安徽	0. 1295	0. 0323	0. 0109	0. 0155
北京	0. 4799	0. 6459	0. 6362	0. 8058
福建	0. 0300	0. 0124	0. 0109	0. 0184
甘肃	0. 0510	0. 0108	0. 0438	0. 0622
广东	0. 0317	0. 0253	0. 0209	0. 0140
广西	0. 0090	0. 0331	0. 0999	0. 3933
贵州	0. 0177	0. 0172	0. 0566	0. 0586
海南	−0. 0186	0. 1441	0. 1441	0. 0104
河北	0. 1005	0. 0659	0. 0473	0. 1269
河南	0. 1264	−0. 0168	0. 0696	0. 1838
黑龙江	0. 1390	0. 2068	0. 2360	0. 4930
湖北	0. 1307	0. 0379	0. 1529	0. 2687
湖南	0. 2931	−0. 0153	0. 0190	0. 4795
吉林	0. 1952	0. 2182	0. 2006	0. 3503
江苏	0. 2827	−0. 0452	0. 2547	0. 5553
江西	0. 2067	−0. 0550	0. 1032	0. 0642
辽宁	0. 1801	0. 1304	0. 0194	0. 1212

续表

省区市	1997～2000 年	2001～2005 年	2006～2010 年	2011～2016 年
内蒙古	0.0707	0.0459	0.0951	0.0240
宁夏	0.0348	0.0329	0.0452	0.0257
青海	−0.1027	0.0385	0.1007	0.0679
山东	0.4568	−0.0214	0.2017	0.0772
山西	0.0443	0.0833	0.0324	0.0167
陕西	0.0536	−0.0157	0.0455	0.1041
上海	0.1494	0.0953	0.1034	0.1440
四川	0.0811	0.0273	0.0552	0.1940
天津	0.3909	0.4182	0.2682	0.0774
新疆	0.1776	0.0710	0.1068	0.0094
云南	0.0830	0.0594	0.0578	0.0388
浙江	0.0135	0.0531	0.1810	0.4978
重庆	−0.0072	0.1014	0.1185	0.1580
全国	0.1528	0.0554	0.1122	0.1979
东北	0.1675	0.1774	0.1322	0.2794
东部	0.2148	0.0697	0.1603	0.2459
中部	0.1592	0.0119	0.0713	0.1928
西部	0.0580	0.0351	0.0720	0.1247

资料来源：作者计算整理。

为了便于比较分析，本书仍然将西部地区、东北、东部、中部地区的绿色发展水平列示。可以看出，西部地区由于绿色发展效率和绿色效率贡献在四个对比区域中均为最低，因此，其绿色发展水平也最低，东部地区总体而言保持较高的绿色发展水平。从变化趋势来看，与其他地区一样，西部地区绿色发展水平基本呈"U"型增长态势，2001～2005 年绿色发展水平相对较低，从 2006 年后保持快速提升趋势。西部地区与其他地区的绿色发展效率和绿色效率贡献变化情况，在前文已经进行了详细论述，在此不再赘述。

■ 4.5 本章小结

本章引入绿色全要素生产率理论，刻画绿色发展水平。为了更好地反映环境约束，本书构建强可持续框架，从环境建设和环境损害两个维度，构建各地区生态环境综合评价体系。引入基于整体差异的纵横向拉开档次评价方法，对 1996 ~ 2016 年各地区环境综合质量进行分析，该方法透明、客观、避免了评价者的主观影响。评价结果作为"坏"产出与投入、产出同时引入生产函数模型，使得捕捉资源环境的制约机制成为可能。由此，将绿色发展转化为多目标约束条件下的规划求解。在投入指标设置上，同样基于强可持续的研究框架，将能源投入分解为可再生能源和不可再生能源，体现了保持资源非减性发展的要求。

本章从绿色发展效率（静态分析）和效率贡献（动态分析）两个视角对各地区绿色发展水平进行全面分析，为刻画绿色发展水平奠定基础。在静态分析中，引入改进后的 EBM 混合距离模型（MEBM）。与 EBM 模型相比，MEBM 模型明确了变量参数的约束条件，避免投影值可能出现的逻辑错误；MEBM 模型同样改进了投入指标的关联指数计算方法，克服了在极度离散条件下，由于投入指标投影值之间因完全线性负相关而出现的"关联指数理论悖论"现象。动态分析中，构建 MEBM-Luenberger 指数对中国绿色发展水平的变动情况进行分解，将其分解为纯效率变动（LPEC）、纯技术进步（LPTP）、规模效率变动（LSEC）和技术规模变动（LTPSC）。本书利用绿色发展静态效率值、绿色效率对经济增长贡献之乘积表征绿色发展水平，从过程和效果双维度描述绿色发展的现实条件。

第5章
西部与其他地区绿色发展水平差异分析

由于地理、历史、资源、经济、人口等因素，西部地区与其他地区存在地区差异，改革开放以来这种差异呈现不同的变化趋势。绿色发展水平反映了绿色发展效率及其对经济发展的贡献，从某种意义上说，也是不同地区科学技术、社会管理、劳动力供给、对外开放等多重因素综合作用的结果，因此这些因素也会造成绿色发展水平的异质性。本章引入泰尔指数从静态和动态两个维度对西部与其他地区绿色水平区域差异进行分析，为实现西部地区协调绿色发展奠定基础。

5.1 区域差异静态分析

5.1.1 方法与模型

泰尔指数（Theil index）是从信息量与熵发展而来，用于考察不同族群的数据差异性。熵的概念来源于信息理论中的平均信息量，假设某一事件 E 发生的概率是 x，存在一条信息说明事件 E 确实发生过了，那么这条信息所包含的信息量可表示为：

$$h(x) = \ln\left(\frac{1}{x}\right) \qquad (5-1)$$

如果把事件 E 由 E_1，E_2，$\cdots$，E_n 组成一个完备事件组，他们各自发生的概率为 x_1，x_2，$\cdots$，x_n，且 $\sum\limits_{i=1}^{n} x_i = 1$，那么熵或平均的期望信息量可被看作每个事件的信息量与其相应概率乘积的总和：

$$H(x) = \sum\limits_{i=1}^{n} x_i h(x_i) = \sum\limits_{i=1}^{n} x_i \log\frac{1}{x_i} = -\sum\limits_{i=1}^{n} x_i \log x_i \qquad (5-2)$$

显然，事件 E_i 的概率 x_i 越趋近于 $\frac{1}{n}$，熵值也就越大。如果将以上理论用于数据差异测度时，E_i 可理解为一组数据中的某一数据，$E = \sum\limits_{i=1}^{n} E_i$；$x_i$ 被解释为份额，即 $x_i = \frac{E_i}{E}$。同理，数组中每个数据越平均，x_i 越大，如果每个 $x_i = \frac{1}{n}$，x_i 达到最大值 $\log(n)$。泰尔（1967）将 $\log(n) - x_i$ 定义为不平等指数：

$$T = \log(n) - x_i = \frac{1}{n} \sum\limits_{i=1}^{n} \left(\frac{E_i}{E}\right)\log\left(\frac{E_i}{E}\right) = \frac{1}{n} \sum\limits_{i=1}^{n} x_i \log x_i \qquad (5-3)$$

在进行数据分析时，经常需要对一组数据按照一定的规则分为若干小组数据，假设一组数据分为 G 个小组的数据，第 g 小组的数据样本量、数据之和分别为 N_g 和 Y_g，第 g 小组内第 p 个样本值为 Y_{gp}，则有以下等式成立：

$$N = \sum\limits_{g=1}^{G} N_g, \quad Y = \sum\limits_{g=1}^{G} Y_g = \sum\limits_{g=1}^{G} \sum\limits_{p=1}^{N_g} Y_{gp}$$

式（5-3）可写为：

$$T = \sum_{g=1}^{G} \sum_{p=1}^{N_g} \frac{Y_{gp}}{Y} \log\left(\frac{Y_{gp}/Y}{1/N}\right)$$

$$= \sum_{g=1}^{G} \frac{Y_g}{Y} \log\left(\frac{Y_g/Y}{N_g/N}\right) + \sum_{g=1}^{G} \frac{Y_g}{Y} \sum_{p=1}^{N_g} \frac{Y_{gp}}{Y_g} \log\left(\frac{Y_{gp}/Y_g}{1/N_g}\right)$$

（5 − 4）

令：

$$T^{B} = \sum_{g=1}^{G} \frac{Y_g}{Y} \log\left(\frac{Y_g/Y}{N_g/N}\right), T^{W} = \sum_{g=1}^{G} \frac{Y_g}{Y} \sum_{p=1}^{N_g} \frac{Y_{gp}}{Y_g} \log\left(\frac{Y_{gp}/Y_g}{1/N_g}\right)$$

则式（5 − 4）可以表示为：

$$T = T^{B} + T^{W}$$

（5 − 5）

这样泰尔指数就分解为组间差距 T^{B} 和组内差距 T^{W}。各组内样本量简单平均方法由于无法真实反映经济发展与绿色发展水平提高的内在联系，容易产生扭曲现象，为了避免由于计算方法导致的结果扭曲，本书在计算泰尔指数时采用 GDP 为权重，故式（5 − 4）可写为：

$$T = \sum_{g=1}^{G} \sum_{p=1}^{N_g} \frac{Y_{gp}}{Y} \log\left(\frac{Y_{gp}/Y}{1/N}\right)$$

$$= \sum_{g=1}^{G} \frac{Y_g'}{Y'} \log\left(\frac{Y_g'/Y'}{GDP_g/GDP}\right) + \sum_{g=1}^{G} \frac{Y_g'}{Y'} \sum_{p=1}^{N_g} \frac{Y_{gp}'}{Y_g'} \log\left(\frac{Y_{gp}'/Y_g'}{GDP_{gp}/GDP_g}\right)$$

（5 − 6）

其中 $Y_{gp}' = Y_{gp} \times GDP_{gp}$ 表示经过加权的各省份绿色发展水平值，Y_g' 表示各地区以 GDP 为权重的绿色发展水平值之和，$Y_g' = \sum_{p=1}^{N_g} Y_{gp}'$，$Y'$ 表示以 GDP 为权重的全国绿色发展水平值之和，$Y' = \sum_{g=1}^{G} Y_g'$，G 表示所分区域的数量，N_g 为各区域内省份的数据；GDP 为当期研究样本累计加总 GDP 和，GDP_g 为第 g 区域内各省份 GDP 加总，GDP_{gp} 为第 g 区域内第 p 省份的 GDP，GDP 在计算时均平减为不变价格（基期 = 1990 年）。

5.1.2　分析结果

利用泰尔指数，可以将西部地区与其他地区之间绿色发展水平的差异分解为区域间差异和区域内差异。

从全国整体观察，泰尔指数从 1996 年的 0.1480 下降到 2016 年的 0.0909（见表 5－1），说明各地区之间绿色发展水平的差异在不断缩小，即各地区绿色发展能力在不断提升的同时，区域之间的不均衡性在不断下降；绿色发展水平较低的地区加快发展，呈现整体趋同的现象。进一步分析，可以发现，各地区绿色发展差异缩小的主要原因是不同区域内部差异在不断缩小，从 1996 年的 0.1044 下降到 2016 年的 0.0542，其对各地区绿色发展区域差异的贡献从 1996 年的 70.58% 下降到 2016 年的 59.56%。各地区区域间差异也略有缩小，从 1996 年的 0.0435 下降到 2016 年的 0.0368（见表 5－2）。但由于区域间绿色发展水平的泰尔指数下降相对较慢，其对全国绿色发展水平差异的影响反而从 1996 年的 29.42% 上升到 2016 年的 40.44%（见表 5－2 和表 5－3）。从图 5－1 中可以清晰地看出，从 2000 年以后，各地区绿色发展区域内差异已经基本接近区域间差异，这反映出，虽然东北、东部、中部、西部四个区域绿色发展水平的内部差异在缩小，但是各地区之间的绿色发展水平差异的影响也在增加，呈现出较明显的地域板块特征。

表 5－1　　　　　　1996～2016 年全国各地区绿色发展泰尔指数　　　　单位：%

年份	全国泰尔指数	分区域泰尔指数				区域影响程度			
		东北	东部	中部	西部	东北	东部	中部	西部
1996	0.1480	0.0129	0.0660	0.0084	0.0607	8.71	44.60	5.70	40.99
1997	0.1525	0.0129	0.0781	0.0090	0.0525	8.47	51.20	5.93	34.41
1998	0.1677	0.0140	0.0891	0.0100	0.0546	8.33	53.14	5.96	32.57
1999	0.1781	0.0132	0.1013	0.0106	0.0530	7.42	56.88	5.94	29.76
2000	0.1143	0.0112	0.0445	0.0093	0.0493	9.78	38.92	8.16	43.15
2001	0.1134	0.0093	0.0473	0.0094	0.0475	8.24	41.67	8.26	41.83
2002	0.1211	0.0072	0.0563	0.0097	0.0478	5.94	46.52	8.04	39.50

续表

年份	全国泰尔指数	分区域泰尔指数				区域影响程度			
		东北	东部	中部	西部	东北	东部	中部	西部
2003	0.1294	0.0096	0.0580	0.0107	0.0511	7.42	44.79	8.29	39.50
2004	0.1320	0.0104	0.0604	0.0119	0.0493	7.87	45.74	9.05	37.34
2005	0.1224	0.0099	0.0556	0.0110	0.0458	8.07	45.45	9.03	37.45
2006	0.1189	0.0120	0.0522	0.0097	0.0450	10.07	43.94	8.14	37.84
2007	0.1244	0.0115	0.0561	0.0113	0.0456	9.21	45.06	9.11	36.62
2008	0.1142	0.0113	0.0467	0.0102	0.0460	9.93	40.84	8.93	40.31
2009	0.1092	0.0094	0.0451	0.0095	0.0452	8.57	41.31	8.68	41.44
2010	0.1034	0.0083	0.0402	0.0088	0.0461	8.06	38.88	8.47	44.59
2011	0.1034	0.0086	0.0388	0.0085	0.0475	8.31	37.56	8.18	45.94
2012	0.0976	0.0059	0.0340	0.0074	0.0502	6.09	34.86	7.62	51.43
2013	0.0883	0.0059	0.0231	0.0056	0.0537	6.70	26.15	6.32	60.83
2014	0.0969	0.0053	0.0349	0.0044	0.0523	5.47	36.04	4.56	53.93
2015	0.0959	0.0052	0.0354	0.0033	0.0520	5.42	36.93	3.40	54.24
2016	0.0909	0.0048	0.0342	0.0029	0.0491	5.26	37.56	3.20	53.98

资料来源：作者计算整理。

表 5-2　　　　　1996~2016 年全国各地区绿色发展泰尔指数

年份	区域间差异					区域内差异				
	东北	东部	中部	西部	小计	东北	东部	中部	西部	小计
1996	0.0009	0.0234	0.0038	0.0154	0.0435	0.0120	0.0426	0.0047	0.0452	0.1044
1997	0.0011	0.0271	0.0044	0.0172	0.0498	0.0118	0.0510	0.0046	0.0352	0.1027
1998	0.0012	0.0288	0.0055	0.0174	0.0529	0.0128	0.0603	0.0045	0.0372	0.1148
1999	0.0014	0.0313	0.0063	0.0182	0.0571	0.0118	0.0700	0.0043	0.0348	0.1210
2000	0.0007	0.0287	0.0051	0.0179	0.0523	0.0105	0.0158	0.0042	0.0314	0.0620
2001	0.0000	0.0265	0.0052	0.0169	0.0486	0.0093	0.0208	0.0042	0.0305	0.0649
2002	0.0005	0.0280	0.0058	0.0178	0.0520	0.0067	0.0283	0.0040	0.0301	0.0690

续表

年份	区域间差异					区域内差异				
	东北	东部	中部	西部	小计	东北	东部	中部	西部	小计
2003	0.0003	0.0297	0.0067	0.0179	0.0547	0.0093	0.0283	0.0040	0.0332	0.0748
2004	0.0013	0.0301	0.0078	0.0180	0.0572	0.0091	0.0303	0.0042	0.0313	0.0748
2005	0.0020	0.0275	0.0072	0.0173	0.0540	0.0079	0.0281	0.0039	0.0285	0.0683
2006	0.0028	0.0247	0.0059	0.0171	0.0504	0.0092	0.0276	0.0038	0.0279	0.0685
2007	0.0026	0.0267	0.0075	0.0170	0.0538	0.0088	0.0294	0.0038	0.0286	0.0706
2008	0.0027	0.0253	0.0066	0.0169	0.0515	0.0086	0.0214	0.0036	0.0292	0.0627
2009	0.0036	0.0237	0.0062	0.0168	0.0502	0.0058	0.0214	0.0033	0.0285	0.0590
2010	0.0040	0.0224	0.0055	0.0168	0.0487	0.0044	0.0178	0.0032	0.0294	0.0547
2011	0.0051	0.0209	0.0052	0.0167	0.0480	0.0035	0.0180	0.0032	0.0307	0.0554
2012	0.0049	0.0197	0.0044	0.0165	0.0455	0.0011	0.0143	0.0030	0.0336	0.0520
2013	0.0059	0.0165	0.0028	0.0163	0.0415	0.0000	0.0066	0.0028	0.0375	0.0468
2014	0.0053	0.0170	0.0019	0.0169	0.0411	0.0000	0.0179	0.0025	0.0354	0.0558
2015	0.0052	0.0151	0.0008	0.0163	0.0375	0.0000	0.0203	0.0024	0.0357	0.0584
2016	0.0047	0.0152	0.0006	0.0163	0.0368	0.0000	0.0190	0.0023	0.0328	0.0542

资料来源：作者计算整理。

表 5 – 3　　　　　1996～2016 年全国各地区绿色发展泰尔指数贡献　　　单位：%

年份	区域间差异					区域内差异				
	东北	东部	中部	西部	小计	东北	东部	中部	西部	小计
1996	0.62	15.82	2.55	10.43	29.42	8.08	28.78	3.15	30.57	70.58
1997	0.70	17.77	2.88	11.30	32.65	7.77	33.43	3.04	23.10	67.35
1998	0.73	17.18	3.27	10.36	31.54	7.61	35.96	2.69	22.20	68.46
1999	0.77	17.57	3.51	10.20	32.05	6.65	39.31	2.43	19.55	67.95
2000	0.57	25.08	4.49	15.63	45.77	9.21	13.84	3.67	27.52	54.23
2001	0.02	23.34	4.55	14.90	42.81	8.22	18.33	3.70	26.93	57.19
2002	0.42	23.13	4.76	14.67	42.97	5.52	23.39	3.28	24.84	57.03

续表

年份	区域间差异					区域内差异				
	东北	东部	中部	西部	小计	东北	东部	中部	西部	小计
2003	0.25	22.94	5.19	13.85	42.23	7.18	21.85	3.10	25.65	57.77
2004	0.97	22.81	5.90	13.63	43.30	6.90	22.93	3.15	23.72	56.70
2005	1.64	22.48	5.87	14.17	44.15	6.44	22.98	3.16	23.28	55.85
2006	2.37	20.75	4.95	14.34	42.42	7.70	23.19	3.19	23.50	57.58
2007	2.13	21.44	6.02	13.66	43.25	7.09	23.62	3.09	22.96	56.75
2008	2.39	22.13	5.79	14.77	45.08	7.54	18.70	3.14	25.54	54.92
2009	3.28	21.68	5.67	15.35	45.98	5.30	19.63	3.01	26.09	54.02
2010	3.84	21.71	5.35	16.20	47.10	4.22	17.18	3.11	28.39	52.90
2011	4.98	20.18	5.07	16.20	46.43	3.34	17.38	3.11	29.74	53.57
2012	4.98	20.24	4.50	16.94	46.65	1.11	14.62	3.12	34.49	53.35
2013	6.70	18.72	3.16	18.42	47.00	0.00	7.44	3.16	42.41	53.00
2014	5.47	17.54	1.95	17.42	42.39	18.50	2.60	36.51	57.61	
2015	5.42	15.75	0.89	17.00	39.07	0.00	21.18	2.52	37.23	60.93
2016	5.22	16.69	0.63	17.90	40.44	0.04	20.87	2.57	36.08	59.56

资料来源：作者计算整理。

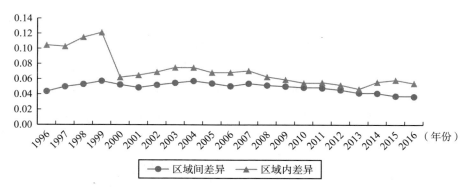

图5-1 1996~2016年全国各地区泰尔总指数变动趋势

资料来源：作者计算整理。

从表 5 - 1 中可以看出，西部地区绿色发展泰尔指数（包括区域内差异和区域间差异）对全国的影响从 1996 年的 40.99% 上升到 2016 年的 53.98%，东部地区绿色发展泰尔指数对全国的影响从 1996 年的 44.60% 下降到 2016 年的 37.56%。西部地区已经超过东部，成为影响全国绿色发展不平衡的主要地区，这印证了西部地区已经成为制约全国绿色发展的主要因素，也进一步印证了本书研究的重要性。东部地区绿色发展泰尔指数从 1996 年的 0.0660 下降到 2016 年的 0.0342，下降幅度 39%；西部地区绿色发展泰尔指数从 1996 年的 0.0607 下降到 2016 年的 0.0491，下降幅度 19.1%；这两个地区的绿色发展水平泰尔指数快速下降，带动了全国绿色发展差异的缩小。

对西部地区进一步分析可以看出，西部地区泰尔指数总体下降的原因主要是区域内差异下降所致：西部地区绿色发展区域内泰尔指数从 1996 年的 0.0435 下降到 2016 年的 0.0368，下降了 24.5%；区域间泰尔指数从 1996 年的 0.0154 上升到 2016 年的 0.0163，上升了 5.8%，说明西部地区内部各省份绿色发展之间的差异在缩小，绿色发展相对落后的地区加快发展，出现了赶超现象。但是西部地区与其他地区之间绿色发展的差异在增加，这也反映出西部地区整体改善速度与东部等其他地区相比还存在差距。虽然西部地区泰尔指数下降明显，但是由于其绝对值相对较高，且改善幅度较小，西部绿色发展泰尔指数的影响程度反而出现上升态势，西部地区与其他地区之间的绿色发展差异对全国的影响从 1996 年的 10.43% 扩大到 2016 年的 17.90%，西部地区内部绿色发展差异对全国的影响从 30.57% 提高到 36.08%。可见，西部地区绿色发展仍然任重道远，需要加快改善。

通过对西部地区内部各省份的分析，可以找到西部地区绿色发展泰尔指数变动原因。1996 年，西部地区绿色发展水平呈现分化现象，差异明显：云南、广西两省绿色发展水平相对较高，特别是云南的绿色发展水平在研究周期内始终保持在生产前沿面上，绿色发展水平较高；甘肃、贵州、宁夏、四川、内蒙古、重庆、陕西、青海、新疆处于较差水平，特别是甘肃、贵州两省的绿色发展水平值只有 0.3834 和 0.4336，这也是研究初期西部地区泰尔指数较高的原因。经过 20 年的发展，到 2016 年西部地区各省的绿色发展水平都有不同程度的提高，云南、广西仍然保持全国较高水平，四川、重庆呈现快速提升的趋势，分别从 1996 年的 0.4935、0.4652 提高到 2016 年的 0.7200 和 0.7016，步入全国中等水平；甘肃、贵州、宁夏、四川、内蒙古、重庆、陕西、青海绿色发展水平也有不同程度的提高，这从一定程度上缩小了西部内部各省份之间绿色发展的差异，不仅带动西部地区绿色发展水平提高，而且降低 2016 年西部地区泰尔指数。但是，在研究周期内，西部只有重庆、四川从落后水平提高到中等水平，甘肃、贵州、宁夏、内蒙古、陕西、青海的绿色发展水平仍然处于相对落后水平，新疆甚至出现了退步，这反映出西部地区内部绿色发展呈现优劣不均的分布状态，绝对差异仍然较大。此外，西部地区绿色发展水平整体提高速度较慢，虽然从 1996 年的 0.6156 提高到 2016 年的 0.6781，但整体仍然落后，与东北、东部、中部的差距在逐渐拉大：1996 年西部发展水平分别是东北、东部、中部的 79.5%、70.6%、81%，而到了 2016 年则变为 67.9%、72.3%、77.4%，差距变大，说明西部地区绿色发展水平不仅处于低位，其提升幅度也低于其他区域，这也是西部地区区域间差距扩大的主要原因。

根据上述分析结果，提示我们在制定绿色发展政策措施时，应充分考虑区域性特征。在统一规划全国绿色发展政策的前提下，应该针对不同区域特点和差异构成，制定有针对性的绿色发展措施，避免"一刀切"。对西部地区而言，制定绿色发展政策时要充分考虑西部地区绿色发展既有区域间，又有区域内"双极化"的特征，除了要兼顾西部地区的总体特点，还需要针对宁夏、青海、甘肃、贵州等落后地区制定"个性化"的措施，这样才会起到事半功倍的效果。

5.2 区域差异动态分析

5.2.1 方法与模型

在上述分解中，绿色发展水平的区域差异被分解为区域内和区域间差异，由于本书的研究周期较长，区域内和区域间差异将会随着时间的变化而产生变化。因此有必要对这种变化的原因进行深层次的分析，找出泰尔指数变化的驱动因素，这也是本书进行动态分析的出发点和落脚点。本书将偏离—份额法和因素分解法（factor analysis approach）同时引入泰尔指数的动态分解。

$$\Delta T = T^{t+1} - T^t \tag{5-7}$$

$$= \Delta \sum_{g=1}^{G} \frac{Y_g}{Y} \log\left(\frac{Y_g/Y}{GDP_g/N}\right) + \Delta \sum_{g=1}^{G} \frac{Y_g}{Y} \sum_{p=1}^{N_g} \frac{Y_{gp}}{Y_g} \log\left(\frac{Y_{gp}/Y_g}{GDP_i/GDP_g}\right)$$

其中，ΔT 是两期泰尔指数的差值，T^{t+1} 和 T^t 分别表示向量两期的泰尔指数，$\Delta \sum_{g=1}^{G} \frac{Y_g}{Y} \log\left(\frac{Y_g/Y}{GDP_g/N}\right)$、$\Delta \sum_{g=1}^{G} \frac{Y_g}{Y} \sum_{p=1}^{N_g} \frac{Y_{gp}}{Y_g} \log\left(\frac{Y_{gp}/Y_g}{GDP_i/GDP_g}\right)$ 分别表示相邻两期组之间差距和组内差距的差值，其可写为：

$$\Delta \sum_{g=1}^{G} \frac{Y_g}{Y} \log\left(\frac{Y_g/Y}{GDP_g/N}\right)$$

$$= \left[\sum_{g=1}^{G} \frac{(Y_g^{t+1})''}{(Y^{t+1})''} \log\left(\frac{(Y_g^{t+1})''/(Y^{t+1})''}{GDP_g^t/GDP^t}\right) - \sum_{g=1}^{G} \frac{Y_g^t}{Y^t} \log\left(\frac{(Y_g^t)'/(Y^t)'}{GDP_g^t/GDP^t}\right) \right]$$

$$+ \left[\sum_{g=1}^{G} \frac{(Y_g^{t+1})'}{(Y^{t+1})'} \log\left(\frac{(Y_g^{t+1})'/(Y^{t+1})'}{GDP_g^{t+1}/GDP^{t+1}}\right) - \sum_{g=1}^{G} \frac{(Y_g^{t+1})''}{(Y^{t+1})''} \log\left(\frac{(Y_g^{t+1})''/(Y^{t+1})''}{GDP_g^t/GDP^t}\right) \right]$$

$$\tag{5-8}$$

$$\Delta \sum_{g=1}^{G} \frac{Y_g}{Y} \sum_{p=1}^{N_g} \frac{Y_{gp}}{Y_g} \log \left(\frac{Y_{gp}/Y_g}{GDP_i/GDP_g} \right)$$

$$= \left[\sum_{g=1}^{G} \frac{(Y_g^{t+1})''}{(Y^{t+1})''} \sum_{p=1}^{N_g} \frac{(Y_{gp}^{t+1})''}{(Y_g^{t+1})''} \log \left(\frac{(Y_{gp}^{t+1})''/(Y_g^{t+1})''}{GDP_i^t/GDP_g^t} \right) \right.$$

$$\left. - \sum_{g=1}^{G} \frac{(Y_g^t)'}{(Y^t)'} \sum_{p=1}^{N_g} \frac{(Y_{gp}^t)'}{(Y_g^t)'} \log \left(\frac{(Y_{gp}^t)'/(Y_g^t)'}{GDP_i^t/GDP_g^t} \right) \right] \qquad (5-9)$$

$$+ \left[\sum_{g=1}^{G} \frac{(Y_g^{t+1})'}{(Y^{t+1})'} \sum_{p=1}^{N_g} \frac{(Y_{gp}^{t+1})'}{(Y_g^{t+1})'} \log \left(\frac{(Y_{gp}^{t+1})'/(Y_g^{t+1})'}{GDP_i^{t+1}/GDP_g^{t+1}} \right) \right.$$

$$\left. - \sum_{g=1}^{G} \frac{(Y_g^{t+1})''}{(Y^{t+1})''} \sum_{p=1}^{N_g} \frac{(Y_{gp}^{t+1})''}{(Y_g^{t+1})''} \log \left(\frac{(Y_{gp}^{t+1})''/(Y_g^{t+1})''}{GDP_i^t/GDP_g^t} \right) \right]$$

式（5-9）中，Y_{gp}^{t+1} 和 Y_{gp}^t 表示各省份相邻两期绿色发展水平值，Y_g^{t+1} 和 Y_g^t 表示各地区相邻两期合计绿色发展水平值，Y^{t+1} 和 Y^t 表示全国相邻两期绿色发展水平值。其中 $(Y_{gp}^{t+1})'' = Y_{gp}^{t+1} \times GDP_{gp}^t$ 表示各省份以 t 期 GDP 为权重的 t+1 期的绿色发展水平值；$(Y_g^{t+1})''$ 表示各地区以 t 期 GDP 为权重的 t+1 期绿色发展水平值之和，$(Y_g^{t+1})'' = \sum_{p=1}^{N_g} (Y_{gp}^{t+1})''$；$(Y^{t+1})''$ 表示全国以 t 期 GDP 为权重的 t+1 期绿色发展水平值之和，$(Y^{t+1})'' = \sum_{g=1}^{G} (Y_g^{t+1})''$，GDP 在计算时均平减为不变价格（基期=1990 年）。由式（5-8）和式（5-9）可得：

$$\Delta T = T^{t+1} - T^t$$

$$= \Delta \sum_{g=1}^{G} \frac{Y_g}{Y} \log \left(\frac{Y_g/Y}{GDP_g/N} \right) + \Delta \sum_{g=1}^{G} \frac{Y_g}{Y} \sum_{p=1}^{N_g} \frac{Y_{gp}}{Y_g} \log \left(\frac{Y_{gp}/Y_g}{GDP_i/GDP_g} \right)$$

$$= \left[\overbrace{\sum_{g=1}^{G} \frac{(Y_g^{t+1})''}{(Y^{t+1})''} \log \left(\frac{(Y_g^{t+1})''/(Y^{t+1})''}{GDP_g^t/GDP^t} \right)}^{生产效应} \right.$$

$$\left. - \overbrace{\sum_{g=1}^{G} \frac{Y_g^t}{Y^t} \log \left(\frac{(Y_g^t)'/(Y^t)'}{GDP_g^t/GDP^t} \right)}^{生产效应} \right]$$

$$
+\left[\sum_{g=1}^{G}\frac{(Y_g^{t+1})''}{(Y^{t+1})''}\sum_{p=1}^{N_g}\frac{(Y_{gp}^{t+1})''}{(Y_g^{t+1})''}\overset{\text{生产效应}}{\log\left(\frac{(Y_{gp}^{t+1})''/(Y_g^{t+1})''}{GDP_i^t/GDP_g^t}\right)}\right.
$$

$$
\left.-\sum_{g=1}^{G}\frac{(Y_g^t)'}{(Y^t)'}\sum_{p=1}^{N_g}\frac{(Y_{gp}^t)'}{(Y_g^t)'}\overset{\text{生产效应}}{\log\left(\frac{(Y_{gp}^t)'/(Y_g^t)'}{GDP_i^t/GDP_g^t}\right)}\right] \qquad (5-10)
$$

$$
+\left[\sum_{g=1}^{G}\frac{(Y_g^{t+1})'}{(Y^{t+1})'}\overset{\text{结构效应}}{\log\left(\frac{(Y_g^{t+1})'/(Y^{t+1})'}{GDP_g^{t+1}/GDP^{t+1}}\right)}\right.
$$

$$
\left.-\sum_{g=1}^{G}\frac{(Y_g^{t+1})''}{(Y^{t+1})''}\overset{\text{结构效应}}{\log\left(\frac{(Y_g^{t+1})''/(Y^{t+1})''}{GDP_g^t/GDP^t}\right)}\right]
$$

$$
+\left[\sum_{g=1}^{G}\frac{(Y_g^{t+1})'}{(Y^{t+1})'}\sum_{p=1}^{N_g}\frac{(Y_{gp}^{t+1})'}{(Y_g^{t+1})'}\overset{\text{结构效应}}{\log\left(\frac{(Y_{gp}^{t+1})'/(Y_g^{t+1})'}{GDP_i^{t+1}/GDP_g^{t+1}}\right)}\right.
$$

$$
\left.-\sum_{g=1}^{G}\frac{(Y_g^{t+1})''}{(Y^{t+1})''}\sum_{p=1}^{N_g}\frac{(Y_{gp}^{t+1})''}{(Y_g^{t+1})''}\overset{\text{结构效应}}{\log\left(\frac{(Y_{gp}^{t+1})''/(Y_g^{t+1})''}{GDP_i^t/GDP_g^t}\right)}\right]
$$

本书借鉴偏离—份额法的定义将泰尔指数的变动分解为生产效应和结构效应，其中生产效应与上期相比，在 GDP 加权权重不变的情况下，由于绿色发展水平的变动，即绿色发展水平的缩小或扩大，带动全国绿色发展泰尔指数的变动情况，反映了不同地区不同的绿色发展效果对泰尔系数变动所带来的影响。结构效应反映了与上年相比，在绿色发展水平不变的情况下，由于各地区生产总值结构的变化对泰尔指数变动的影响，因此结构效应也可以理解为因泰尔指数与经济规模不匹配而形成的变化。

5.2.2　分析结果

本书对全国各地区绿色发展泰尔指数变动情况的分解如表 5-4、表 5-5、表 5-6 所示。

表 5 – 4　1997 ~ 2016 年全国各地区绿色发展泰尔指数变动分解（基期 = 1996 年）

年份	生产效应			结构效应			合计
	区域间	区域内	小计	区域间	区域内	小计	
1997	0.0065	- 0.0558	- 0.0493	- 0.0003	0.0541	0.0538	0.0045
1998	0.0032	- 0.0535	- 0.0503	- 0.0001	0.0656	0.0656	0.0153
1999	0.0045	- 0.0669	- 0.0624	- 0.0003	0.0730	0.0727	0.0103
2000	- 0.0048	- 0.0715	- 0.0763	0.0000	0.0125	0.0125	- 0.0638
2001	- 0.0038	- 0.0144	- 0.0182	0.0001	0.0173	0.0174	- 0.0008
2002	0.0034	- 0.0194	- 0.0160	0.0001	0.0236	0.0237	0.0076
2003	0.0025	- 0.0308	- 0.0283	0.0002	0.0365	0.0367	0.0083
2004	0.0025	- 0.0339	- 0.0315	0.0001	0.0340	0.0340	0.0026
2005	- 0.0033	- 0.0355	- 0.0388	0.0001	0.0290	0.0291	- 0.0096
2006	- 0.0035	- 0.0288	- 0.0323	- 0.0001	0.0289	0.0288	- 0.0035
2007	0.0031	- 0.0293	- 0.0263	0.0003	0.0315	0.0318	0.0056
2008	- 0.0024	- 0.0313	- 0.0337	0.0001	0.0234	0.0235	- 0.0102
2009	- 0.0012	- 0.0280	- 0.0293	- 0.0001	0.0243	0.0242	- 0.0050
2010	- 0.0017	- 0.0292	- 0.0309	0.0002	0.0249	0.0251	- 0.0058
2011	- 0.0011	- 0.0261	- 0.0272	0.0004	0.0268	0.0272	0.0000
2012	- 0.0028	- 0.0252	- 0.0280	0.0003	0.0218	0.0221	- 0.0058
2013	- 0.0041	- 0.0198	- 0.0239	0.0001	0.0145	0.0147	- 0.0092
2014	- 0.0004	- 0.0154	- 0.0158	0.0000	0.0245	0.0244	0.0086
2015	- 0.0034	- 0.0188	- 0.0222	- 0.0002	0.0214	0.0212	- 0.0010
2016	- 0.0006	- 0.0279	- 0.0285	- 0.0001	0.0237	0.0235	- 0.0050
合计	- 0.0076	- 0.6616	- 0.6692	0.0009	0.6113	0.6122	- 0.0570

资料来源：作者计算整理。

表 5 - 5　　1997 ~ 2016 年东部、中部、西部、东北部地区绿色发展泰尔
指数分区域变动分解（基期 = 1996 年）

年份	生产效应				结构效应			
	东北部	东部	中部	西部	东北部	东部	中部	西部
1997	- 0.0014	- 0.0333	0.0138	- 0.0284	0.0014	0.0454	- 0.0132	0.0202
1998	- 0.0017	- 0.0415	0.0135	- 0.0206	0.0028	0.0526	- 0.0125	0.0227
1999	- 0.0031	- 0.0505	0.0130	- 0.0217	0.0023	0.0627	- 0.0124	0.0201
2000	- 0.0037	- 0.0624	0.0112	- 0.0214	0.0016	0.0056	- 0.0124	0.0177
2001	- 0.0028	- 0.0103	0.0131	- 0.0182	0.0010	0.0131	- 0.0131	0.0164
2002	- 0.0016	- 0.0121	0.0133	- 0.0157	- 0.0006	0.0211	- 0.0130	0.0161
2003	0.0007	- 0.0258	0.0135	- 0.0167	0.0017	0.0274	- 0.0125	0.0200
2004	- 0.0014	- 0.0237	0.0137	- 0.0201	0.0022	0.0261	- 0.0125	0.0183
2005	- 0.0029	- 0.0268	0.0108	- 0.0199	0.0024	0.0221	- 0.0118	0.0164
2006	- 0.0021	- 0.0246	0.0105	- 0.0161	0.0042	0.0212	- 0.0119	0.0152
2007	- 0.0045	- 0.0205	0.0149	- 0.0162	0.0040	0.0243	- 0.0133	0.0167
2008	- 0.0046	- 0.0247	0.0124	- 0.0167	0.0045	0.0153	- 0.0135	0.0172
2009	- 0.0049	- 0.0189	0.0127	- 0.0182	0.0029	0.0173	- 0.0135	0.0174
2010	- 0.0032	- 0.0209	0.0112	- 0.0180	0.0022	0.0160	- 0.0119	0.0188
2011	- 0.0015	- 0.0188	0.0121	- 0.0190	0.0018	0.0174	- 0.0124	0.0204
2012	- 0.0026	- 0.0178	0.0125	- 0.0200	0.0000	0.0130	- 0.0135	0.0227
2013	0.0000	- 0.0144	0.0123	- 0.0218	0.0000	0.0035	- 0.0142	0.0254
2014	- 0.0005	- 0.0036	0.0131	- 0.0248	- 0.0001	0.0154	- 0.0143	0.0234
2015	0.0001	- 0.0117	0.0132	- 0.0238	- 0.0002	0.0122	- 0.0143	0.0236
2016	- 0.0002	- 0.0180	0.0132	- 0.0235	- 0.0002	0.0168	- 0.0135	0.0205
合计	- 0.0419	- 0.4805	0.2541	- 0.4009	0.0338	0.4486	- 0.2596	0.3893

资料来源：作者计算整理。

表 5 - 6 1997 ~ 2016 年西部地区绿色发展泰尔指数变动分解 (基期 = 1996 年)

年份	生产效应			结构效应		
	小计	区域间	区域内	小计	区域间	区域内
1997	- 0.0284	0.0019	- 0.0304	0.0202	- 0.0001	0.0204
1998	- 0.0206	0.0002	- 0.0208	0.0227	- 0.0001	0.0228
1999	- 0.0217	0.0010	- 0.0227	0.0201	- 0.0002	0.0203
2000	- 0.0214	- 0.0002	- 0.0212	0.0177	- 0.0001	0.0178
2001	- 0.0182	- 0.0010	- 0.0173	0.0164	0.0000	0.0164
2002	- 0.0157	0.0009	- 0.0166	0.0161	0.0000	0.0161
2003	- 0.0167	0.0002	- 0.0169	0.0200	0.0000	0.0200
2004	- 0.0201	0.0001	- 0.0203	0.0183	- 0.0001	0.0184
2005	- 0.0199	- 0.0007	- 0.0192	0.0164	0.0000	0.0164
2006	- 0.0161	- 0.0002	- 0.0159	0.0152	0.0000	0.0153
2007	- 0.0162	- 0.0001	- 0.0160	0.0167	0.0001	0.0167
2008	- 0.0167	- 0.0003	- 0.0164	0.0172	0.0002	0.0171
2009	- 0.0182	- 0.0004	- 0.0179	0.0174	0.0002	0.0172
2010	- 0.0180	- 0.0002	- 0.0178	0.0188	0.0002	0.0187
2011	- 0.0190	- 0.0003	- 0.0187	0.0204	0.0003	0.0201
2012	- 0.0200	- 0.0005	- 0.0195	0.0227	0.0003	0.0224
2013	- 0.0218	- 0.0004	- 0.0214	0.0254	0.0002	0.0252
2014	- 0.0248	0.0005	- 0.0253	0.0234	0.0001	0.0232
2015	- 0.0238	- 0.0007	- 0.0231	0.0236	0.0001	0.0235
2016	- 0.0235	- 0.0001	- 0.0233	0.0205	0.0001	0.0204
合计	- 0.4009	- 0.0001	- 0.4008	0.3893	0.0010	0.3883

资料来源: 作者计算整理。

从表 5 - 1 中可知, 研究周期内全国绿色发展泰尔指数从 1996 年的 0.1480 下降到 2016 年的 0.0909, 平均每年下降幅度为 2.4%。表 5 - 4 展示了 1996 ~ 2016 年全国绿色发展水平泰尔指数各年变动的构成。研究周期内，生产效应使得全国绿色发展泰尔指数累计下降 0.6692，平均每年下降 0.0334；结构效应使得全国绿色发展泰尔指数累计上升 0.6122，平均每年上升 0.0306，在两者共同作用下，全国各地区绿色发展的差异呈现小幅缩小的趋势。可以看出，生产效应是全国绿色发展差异缩小的主要原因。生产效应反映了在区域经济结构影响不变的条件下，落后地区加快绿色发展，对绿色发展区域差异的影响，是各地区通过共同提高绿色发展水平而降低绿色发展不均衡性的结果，且绿色发展水平较低地区的改善速度高于发展水平较高的地区。结构效应是在绿色发展水平不变的情况下，由于区域生产总值经济比重的变化而对绿色发展产生的影响。表 5-4 中，结构效应为正值，扩大了区域绿色发展不平衡的现象，说明绿色发展水平较高的地区，其 GDP 比重提升较慢；而绿色发展水平较低的地区，其 GDP 比重上升较快。这在第 4 章西部地区与东部地区绿色发展效率的比较中已经得到验证，说明绿色发展的"马太效应"开始显现。进一步深入分析发现，不管是生产效应还是结构效应，区域内的影响明显大于区域间的影响，区域间泰尔指数的生产效应累计下降 0.6612，平均每年下降 0.033；区域间的结构效应累计上升 0.6113，平均每年上升 0.031。说明生产效应、结构效应同样存在较为明显的区域板块特征，这与静态差异分析的结果相吻合。

在西部地区泰尔指数的变动中，生产效应累计带动绿色发展泰尔指数下降 0.4009，平均每年下降 0.02；结构效应累计带动绿色发展泰尔指数上升 0.3893，平均每年上升 0.0195。两者共同作用下，使得西部地区绿色发展差异呈小幅下降趋势。根据表 5-5 可知，在生产效应中东部、西部地区对全国的影响分别为 71%、60%；在结构效应中东部、西部地区对全国的影响分别为 73%、63.6%，西部地区仅次于东部地区。进一步分析发现，西部地区的区域内生产效应累计降低西部地区泰尔指数 0.4008，区域内结构效应累计增加西部地区泰尔指数 0.3883，区域内的生产效应变动成为影响西部地区绿色发展差异的主要因素。说明西部地区内部，由于加快绿色发展而形成的趋同缩小了西部地区绿色发展差异，而西部地区内部绿色发展水平较高的省份，其 GDP 在区域内部比重的提高扩大了西部地区内部的绿色发展差异，说明西部地区内部绿色发展存在"马太效应"。

这些可以从西部地区的现状得以验证。西部地区甘肃、贵州是绿色发展相对落后的省份，而广西则是绿色发展较好的省份。1996 年甘肃、贵州绿色发展水平值为 0.3438、0.4336，分别为广西绿色发展水平值的41.3%、52%；到了 2016 年，甘肃、贵州绿色发展水平值为 0.439、0.5212，分别是广西绿色发展水平值的 50%、58.3%，差异在缩小。说明甘肃、贵州虽然仍然处于相对落后的地位，但是通过提高自身绿色发展水平，与广西的差距呈现缩小的态势，这印证了西部地区内部生产效应改善而带动绿色发展差异的降低。而结构效应变动的原因是西部地区绿色发展水平改善明显的省份也是地区经济大省，而绿色发展水平提升滞后的省份经济份额也在下降：重庆、四川、陕西在研究周期内的绿色发展水平分别从 2007 ~ 2010 年的 - 0.0072、0.081、0.057 提高到 2011 ~ 2016 年的0.158、0.194、0.1041，该三省按照 1990 年不变价格计算的 GDP 在西部地区的比重也在不断提高，分别从 1997 年的 9.4%、24.2%、9.9% 提高到 2016 年的 10.9%、24.8%、10.6%，呈现出"经济发展、绿色提升"的"双高"现象，对提高西部地区绿色发展水平贡献相当大。与此相对应的是新疆、宁夏、甘肃三个省区绿色发展水平从 2007 ~ 2010 年的0.1776、0.0348、0.0051 变化为 2011 ~ 2016 年的 0.0094、0.0257、0.0622，该三省区的 GDP 占西部的比重分别从 1997 年的 7.2%、1.54%、6.17% 下降到 2016 年的 5.7%、1.41%、5.3%，与重庆、四川、陕西的发展相比呈现两极化，扩大了西部地区绿色发展整体差异，这说明要重视经济落后地区的绿色发展。

5.3 本章小结

中国各地区由于地理、历史、资源、经济、人口等因素的不同而产生地区差异。特别是西部地区地域辽阔，经济发展、生态保护、资源禀赋差异性明显，这些都会对西部地区绿色发展水平产生影响。为了更加全面地分析、对比西部地区绿色发展状况，本章构建绿色发展水平区域差异分析模型，引入泰尔指数，从静态和动态两个维度对西部及其他地区绿色发展水平的差异进行分析。静态分析中，泰尔指数被分解为区域内和区域间差异，为探究西部与其他地区绿色发展水平区域差异的深层次原因提供了新的路径。就西部地区而言，西部地区的绿色发展异质性下降，对缩小全国绿色发展水平不均衡性同样也产生了一定的影响，西部地区绿色发展泰尔指数下降主要是区域内差异下降所导致，说明西部地区绿色发展相对落后的地区加快发展，出现了赶超现象。

在动态分析中，借鉴偏离—份额法的定义将泰尔指数的变动分解为生产效应和结构效应。就西部而言，生产效应泰尔指数累计降低值为0.4009；西部地区结构效应累计扩大了泰尔指数0.3893，仅西部区域内结构效应的影响值就达到了0.3883，影响十分明显。这说明在西部地区内部各省区市经济发展速度和规模不同，形成了新的绿色发展水平差异。

第6章
西部地区绿色发展机制实证检验

第3章构建了西部地区绿色发展机制模型，将绿色发展机制分解为动力机制、激励机制、约束机制、保障机制，从理论上揭示了绿色发展系统的运行机制和自我发展、完善的内生机理，是本章研究的理论基础和前提。第4章测度了西部地区绿色发展水平，第5章分析了西部地区与其他地区绿色发展水平差异。上述研究为实证检验绿色发展机制奠定了基础，本章将根据前文研究结果，实证检验动力机制、激励机制、约束机制、保障机制中不同政策工具的实施效果，揭示西部地区绿色发展中不同政策工具、规划手段的有效性，为制定西部地区绿色发展可行路径提供实践依据。

6.1 动力机制检验

6.1.1 检验方法

本书构建经济计量模型，从内部和外部两个视角实证检验绿色发展动力机制。模型如下：

$$greenindex = C + \beta_1 exter_{i,t} + \beta_2 inner_{i,t} + \beta_3 inp_{i,t} + \beta_4 fip_{i,t} + \beta_5 urp_{i,t}$$
$$+ \beta_6 edup_{i,t} + \beta_7 r\&d_{i,t} + \beta_8 eip_{i,t} + \beta_9 road_{i,t} + \beta_{10} popu_{i,t} + \delta$$

$$(6-1)$$

（1）被解释变量。greenindex 为绿色发展水平，采用绿色发展效率及其对经济发展贡献的乘积作为被解释变量，数据来源于第4章的计算结果。

（2）外部动力衡量指标。exter 用以衡量"中等收入陷阱"推动绿色发展的动力，本书以人均 GDP（pc-gdp）、人均收入（pc-income）作为表征指标，资料来源于《中国统计年鉴》各年数据。为了增加模型的稳定性，本书分别采用当年价格（pc-gdp、pc-income）和基期为1990年的不变价格（pc-gdp1990、pc-income1990）加以检验。

（3）内部动力衡量指标。政治晋升情况则体现了地方政府发展的政绩观和动力大小。本书从政府领导的变更视角来衡量在政治竞争背景下，地方政府领导的政治晋升意愿：

$$inner = time \times promote \times region \qquad (6-2)$$

time 是任职时间，理论上任职时间越长其政治晋升意愿就越强烈，通过推动地方发展以在政治竞争中胜出的动力就越强；promote 是晋升系数，晋升系数既是政府领导在政治晋升中的晋升结果，且具有示范效应。

（4）控制变量。inp 为经济结构中第二产业增加值的贡献，用来衡量产业转型的效果，计算时各年的第二产业增加值和 GDP 总值均平减为1990年的不变价格。fip 为固定资本形成率，即固定资本形成额占当年 GDP 比重，用以表示经济的发展方式，计算时需要利用固定资产投资价格指数将各年固定资本形成额平减为1990年的不变价格。urp 为城镇化水平，利用城市常住人口占总常住人口的比例来表征。edup 为教育经费占 GDP 比重，用来判断教育投入水平。r&d 为研发投入占 GDP 比重，反映创新投入强度情况。eip 为环境治理投入占 GDP 比重，用来检验生态治理

水平。为了避免内生性，本书将完全外生的指标公路里程 road、人口规模
popu 也作为控制变量。以上资料来源于《中国人口统计年鉴》《中国劳动
年鉴》《中国教育经费统计年鉴》《中国科技统计年鉴》《中国环境统计年
鉴》《中国固定资产投资统计年鉴》《中国财政统计年鉴》《中国交通统计
年鉴》等各年数据。

6.1.2　检验结果

6.1.2.1　描述性统计

各项指标的描述性统计结果如表 6 – 1 所示。

表 6 – 1　　　　西部地区绿色发展动力机制检验描述性统计

变量	样本数量	均值	标准差	最小值	最大值
greenindex	220	0.094	0.176	– 0.64	0.84
pc-gdp	220	9.448	0.877	7.70	11.18
pc-gdp1990	220	8.633	0.668	7.20	10.18
pc-income	220	8.546	0.730	7.42	10.01
pc-income1990	220	7.490	0.242	6.92	8.07
inner	220	5.810	2.876	1.00	13.20
fip	220	60.723	18.661	31.80	138.07
urp	220	38.425	10.488	14.04	62.60
inp	220	45.292	5.225	34.80	58.40
edup	220	5.295	1.250	2.38	9.83
eip	220	1.084	0.968	0.16	7.04
r&d	220	0.826	0.585	0.07	2.98
road	220	11.263	0.820	9.11	12.69
popu	220	7.841	0.792	6.21	9.05

资料来源：作者计算整理。

6.1.2.2 检验结果

西部地区绿色发展动力机制检验结果如表6-2所示。

表6-2　　　　　　　　西部地区绿色发展动力机制检验结果

变量	模型（1）	模型（2）	模型（3）	模型（4）	模型（5）	模型（6）
pc-gdp	0.120** （2.35）					
pc-gdp1990		0.155** （2.42）				
pc-income			0.113** （2.36）			
pc-income1990				0.627*** （2.84）		
inner					−0.002 （−0.34）	
L1. inner						−0.020** （−2.15）
fip	−0.004*** （−3.49）	−0.004*** （−3.38）	−0.004*** （−3.69）	−0.003** （−2.15）	−0.003*** （−2.82）	−0.002 （−1.41）
urp	−0.003 （−0.78）	−0.003 （−0.91）	−0.001 （−0.39）	−0.005 （−0.12）	0.004* （1.78）	0.004 （1.12）
inp	0.005 （1.29）	0.006 （1.58）	0.007* （1.85）	0.007* （1.90）	0.007* （1.93）	0.011*** （2.60）
edup	0.016 （1.12）	0.019 （1.43）	0.015 （1.13）	0.009 （0.55）	0.021 （1.53）	0.013 （0.72）
eip	0.010 （0.68）	0.001 （0.05）	0.007 （0.53）	0.008 （0.50）	0.007 （0.51）	0.003 （0.19）
r&d	−0.033 （−1.04）	−0.034 （−1.14）	−0.035 （−1.2）	−0.106 （−1.40）	−0.040 （−1.26）	−0.061 （−0.74）
road	−0.032 （−0.86）	−0.029 （−0.84）	−0.017 （−0.52）	−0.026 （−0.50）	0.015 （0.50）	0.030 （0.64）
popu	0.012 （0.3）	0.006 （0.16）	0.000 （0.00）	−0.865*** （−2.84）	0.010 （0.296）	−0.855*** （−2.69）

续表

变量	模型（1）	模型（2）	模型（3）	模型（4）	模型（5）	模型（6）
_cons	− 0. 697 ** （− 2. 46）	− 0. 952 *** （− 2. 97）	− 0. 735 *** （− 2. 62）	2. 386 （1. 03）	− 0. 513 * （− 1. 88）	
R-squared	0. 4678	0. 5667	0. 4705	0. 1186	0. 3495	0. 102
Wald chi2（n）	21. 09 ***	23. 67 ***	23. 35 ***	3. 16 ***	16. 52 *	
模型类别	随机效应	随机效应	随机效应	固定效应	随机效应	GMM
Davidson-MacKinnon（内生性检验）	0. 55	0. 05	0. 07	0. 40	2. 74 *	
Anderson LM（工具变量识别不足检验）						92. 18 ***
Cragg-Donald Wald F（弱工具变量检验）						6. 462
工具变量						L1. inner

注：***，**，*分别表示变量在1%、5%和10%的水平上显著；固定效应模型括号内数字为z值，随机效应模型括号内为t值（下同）。

表6－2展示了西部地区绿色发展机制的检验结果，其中模型（1）至模型（4）为外部动力检验结果，模型（5）至模型（6）为内部动力检验结果。模型1～4中不论是采用当年价还是采用不变价（基期＝1990年）计算的pc-gdp、pc-gdp1990、pc-income、pc-income1990，均通过显著性检验，说明跨越"中等收入陷阱"作为外部动力，对于西部地区加快转变经济发展方式，推动绿色发展能够产生明显的牵引动力。

"中等收入陷阱"实质是一个形象化概念，是中等收入国家或地区在发展的某一时期，原有发展模式存在的问题和矛盾日益显露，发展优势日益平庸化甚至消失，从而使得经济体长期停留在这一阶段。这一时期，由于经济社会面临着巨大的压力，因而必须实施一系列的转型措施。就西部地区而言，2016年西部地区人均GDP为41981元人民币，折合为6322美元[①]，

---

① 根据中国统计年鉴2017手工计算得出。

已步入工业化中后期，按照世界银行 2017 年的标准，已经进入中等收入国家标准线，面临"中等收入陷阱"的威胁。西部地区面临的转型压力可分为：一是经济发展方式必须由粗放型向效益型转变；二是产业结构由资源驱动型向价值驱动型转变；三是生态资源环境由"存量消耗型"向"增量建设型"转变；四是社会阶层结构由高低收入较多的"哑铃型"向中产收入较多的"橄榄型"转变；五是生活方式由农业社会生活向工业社会生活转变等。绿色发展的本质是转变经济发展方式，从要素投入驱动向创新驱动、效率驱动转变，要求提高投入产出效率，在经济发展投入下降或不变的情况下，实现经济产出的增长。在资源和环境维度中，要求在资源和环境存量不变甚至改善的条件下，实现经济的增长，因而它是高质量的发展。可见，绿色发展体现了跨越"中等收入陷阱"的要求。

从中国的发展实际来看，由于发展差异极大，中国不仅面临着"中等收入陷阱"的挑战，还面临着跨越中等收入周期长、难度大的挑战。2017 年，我国东部十省的人均 GDP 达到 12000 美元[1]，迈向高收入阶段。而西部地区的人均 GDP 不足 7000 美元，因此，中国跨越"中等收入陷阱"是一项长期的挑战，而生态环境的压力将延长这一周期（王继源和贾若祥，2018），所以必须坚定地、尽早地实施发展方式转型。西部地区面临发展与保护的双重压力，在经济发展、资源保护、环境恶化多重压力叠加下，经济发展面临更多不确定因素，与东部等其他地区相比甚至有停滞或倒退的危险。西部地区 1996 年以 1990 年不变价格衡量的人均 GDP 为 2022.64 元，较东部地区少 2888 元，到 2016 年差距增加到 15699.94元。1996 年西部地区以 1990 年不变价格衡量的单位 GDP 能耗为 4.81 吨/万元，是东部地区的 1.71 倍，到 2016 年西部单位 GDP 能耗为东部的1.88 倍[2]，所以西部地区对经济转型的要求更为迫切。跨越"中等收入陷阱"意味着经济社会发展转型成功，经济发展步入更高的发展阶段；而

---

[1][2]　根据中国统计年鉴 2017 手工计算得出。

落入"陷阱"则意味着还要承受较长一段时间的"阵痛"，也将错过新时代发展的新机遇。可见，从跨越"中等收入陷阱"的历史高度出发推动绿色发展，不断提高绿色发展水平，西部地区发展的转型才能成功，才能实现永续发展，这是推动绿色发展的外部动力。党的十八届五中全会提出将绿色列入破解发展难题、厚植发展优势、增强发展动力的指导理念，这是在深刻总结发达国家经验教训和综合研判国内发展态势基础上形成的，是我国应对"中等收入陷阱"、全面建成小康社会，实现中华民族伟大复兴的行动指南。

模型5和模型6展示了内部动力检验结果。模型5中使用当期的政治晋升值为解释变量时，地方政府领导的政治晋升与绿色发展并不显著，而且出现了内生性问题；当模型6使用了滞后一期的政治晋升值时，政治晋升与绿色发展显著相关，但其相关性为负值。相关系数为负值，说明地方政府主要领导的政治晋升愿望与绿色发展水平呈相反作用关系。何爱平（2019）认为由于政治晋升导致地方政府的发展竞争对绿色效率产生了负面影响。西部地区各个地方政府为了能在竞争的排名中取得较好位置，往往会关注经济规模和GDP发展速度，对重工业产业特别是那些产值高、就业人数多的重化工、重冶金项目较为支持，吸收东部沿海地区产业转移：2017年西部地区的硫酸、纯碱、烧碱、水泥产量分别占全国的47.83%、29.46%、25.90%、33.8%，较1999年分别提高了18.77%、14.80%、12.21%、10.01%[①]，西部地区高耗能、高污染的重工业在全国的比重明显提高，并不利于西部地区的绿色发展。此外，地方政府为了实现经济上的"追赶超越"，地方财政优先用于扩大经济发展规模，环境保护支出的空间被压缩：2017年西部地区节能环保支出占财政支出的比例为2.73%，反而较2010年的3.6%下降了近一个百分点。[②] 西部经济虽然实现了较快发展，但降低了发展质量。

---

①②　根据中国统计年鉴2017手工计算得出。

在当前考核模式下，西部地区地方政府推动绿色发展、实施经济转型的意愿并不强烈。粗放式、见效快的投资拉动型产业更容易获得地方政府支持，这往往会造成绿色经济发展效率低下，并不利于绿色发展，因而绿色发展水平与其政治晋升值形成了负向反差。本书研究结果看似是地方政府官员的绿色发展意愿与绿色发展水平呈负相关，而实质是中央政府绿色发展"指挥棒"的缺失，这才是绿色发展内部动力负相关的根本原因。

6.1.2.3　内生性和稳健性问题

表 6-2 的模型（1）至模型（4）分别采用当年价人均 GDP、1990 年不变价人均 GDP、当年价人均收入、1990 年不变价人均收入来分别检验经济发展水平对绿色发展的影响，结果显示来自外部的绿色发展动力对提高绿色发展水平的影响是稳定的。在内生性检验中，本书首先采用 Davidson-MacKinnon 检验（DMtest）来检验模型中是否存在内生性问题，该检验的原假设是内生性问题对 OLS 的估计结果影响不明显。模型（1）至模型（4）没有拒绝原假设，说明模型（1）至模型（4）并没有内生性问题。模型 5 中 Davidson-MacKinnon 检验结果说明模型 5 中采用当期政治晋升值与绿色发展水平的检验模型中存在内生性问题。因此，本书将滞后一期的政治晋升值作为工具变量，并采用 GMM 回归，发现内生性问题消失。这是因为虽然内部动力的当期值与干扰项可能存在相关性，但其滞后项却不会与当期干扰项相关。为了确保工具变量的合理性，本书又进行了识别不足和弱工具变量检验：采用 LM 统计量来检验工具变量的使用是否存在识别不足问题，该检验的原假设是工具变量与内生变量中最小的典型相关系数为零；拒绝原假设，则表明模型设定不存在识别不足问题，即工具变量与内生变量之间的相关性是足够强。采用 Cragg-Donald F 统计量检验模型来检验是否存在弱工具变量问题，该检验的原假设是工具变量与内生变量有较强的相关性。本书的检验结果说明模型不存在识别不足和弱工具变量问题。

6.2　激励机制检验

6.2.1　检验方法

本书构建经济计量模型，从环境税和政府补贴两个维度实证检验绿色发展激励机制。模型如下：

$$greenindex = C + \beta_1 tax_{i,t} + \beta_2 subsidy_{i,t} + \beta_3 inp_{i,t} + \beta_4 fip_{i,t} + \beta_5 urp_{i,t}$$

$$+ \beta_6 edup_{i,t} + \beta_7 r\&d_{i,t} + \beta_8 eip_{i,t} + \beta_9 road_{i,t} + \beta_{10} popu_{i,t} + \delta$$

$$(6-3)$$

（1）被解释变量。greenindex 为绿色发展水平，与动力机制检验模型相同，采用第 4 章的计算结果。

（2）环境税收指标。1982 年 2 月 5 日国务院发布的《征收排污费暂行办法》，经 2002 年 1 月 30 日国务院第 54 次常务会议通过自 2003 年 7 月 1 日起施行。2016 年 12 月 25 日全国人民代表大会常务委员会审议通过《中华人民共和国环境保护税法》，自 2018 年 1 月 1 日起施行。因此本书采用征收的环境排污费作为环境税收（tax）的衡量指标，资料来源于《中国环境年鉴》各年数据。鉴于矿产资源税的征收地点主要在矿产开采地区，受资源禀赋不同的影响，各省的矿产资源税收对象并不相同，难以比较，而资源使用价格中也包含矿产税收，难以分割，因此本书的研究主要为环境税收。

（3）绿色补贴衡量指标。环境补贴（subsidy）本书采用各省财政支出中关于环境方面的补贴支出，资料来源于实际调研数据。

（4）控制变量含义与前文相同。

6.2.2　检验结果

6.2.2.1　描述性统计

激励机制模型中各指标描述性统计如表6－3所示。

表6－3　　　　　　　　　　西部地区绿色发展激励机制描述性统计

变量	平均值	标准差	最小值	最大值
tax	9.783	1.106	5.85	11.52
subsidy	12.494	1.145	9.79	14.38

资料来源：作者计算整理。

6.2.2.2　检验结果

激励机制检验结果如表6－4所示。模型7是半对数方程检验结果，其使用方法见后文。

表6－4　　　　　　　　　　西部地区绿色发展激励机制检验结果

解释变量	模型（1）	模型（2）	模型（3）	模型（4）	模型（5）	模型（6）	模型（7）
tax	0.054** (2.34)	0.022* (2.32)	0.022* (1.78)				0.202* (1.66)
subsidy				0.028* (1.74)	0.035** (2.09)		0.289*** (2.74)
tax × subsidy						−0.018* (−1.76)	
fip	−0.008 (−0.58)	−0.002** (−2.37)	−0.001 (−1.39)	−0.003*** (−2.65)	−0.003*** (−2.88)	−0.002* (−1.76)	−0.003** (−2.02)

续表

解释变量	模型（1）	模型（2）	模型（3）	模型（4）	模型（5）	模型（6）	模型（7）
urp				0.001 （0.52）	0.001 （0.52）	−0.002 （−0.37）	
inp		0.008 ** （2.44）		0.004 （1.26）	0.004 （1.53）	0.003 （0.091）	
edup	−0.009 （−0.6）	0.013 （1.08）	0.000 （0.06）				
eip	0.021 （1.33）	0.010 （0.73）	0.016 （1.12）	0.011 （0.77）	0.008 （0.60）	0.005 （0.30）	
r&d		−0.029 （−1.02）	−0.001 （−0.03）		−0.033 （−1.28）	−0.139 * （−1.90）	−0.145 ** （−1.98）
popu	−0.739 ** （−2.37）					−0.765 ** （−2.54）	
_cons	5.434 ** （2.3）	−0.407 ** （−2.21）	−0.078 （−0.61）	−0.320 * （−1.82）	−0.400 ** （−2.14）	5.080 ** （2.24）	4.214 * （1.79）
R-squared	0.1505	0.202	0.1897	0.2254	0.2009	0.1840	0.1442
Wald chi2（n）	15.15 *	10.91 *	13.11 *	14.1 *	15.89 **	16.65 **	14.48 *
模型类别	随机效应	随机效应	随机效应	随机效应	随机效应	固定效应	固定效应
Davidson-MacK-innon（内生性检验）	0.7225	0.6471	0.9607	1.1767	1.0481	0.4541	0.1258

资料来源：作者计算整理。

　　表 6−4 展示了不同激励手段对于西部地区绿色发展水平的检验结果，其中模型 1 至模型 3 为环境税的检验结果，模型 4 至模型 5 为绿色补贴的检验结果，模型 6 为环境税与绿色补贴交乘项检验结果。模型 1 至模型 3 显示，在控制不同的变量之后，环境税均通过显著性检验，说明环境税对西部地区绿色发展具有显著的正向影响。环境税的实质是把污染者的外部性成本转化为内部成本，通过增加生产者的排污成本，从而达到控制污染排放的目标。我国长期执行的《排污费征收使用管理条例》中规定，排

污费主要针对污水排放、废气排放、固体废物排放、噪声超标、挥发性有机物排放、海洋污水排放等收取，可以看出工业污染源是主要征收对象。西部地区的产业结构特点，说明了西部地区环境税这一政策工具对于绿色发展的影响是较为明显的：一是西部地区第二产业快速发展，1996 年西部地区第二产业占 GDP 的比重为 39%，此后逐年提高，2012 年达到59.5% 的最高值，此后虽有所下降，但 2016 年仍然较全国平均水平高出 5个百分点。二是西部地区是全国产业转移承接地，随着东部地区产业结构的调整和优化，大量的重工业生产向西部转移。三是西部地区是我国主要的能源生产基地，以电力为例，自从实施西电东送工程以来，内蒙古、陕西主要向华北送电，四川、重庆主要向华东送电，云南、贵州、广西主要向华南送电，以弥补东部沿海地区的电力缺口。受上述因素影响，西部地区第二产业占全国第二产业比重从 1996 年的 15.92% 提高到 2016 年的20.08%；西部能源消费量占全国的比例从 1996 年的 23.6% 上升到 2016年的 27.5%，其中煤炭的消费量占全国的比重从 1996 年的 22.5% 提高到2016 年的 31.6%，而西部地区生产总值（不变价）占全国的比例仅从1996 年的 18.05% 提高到 2016 年的 18.57%。第二产业占比较高，并且高耗能产业发展较快，为排污费的调节效果提供了空间，也是排污费政策较为有效的主要因素。西部地区征收的排污费 1996 年占全国的比例为 18.4%，到 2016 年提高到 25.2%。与第二产业在全国的比重相比，西部地区排污费的比重明显偏高，印证了西部地区高污染行业较为集中的现实，再加上西部地区经济相对落后，有利于发挥环境税的杠杆作用，使得西部地区环境税对绿色发展具有明显激励效果。《排污费征收使用管理条例》中规定排污费的使用范围主要包括重点污染源防治、区域性污染防治、污染防治新技术、新工艺的开发、示范和应用、国务院规定的其他污染防治项目。西部地区收取的排污费较多，可以为环境治理提供资金支持。因此，西部地区通过环境税的政策手段，能较为直接地影响西部地区绿色发展水平。

环境是公共物品，环境的外部性特征明显，在环境的外部不经济性不能内化的情况下，环境补贴是一种有效的手段。我国的环境补贴主要包括支付现金、税收返还、贷款利率补贴、环境治理设备补贴和污染减排补贴等。在调研中发现，西部地区的绿色补贴主要用于退耕还林、退耕还草、鼓励企业开展环境治理、清洁生产。退耕还林始于 1999 年，四川、陕西、甘肃 3 省率先开展了退耕还林试点，2002 年 4 月发布《国务院关于进一步完善退耕还林政策措施的若干意见》，全面启动退耕还林工程。2002 年 12 月 6 日国务院通过《退耕还林条例》，退耕还林步入法制化管理轨道。从 1996 年启动退耕还林工程以来，中国政府累计投入 2000 亿元资金，其中，90% 将投入中西部地区。实施退耕还林后，平均每户可获得 3500 元补助，这些补助约占当地农民人均纯收入的比例超过 20%，宁夏、云南一些地区甚至达到了 45% 以上[①]。为延续补助政策，中央政府 2007 年投入 2000 多亿元退耕还林专项补助，其中 90% 投入中西部地区。在实施退耕还林工程中，国家将其与林权改革相结合，退耕后的林地约 64% 已确权到户[②]，保障投入人的长久收益，为绿色发展奠定产权基础。在退耕还林等政策扶持下，西部地区绿色补贴在全国处于相对较高水平：1996 年西部地区财政支出占全国财政支出的 23.8%，到 2016 年提高到 26.25%；而西部地区绿色补贴支出占全国绿色补贴支出的比例 1996 年为 37.4%，较财政支出比重高出近 14 个百分点，2002 年提高到 41.33%，2016 年为 29.1%，但仍然高出同期西部财政支出占全国比重近 3 个百分点。[③] 较高的绿色补贴为改善西部地区绿色发展水平提供了基础。以陕西省延安市为例，截至 2016 年底，延安共完成退耕还林 1077.46 万亩，占全市国土总面积的 19.4%，涉及 28.6 万农户，124.8 万农村人口。退耕还林后，全市的植被覆盖率 2016 年为 67.7%，较实施前提高了 21 个百分点；水土流

---

① 资料来源于 2007 年 10 月 10 日时任国家林业局副局长李育材在新闻发布会上的讲话。

② 国家再增 2000 亿退耕还林补助金 九成投向中西部［EB/OL］. 央视网，2007 - 10 - 11.

③ 根据中国统计年鉴 1997、中国统计年鉴 2017 手工计算得出。

失综合治理程度达到68%。退耕还林使得延安平均每年泥沙流失减少2亿吨，沙尘天气明显减少，城区空气"优、良"天数从2001年的238天增加到2016年的289天[1]，成为全国退耕还林第一市。正是在绿色环境补贴的作用下，西部地区退耕还林，增加了绿色覆盖，促进西部地区绿色发展水平的提高。

模型6显示，环境税与绿色补贴交乘项也通过显著性检验，说明环境税和绿色补贴两项政策工具也具有相互促进的效果。

6.2.2.3 内生性和稳健性问题

为了检验模型的稳定性，本书将解释变量tax替换为"环境税占环境治理支出的比例"，将解释变量subsidy替换为"绿色补贴占财政支出的比例"，检验结果均没有出现较大变化，说明模型是稳定的、可信的。本书采用Davidson – MacKinnon检验（DMtest）来检验模型中是否存在内生性问题，模型1至模型6均显示没有内生性问题。

6.2.2.4 激励机制政策工具有效性分析

上文分析结果显示，环境税和环境补贴对绿色发展具有正向显著性影响，但是这两个政策工具哪个效果更好，还需要做更深入的研究。本书引入基于回归方程的夏普利值分析方法，洞察两种政策工具对提高绿色水平的影响差异。

（1）夏普利值原理。

夏普利值是基于合作博弈论的贡献分配方法。一个联盟中的参与者能够通过合作获得额外的收益，考虑到有些参与者对联盟能够具有较大的贡献，或者具有不同于他人的议价能力，例如，可以威胁削弱联盟的剩余价

---

[1] 关于延安市退耕还林工程建设情况的调查 [EB/OL]. 延安市人民政府网站，2018 – 6 – 15.

值，因此，如何评价联盟中每个参与者的重要性及其期望的报酬是一个关键的问题，夏普利值则可以用来衡量不同参与者的重要性。

假设 N 是联盟中所有参与者的可能集合，N = {1, 2, 3, ···, n}，n 是联盟中人员总数量。N 的任意一个集合代表了 N 的一个任意子集 v(s)。x_i 为第 i 个参与者基于合作价值 v(n) 的应得利益。合作博弈（N，v）的夏普利值体现了分配规则：

$$\phi_i(v) = \sum_{s \in (N \backslash i)} \frac{|s|! \times (n - |s| - 1)!}{n!} [v(s \cup \{i\}) - v(s)] \quad (6-4)$$

$\phi_i(v)$ 是第 i 个参与者的价值，$N \backslash i$ 是除了 i 之外，其他所有参与者的可能集合。可理解为第 i 个参与者随机加入现有的 $N \backslash i$ 联盟，即除 i 之外的联盟，而对新联盟合作效应所带来的贡献，该贡献应为 i 参加所有合作的平均值。$|s|$ 是子集 s 中所有参与者的数量，$\frac{|s|! \times (n - |s| - 1)!}{n!}$ 是权重，是参与者 i 创造的合作联盟的贡献概率。v(s) 代表联盟 s 可能实现的最优值。

万（Wan，2004）将回归方程和夏普利值分解原理有机联系在一起，在一个统一的分析框架中计算出各影响因素对被解释变量贡献率大小，他的研究方法包括两个步骤：第一，建立一个收入决定方程。第二，根据给定的收入决定方程进行夏普利值分解，通过夏普利值计算各变量对于收入差距的贡献。

（2）激励机制政策工具夏普利值检验结果。

借鉴万（Wan，2004）的研究方法，首先需要确定决定方程，考虑到夏普利分解过程中的常数项的问题，为避免回归分解过程中常数项的贡献难以处理的问题，本书借鉴朱喜安（2019）和刘丹鹭（2017）的方法，决定方程采用半对数模型。为节约篇幅，仅列出最佳检验结果，即表 6-4 中的模型7。按照传统的回归模型，方程如下：

$$greenindex_{i,t}^* = C_{i,t} + \beta_1 tax_{i,t} + \beta_2 subsidy_{i,t} + \beta_3 fip_{i,t} + \beta_4 r\&d_{i,t} + \hat{\varepsilon} \quad (6-5)$$

$$LN(greenindex_{i,t}^*) = 4.214 + 0.202tax_{i,t} + 0.289subsidy_{i,t}$$
$$- 0.003fip_{i,t} - 0.145r\&d_{i,t} \qquad (6-6)$$

本书的决定方程选用了半对数模型，如果在分解时仍然使用绿色发展水平的对数作为被解释变量来实施分解，就会造成对绿色发展水平变量分布的扭曲（Yu，2014），所以本书在分解决定方程时对两边取了指数：

$$greenindex_{i,t}^* = 0.202tax_{i,t} + 0.289subsidy_{i,t} - 0.003fip_{i,t} - 0.145r\&d_{i,t}$$
$$(6-7)$$

式（6-6）中的常数项倍乘后被解释变量应该不会发生变化。因此，可以将其从上述方程中去掉而不会对结果产生任何影响。残差 $\hat{\varepsilon}$ 的作用可以表述为此方程中的变量所不能解释的收入差距部分。在理想的状态下，残差的影响为零，但一般来说，残差很少为零。

根据式（6-4）可以计算出式（6-7）中的每个因素的夏普利值，鉴于本书主要对比环境税和绿色补贴的贡献，因此只写出这两个因素的计算公式：

$$\phi(tax) = \frac{1}{4}\left[g(tax, subsidy, fip, r\&d) - g(\overline{tax}, subsidy, fip, r\&d) \right]$$

$$+ \frac{1}{12}\left[g(tax, \overline{subsidy}, fip, r\&d) - g(\overline{tax}, \overline{subsidy}, fip, r\&d) \right]$$

$$+ \frac{1}{12}\left[g(tax, subsidy, \overline{fip}, r\&d) - g(\overline{tax}, subsidy, \overline{fip}, r\&d) \right]$$

$$+ \frac{1}{12}\left[g(tax, subsidy, fip, \overline{r\&d}) - g(\overline{tax}, subsidy, fip, \overline{r\&d}) \right]$$

$$+ \frac{1}{12}\left[g(tax, \overline{subsidy}, \overline{fip}, r\&d) - g(\overline{tax}, \overline{subsidy}, \overline{fip}, r\&d) \right]$$

$$+ \frac{1}{12}\left[g(tax, \overline{subsidy}, fip, \overline{r\&d}) - g(\overline{tax}, \overline{subsidy}, fip, \overline{r\&d}) \right]$$

$$+ \frac{1}{12}\left[g(tax, subsidy, \overline{fip}, \overline{r\&d}) - g(\overline{tax}, subsidy, \overline{fip}, \overline{r\&d}) \right]$$

$$+ \frac{1}{4} \left[g(\text{tax}, \overline{\text{subsidy}}, \overline{\text{fip}}, \text{r\&d}) - g(\overline{\text{tax}}, \overline{\text{subsidy}}, \overline{\text{fip}}, \text{r\&d}) \right]$$

$$(6-8)$$

$$\phi(\text{subsidy}) = \frac{1}{4} \left[g(\text{tax}, \text{subsidy}, \text{fip}, \text{r\&d}) - g(\text{tax}, \overline{\text{subsidy}}, \text{fip}, \text{r\&d}) \right]$$

$$+ \frac{1}{12} \left[g(\overline{\text{tax}}, \text{subsidy}, \text{fip}, \text{r\&d}) - g(\overline{\text{tax}}, \overline{\text{subsidy}}, \text{fip}, \text{r\&d}) \right]$$

$$+ \frac{1}{12} \left[g(\text{tax}, \text{subsidy}, \overline{\text{fip}}, \text{r\&d}) - g(\text{tax}, \overline{\text{subsidy}}, \overline{\text{fip}}, \text{r\&d}) \right]$$

$$+ \frac{1}{12} \left[g(\text{tax}, \text{subsidy}, \text{fip}, \overline{\text{r\&d}}) - g(\text{tax}, \overline{\text{subsidy}}, \text{fip}, \overline{\text{r\&d}}) \right]$$

$$+ \frac{1}{12} \left[g(\overline{\text{tax}}, \text{subsidy}, \overline{\text{fip}}, \text{r\&d}) - g(\overline{\text{tax}}, \overline{\text{subsidy}}, \overline{\text{fip}}, \text{r\&d}) \right]$$

$$+ \frac{1}{12} \left[g(\overline{\text{tax}}, \text{subsidy}, \text{fip}, \overline{\text{r\&d}}) - g(\overline{\text{tax}}, \overline{\text{subsidy}}, \text{fip}, \overline{\text{r\&d}}) \right]$$

$$+ \frac{1}{12} \left[g(\text{tax}, \text{subsidy}, \overline{\text{fip}}, \overline{\text{r\&d}}) - g(\text{tax}, \overline{\text{subsidy}}, \overline{\text{fip}}, \overline{\text{r\&d}}) \right]$$

$$+ \frac{1}{4} \left[g(\overline{\text{tax}}, \text{subsidy}, \overline{\text{fip}}, \overline{\text{r\&d}}) - g(\overline{\text{tax}}, \overline{\text{subsidy}}, \overline{\text{fip}}, \overline{\text{r\&d}}) \right]$$

$$(6-9)$$

$\overline{\text{tax}}$，$\overline{\text{subsidy}}$，$\overline{\text{fip}}$，$\overline{\text{r\&d}}$分别为各年 subsidy，tax，fip，r&d 的平均值，g(x) 为根据式（6-7）采用不同指标原始值或平均值计算的拟合值。

本书利用上述公式计算的环境税和环境补贴激励政策措施对西部绿色发展水平贡献如表6-5所示。

表6-5列示了环境税和环境补贴的夏普利值分析结果（受篇幅所限，未列出其他变量分析结果）。可以看出，研究周期内在绿色发展的变动过程中，整体而言环境补贴的作用效果要高于环境税收，究其原因，一是中国只有排污费，征收范围相对较窄，而随着生活水平的提高，生活污染排放比重逐渐上升，主要面向企业征收的排污费效果有限；二是排污费的价

格相对较低，外部成本转化为内部成本的激励效果不明显，这也是排污费向环境税收改革的主要原因。但是从变动趋势来看，从 2011 年开始，西部地区的环境税对绿色发展变动的贡献已经超过了环境补贴，特别是随着环境税的实施，其已经成为绿色发展的主要激励政策工具。1996 年西部地区财政环境补贴等支出占财政支出的比例为 3.76%，到 2007 年提高到 3.98%；从 2008 后逐渐下降，到 2016 年占财政支出的比例为 3.02%。西部地区绿色补贴占全国绿色补贴的比例从 1996 年的 37.4% 提高到 2002 年的 41.3% 后①，开始逐渐下降，说明西部地区在绿色发展方面的补贴投入相对于全国而言，也是弱化的，补贴力度相对于其他地区是下降的，这也从另一个方面揭示了西部地区绿色补贴政策对于绿色发展水平的影响从研究周期后期开始不断下降的原因。虽然适度的政府补贴能显著改善企业的生产效率和市场存活，但由于补贴是利用政府公共资源对部分企业或个人进行的利益资助，高额补贴反而会诱使企业进行寻租和商业贿赂，因此容易引起寻租现象，这会导致企业非生产性支出的增加和创新激励的弱化（许家云和毛其淋，2016）。寻租还造成资源配置的低效率或资源误配，降低全社会发展效益，绿色发展水平也会受到影响，这也是绿色补贴贡献下降的一个原因。

表 6 – 5　　1997 ~ 2016 年西部地区绿色发展激励机制夏普利值检验结果　　单位：%

年份	环境税收贡献	环境补贴贡献
1997	− 28.89	− 11.54
1998	− 36.43	− 13.05
1999	− 34.71	− 13.60
2000	22.62	19.25

---

① 根据《中国统计年鉴 1997》《中国统计年鉴 2008》《中国统计年鉴 2003》《中国统计年鉴 2017》手工计算得出。

年份	环境税收贡献	环境补贴贡献
2001	-93.13	-39.29
2002	-77.56	-35.08
2003	30.01	12.81
2004	-8.45	9.56
2005	-12.18	28.55
2006	-34.68	28.45
2007	-21.58	14.53
2008	-13.98	17.46
2009	-12.31	1.53
2010	-2.19	10.80
2011	14.84	11.49
2012	14.70	-2.63
2013	41.56	13.29
2014	4.86	-8.25
2015	0.57	-19.99
2016	-5.94	-26.85
平均	-12.64	-0.13

资料来源：作者计算整理。

6.3　约束机制检验

6.3.1　检验方法

本书构建经济计量模型，从总量减排约束和单位强度约束两个维度实证检验绿色发展约束机制。模型如下：

$$greenindex = C + \beta_1 total_{i,t} + \beta_2 total - u_{i,t} + \beta_3 fip_{i,t} + \beta_4 urp_{i,t} + \beta_5 edup_{i,t}$$
$$+ \beta_6 r\&d_{i,t} + \beta_7 eip_{i,t} + \beta_8 road_{i,t} + \beta_9 popu_{i,t} + \delta \qquad (6-10)$$

（1）被解释变量。greenindex 为绿色发展水平，来源于第 4 章的计算结果。

（2）总量减排指标。本书从污染总量减排和能源降耗两个维度来衡量总量减排指标，其中总量指标 $total_{i,t}$ 分别从污染 totalpollution 和能源 totalenergy 两个维度来分析，totalpollution 为污染总量，为废水排放总量（万吨）、工业二氧化硫排放总量（万吨）、二氧化碳排放总量（万吨）的总和；totalenergy 为能源消耗总量（万吨标准煤）。各项资料来源于《中国环境年鉴》《中国统计年鉴》《中国能源统计年鉴》。

（3）单位强度减排指标。单位强度指标 $total\text{-}u_{i,t}$ 同样从污染和能源两个维度来分析，unpollution 为单位 GDP 带来造成的废水排放量（吨/万元 GDP）、工业二氧化硫排放总量（吨/万元 GDP）、二氧化碳排放总量（吨/万元 GDP）的总和；unenergy 为单位 GDP 消耗的能源（吨标准煤/万元 GDP）。各项资料来源于《中国环境统计年鉴》《中国统计年鉴》《中国能源统计年鉴》《中国工业统计年鉴》。

（4）控制变量含义与前文相同。

6.3.2 检验结果

6.3.2.1 描述性统计

各项指标的描述性统计如表 6-6 所示。

表 6 - 6　　　　　　　西部地区绿色发展激励机制描述性统计

变量	平均值	标准差	最小值	最大值
totalpollution	10. 28	7. 96	0. 001	35. 52
unpollution	60. 45	31. 53	0. 001	150. 20
totalenergy	6778. 81	4684. 33	707	20575
unenergy	4. 1169	1. 85	1. 32	10. 04

资料来源：作者计算整理。

6.3.2.2　检验结果

西部地区绿色发展约束机制检验结果如表 6 - 7 所示。

表 6 - 7　　　　　西部地区绿色发展约束机制检验结果（1）

解释变量	模型（1）	模型（2）	模型（3）	模型（4）	模型（5）	模型（6）
unpollution	- 0. 002 ** (- 2. 16)		- 0. 002 ** (- 2. 25)	- 0. 001 ** (- 2. 20)		- 0. 002 ** (- 2. 41)
totalpollution	- 0. 002 (- 0. 38)	- 0. 003 (- 0. 73)			- 0. 003 (- 0. 73)	- 0. 003 (- 0. 64)
unenergy						
totalenergy						
fip	- 0. 001 (- 1. 20)	- 0. 001 (- 1. 09)	- 0. 001 (- 1. 18)	- 0. 001 (- 1. 13)	- 0. 001 (- 1. 13)	- 0. 002 ** (- 2. 01)
urp	0. 002 (0. 67)	0. 005 * (1. 69)	0. 003 (1. 04)	0. 002 (0. 87)	0. 006 ** (2. 39)	0. 002 (0. 63)
inp	0. 001 (0. 30)	0. 002 (0. 72)	0. 001 (0. 29)	0. 000 (0. 17)	0. 002 (0. 88)	0. 001 (0. 28)
edup	- 0. 008 (- 0. 63)	- 0. 008 (- 0. 63)	- 0. 009 (- 0. 70)	- 0. 010 (- 0. 78)	- 0. 008 (- 0. 59)	- 0. 008 (- 0. 61)
eip	0. 024 * (1. 92)	0. 029 ** (2. 36)	0. 024 * (1. 96)	0. 025 ** (2. 08)	0. 029 ** (2. 34)	0. 026 ** (2. 05)

续表

解释变量	模型 (1)	模型 (2)	模型 (3)	模型 (4)	模型 (5)	模型 (6)
r&d	-0.070 (-1.14)	-0.028 (-0.47)	-0.066 (-1.09)	-0.060 (-1.01)	-0.029 (-0.50)	-0.082 (-1.33)
road	-0.025 (-0.63)	0.011 (0.31)	-0.022 (-0.57)			
popu	-0.417 * (-1.82)	-0.484 ** (-2.11)	-0.429 * (-1.90)	-0.450 ** (-2.02)	-0.474 ** (-2.09)	
_cons	3.738 ** (2.15)	3.587 ** (2.05)	3.786 ** (2.19)	3.741 ** (2.17)	3.596 ** (2.06)	-0.002 ** (-2.41)
R-squared	0.2346	0.2456	0.2484	0.1226	0.1418	0.2215
F(n)test	2.81 ***	3.12 ***	2.56 ***	3.32 ***	2.28 **	3.23 ***
模型类别	固定效应	固定效应	随机效应	固定效应	随机效应	随机效应
Davidson-MacKinnon	0.0387	0.3550	0.2616	0.1791	0.004	0.1914

西部地区绿色发展约束机制检验结果 (2)

解释变量	模型 (7)	模型 (8)	模型 (9)	模型 (10)	模型 (11)	模型 (12)
unpollution						
totalpollution						
unenergy	-0.015 * (-1.80)	-0.015 * (-1.87)		-0.015 ** (-2.24)	-0.015 ** (-2.37)	
totalenergy	-0.000 (-0.02)		-0.000 (-0.50)	-0.000 (-0.07)		0.000 (0.76)
fip	-0.001 * (-1.71)	-0.001 * (-1.72)	-0.002 ** (-2.28)	-0.001 * (-1.72)	-0.001 * (-1.73)	-0.002 *** (-2.74)
urp	0.003 * (1.76)	0.003 * (1.85)	0.003 ** (2.26)	0.003 * (1.78)	0.003 * (1.87)	0.003 ** (2.30)
inp	0.002 (0.74)	0.002 (0.77)	0.000 (0.04)	0.002 (0.77)	0.002 (0.77)	0.000 (0.14)
edup	-0.003 (-0.29)	-0.003 (-0.30)	-0.008 (-0.78)	-0.003 (-0.33)	-0.003 (-0.33)	-0.003 (-0.36)

续表

解释变量	模型（7）	模型（8）	模型（9）	模型（10）	模型（11）	模型（12）
eip	0.028 ** (2.52)	0.028 ** (2.53)	0.034 *** (3.32)	0.028 ** (2.56)	0.028 *** (2.59)	0.035 *** (3.44)
r&d	−0.031 (−1.45)	−0.031 (−1.51)	−0.012 (−0.63)	−0.030 (−1.53)	−0.030 (−1.54)	−0.013 (−0.72)
road	−0.001 (−0.04)	−0.001 (−0.08)	0.024 (1.32)			
popu						
_cons	0.056 (0.23)	0.060 (0.31)	−0.190 (−0.92)	0.048 (0.45)	0.047 (0.44)	0.040 (0.37)
R-squared	0.6975	0.6151	0.6018	0.6963	0.6970	0.5562
F(n)test		2.6 ***				
Wald chi2(8)	30.06 ***		27.54 ***	30.2 ***	30.34 ***	24.72 ***
模型类别	随机效应	随机效应	随机效应	随机效应	随机效应	随机效应
Davidson-MacKinnon	2.13	1.1053	0.2342	0.0861	0.1854	0.0195

资料来源：作者计算整理。

表6－7中的模型（1）至模型（6）检验了不同约束手段对于西部地区绿色发展水平的影响，其中模型（1）、模型（3）、模型（4）、模型（6）分别检验了单位污染排放约束对绿色发展水平的影响，模型（1）、模型（2）、模型（5）、模型（6）分别检验了污染排放总量的约束效果。结果显示，单位污染排放指标均通过显著性检验，与绿色发展水平呈负向关系，说明单位污染量越小，绿色发展水平越高。这也说明以单位污染排放量为约束手段可以提高绿色发展水平，能够倒逼西部地区绿色发展。模型（1）、模型（2）、模型（5）、模型（6）检验结果显示，污染排放总量指标并没有通过显著性检验，其对提高西部绿色发展水平并没有产生显著性影响，也说明以污染排放总量作为约束手段并不能起到倒逼绿色发展的作用。能源消耗方面，模型（7）、模型（8）、模型（10）、模型（11）检验了单位能源消耗与绿色发展水平的影响效果，模型（7）、模型（9）、

模型（10）、模型（12）检验了能源消耗总量与绿色发展水平的关系。结果显示，单位能耗强度通过了显著性检验，单位能耗越低，其绿色发展水平越高，也说明将单位 GDP 能耗作为绿色发展的约束手段是可行的。而能源效率总量并没有通过显著性检验，说明将资源投入总量作为约束手段效果是不明显的。张友国（2013）认为选择强度约束作为减排目标会比总量限制更有效地控制碳排放，本书的研究结果进一步支持了他的研究结论。

王金南（2010）认为总量减排具有技术和管理机制的严格要求，技术上要求污染物是单一性的污染物，非混合型污染物，污染物具有区域性而非局地性，且必须可监测、可统计；管理机制要具备建立污染总量控制的市场机制，主要依赖市场经济手段而非行政方式。根据本研究的分析，这些条件在西部地区都不具备：从技术维度分析，当前的科技水平难以厘清混合型污染物的成分，从管理维度上看，尚未形成以总量控制为目标的系统管理、量化管理、科学管理方式，部分环境治理的政策、制度、措施与总量控制不相匹配，可见西部的总量减排具有技术和管理的适用性缺点。主要污染物总量减排工作还面临着一个典型的碎片化的治理结构（吴瑞财，2018），如何有效激励地方政府始终是总量减排目标能否实现的关键。刘（Liu，2012）认为以总量减排为目标的环境控制政策并非是中国环境保护的长久之计，"十一五"以来实施的总量减排并没有带来根本性的环境管理变革。因为在环境治理分权模式下，地方政府仍然拥有相当程度的自主权，在追求唯 GDP 考核的氛围中，地方政府往往采取的是减排"边际成本最小化"的执行方式（宋修霖，2015），此外，污染物新增量管理还有待改进。根据宋修霖（2015）的研究，全国"十一五"期间污水处理厂新增加的化学需氧量削减能力比预期高 15% 以上，但是全国的造纸、酒精、味精、柠檬酸等重点行业的化学需氧量削减量则低于预期，原因就在于总量减排约束下，地方政府往往会优先削减对 GDP 影响最小的行业污染排放，而将配额留给对经济发展贡献最大的行业，而造纸、化工、金属等行业由于规模大、利税高、就业多，因经济贡献高而受到地方政府的保护，影响总量减排效果。

　　西部地区面积广阔，经济相对落后，基础设施不足，所以西部地区的固定资产投资对经济增长的拉动作用较为明显。西部地区全社会固定资本形成总额从 1996 年的 3325.67 亿元，提高到 2016 年的 104258.5 亿元；西部地区全社会固定资本形成总额占全国的比重从 1996 年的 16.8%，提高到 2016 年的 25.18%，西部地区固定资本形成总额对于 GDP 的贡献从 1996 年的 26.69%，提高到 2016 年的 66.97%，高出全国平均水平近 25 个百分点。固定资产投资的过程是消耗大量能源的过程，而其带动的相关产业，如建材、水泥、钢材、重型机械等，都是耗能高、污染大的行业，由于其对拉动经济增长贡献大、见效快，往往受到西部地区欢迎。如果实施总量减排，西部省份会优先保护地方经济贡献大的上述行业，尽量将减排目标分解到贡献小的行业，这对推动其转变发展方式的作用较小。此外，大量的固定资产投资容易造成社会资本存量快速增加，不利于绿色发展效率的提高。

　　从投资主体来分析，西部地区固定资产投资主要来源于国有企业，1996 年东北、东部、中部、西部地区国有企业投资占本区域固定资产投资的比例分别为 67.62%、44.48%、54.31%、61.98%，东北、东部、中部、西部地区民营和股份制企业投资占本区域固定资产投资的比例分别为 12.78%、17.44%、25.03%、21.75%。而到了 2016 年国有企业投资占本区域固定资产投资的比例分别下降到 23.28%、20.47%、24.08%、43.28%，民营和股份制企业投资占本区域固定资产投资的比例分别上升到 65.96%、69.35%、63.97%、51.26%。可以明显看出，西部地区国有企业固定资产投资比例虽然有明显下降，但是与其他地区相比，国有企业的投资仍然处于较高水平，而民营和股份制企业投资占比明显低于其他地区。国有企业投资考虑政治因素多、投资规模大，因此也往往是西部地区重点引资对象。但国有企业由于委托代理问题、管理科层制严重等问题，企业运营效率、管理效率、投资效率相对于民营企业较低，也会影响固定资产投资的建设效率。如果实施总量减排，国有企业的投资项目会得到优先照顾，这些项目的运营效率与民营企业相比较低，不利于提高资源效率而促进绿色发展水平的提高。

从产业结构来分析，西部地区采矿业、煤炭开采业、石油、黑色金属、有色金属等五个行业的工业增加值占第二产业增加值的比重1996年为38.9%，到2016年提高到55.1%，上升了16.2个百分点。而西部地区采矿业、煤炭开采业、石油、黑色金属、有色金属等五个行业的工业增加值占全国第二产业增加值比重2016年为43.2%，较1996年几乎增加了一倍，说明西部地区的重工业比例"双增"，工业结构不合理。西部地区第二产业比重本身就比较高，而且第二产业又主要集中在高污染、高耗能的重工业上，高新技术行业增加值较低，这也是为什么西部重工业增加值超过全国的43%，但是其工业总产值仅占全国的20%的原因。高新技术行业能耗低、污染少，单位产出对环境的破坏性小。西部地区采矿业、煤炭开采业、石油、黑色金属、有色金属等重工业规模大、产值高、能解决较多的就业人口，如果实施总量减排，同样也会成为西部地区重点保护的行业。而这些行业对改善经济结构、提高发展质量的作用较小。

再来分析单位减排，一个地方的污染排放结构和排放强度，同时代表了本地的减排需求和减排潜力（宋修霖，2015），排放强度高意味着生产和污染治理技术水平落后（成艾华，2011），越是落后的地区其减排空间也就越大，其经济发展也面临越大的环境污染压力，就更容易引起社会的关注。中国各地区污染物排放强度均存在显著的收敛，且西部收敛速度最快，刘亦文（2016）发现在引入人均GDP等六个变量后，强度排放存在条件β收敛，随着经济的发展，各地区的单位GDP污染物排放强度在一定条件下，将达到各自的稳定水平，但并不会收敛到同一水平。说明各个地区的污染强度受本地区内部经济结构等因素的影响，与其他地区呈现不同的减排效果。就西部地区而言，西部地区各省份的单位GDP污染排放强度最终会出现趋同的发展态势，也就是说西部地区内部的污染排放强度因地区因素会出现相似的特点，这也是西部地区单位强度减排约束有效性的解释。

6.3.2.3　内生性和稳健性问题

为保证模型的稳健性，本书将污染总量指标 totalpollution 分别分解为废水排放总量（万吨）、工业二氧化硫排放总量（万吨）、二氧化碳排放总量（万吨）三个指标进行检验，将单位污染强度指标 unpollution 分别替换为单位 GDP 废水排放量（吨/万元 GDP）、单位工业增加值二氧化硫排放总量（吨/万元 GDP）、单位 GDP 二氧化碳排放量（吨/万元 GDP）三个指标分别进行检验。检验结果均没有出现较大变化，说明模型是稳定的。本书采用 Davidson-MacKinnon 检验（DMtest）来检验模型中是否存在内生性问题，模型 1～12 均显示没有内生性问题。

6.4　保障机制检验

6.4.1　检验方法

本书构建经济计量模型，从政府主导（$government_{i,t}$）和公众参与（$public_{i,t}$）两个维度实证检验绿色发展保障机制。模型如下：

$$greenindex = C + \beta_1 government_{i,t} + \beta_2 public_{i,t} + \beta_3 fip_{i,t} + \beta_4 urp_{i,t} + \beta_5 edup_{i,t}$$
$$+ \beta_6 r\&d_{i,t} + \beta_7 eip_{i,t} + \beta_8 road_{i,t} + \beta_9 popu_{i,t} + \delta \qquad (6-11)$$

（1）被解释变量。greenindex 为绿色发展水平，与前文相同均来源于第 4 章的计算结果。

（2）政府主导（$government_{i,t}$）的环境治理模式。本书分别采用各省份环境保护系统人员数量（staff）和各省份环保系统从业人员占全省从业人员比例（staffp）两个指标来衡量政府为主导的环境治理模式的效果。资料来源于《中国环境年鉴》《中国统计年鉴》《中国劳动统计年鉴》各年数据。

（3）公众参与的环境治理模式。公众参与环境治理的主要途径是投诉、反馈、举报、监督等各种环境问题，因此 public$_{i,t}$ 指标本书分别用各省份环境保护机构收到公众投诉的次数（totalletter）和办结环境信访案件（totalfinish）来表征公众参与力度。totalletter 其值为各省环保机构收到的有关环境污染问题的电话/网络投诉数、来信总数（件）、来访总数（批次）之和；totalfinish 为各年各省份环境保护机构办结的电话/网络投诉数、来信总数（件）、来访总数（批次）案件之和。资料来源于《中国环境年鉴》《中国统计年鉴》中信访数据各年资料。

（4）控制变量含义与前文相同。

6.4.2　检验结果

本书构建政府主导和公民参与检验模型，以各地区环境保护部门的机构和人员数量表征政府在环境治理的主导力度，以电话/网络环境投诉数量、信访数量、人大提案数量之和表征民众参与水平，实证检验两种保障机制对绿色发展水平产生的影响。

6.4.2.1　描述性统计

西部地区绿色发展保障机制描述性统计数据如表 6 - 8 所示。

表 6 - 8　　　　西部地区绿色发展保障机制描述性统计

变量	平均值	标准差	最小值	最大值
totalfinish	15621. 23	2224. 11	36	122287
totalletter	16904. 76	21541. 1	56	12236
staffp	2. 2517	0. 9832	0. 57	4. 72
staff	3450. 691	2147. 169	337	12502

资料来源：作者计算整理。

6.4.2.2　检验结果

西部地区绿色发展保障机制检验结果如表 6 - 9 所示，其中模型（13）是半对数方程检验结果，其使用见后文。

表 6 - 9　　　　　西部地区绿色发展保障机制检验结果（1）

解释变量	模型（1）	模型（2）	模型（3）	模型（4）	模型（5）	模型（6）
totalletter	0.000 * (1.81)	0.000 * (1.82)	0.000 * (1.82)			
totalfinish				0.000 ** (2.05)	0.000 ** (2.06)	0.000 ** (2.06)
staffp						
staff						
fip	− 0.002 * (− 1.88)	− 0.002 ** (− 2.03)	− 0.002 ** (− 2.16)	− 0.001 * (− 1.73)	− 0.001 * (− 1.75)	− 0.002 ** (− 1.99)
urp	0.002 (1.56)	0.003 * (1.77)	0.002 * (1.85)	0.002 (1.36)	0.002 (1.50)	0.002 (1.59)
inp	0.002 (0.68)	0.002 (0.86)	0.002 (0.86)	0.002 (0.75)	0.002 (0.81)	0.002 (0.95)
edup	− 0.001 (− 0.08)			− 0.001 (− 0.09)	− 0.001 (− 0.14)	
eip	0.029 *** (2.76)	0.029 *** (2.81)	0.029 *** (2.83)	0.029 *** (2.68)	0.029 *** (2.73)	0.028 *** (2.75)
r&d	− 0.032 (− 1.41)	− 0.033 * (− 1.72)	− 0.032 * (− 1.77)	− 0.034 (− 1.50)	− 0.033 * (− 1.66)	− 0.035 * (− 1.87)
road	− 0.001 (− 0.05)	− 0.002 (− 0.10)		− 0.001 (− 0.06)		
popu	0.014 (0.49)	0.015 (0.60)	0.013 (0.83)	0.014 (0.49)	0.013 (0.79)	0.013 (0.82)
_cons	− 0.132 (− 0.63)	− 0.141 (− 0.77)	− 0.142 (− 0.79)	− 0.133 (− 0.64)	− 0.130 (− 0.64)	− 0.144 (− 0.81)

续表

解释变量	模型（1）	模型（2）	模型（3）	模型（4）	模型（5）	模型（6）
R-squared	0.7574	0.7600	0.7559	0.7609	0.7581	0.7594
Wald	30.88 ***	31.02 ***	31.15 ***	31.31 ***	32.8 ***	32.21 ***
模型类别	随机效应	随机效应	随机效应	随机效应	随机效应	随机效应
Davidson-MacKinnon	1.3584	1.0232	1.2641	0.8334	0.8393	0.8540

西部地区绿色发展保障机制检验结果（2）

解释变量	模型（7）	模型（8）	模型（9）	模型（10）	模型（11）	模型（12）	模型（13）
totalletter							
totalfinish							0.0004 * (1.67)
staffp	0.054 ** (2.27)	0.042 * (1.79)	0.039 * (1.69)				0.034 * (1.66)
staff				0.000 ** (2.21)	0.000 ** (2.19)	0.000 ** (2.17)	
fip	-0.000 (-0.21)	-0.001 (-1.24)	-0.001 (-1.51)	-0.000 (-0.32)			
urp	0.003 (0.98)	0.003 (0.98)	0.004 (1.51)	0.004 (1.47)	0.004 (1.44)	0.004 * (1.81)	
inp							
edup	-0.010 (-0.74)	-0.010 (-0.72)		-0.005 (-0.41)	-0.006 (-0.52)		
eip	0.029 ** (2.34)	0.031 ** (2.54)	0.029 ** (2.44)	0.028 ** (2.27)	0.027 ** (2.28)	0.025 ** (2.23)	0.026 ** (2.50)
r&d	-0.021 (-0.37)	-0.017 (-0.29)	-0.025 (-0.45)	-0.029 (-0.49)	-0.030 (-0.51)	-0.040 (-0.70)	
road							
popu	-0.555 ** (-2.41)			-0.475 ** (-2.10)	-0.504 ** (-2.46)	-0.522 ** (-2.59)	-0.535 ** (-2.54)

续表

解释变量	模型 (7)	模型 (8)	模型 (9)	模型 (10)	模型 (11)	模型 (12)	模型 (13)
_cons	4.225 ** (2.37)	-0.055 (-0.40)	-0.123 (-1.24)	3.579 ** (2.05)	3.815 ** (2.42)	3.906 ** (2.50)	4.141 ** (2.54)
R-squared	0.2675	0.2600	0.2172	0.2684	0.2680	0.2726	0.2702
F	3.15 ***	2.65 **	3.08 ***	3.12 ***	3.44 ***	4.32 ***	5.35 ***
模型类别	固定效应	固定效应	随机效应	随机效应	固定效应	固定效应	随机效应
Davidson-MacKinnon	0.8647	1.4067	1.5059	0.0369	0.8393	0.0361	0.7208

资料来源：作者计算整理。

　　表 6-9 中的模型（1）至模型（6）分别检验了社会公众参与的环境治理模式对于绿色发展水平效率的影响，其中模型（1）至模型（3）检验了基于电话/网络投诉数、来信总数（件）、来访总数（批次）案件的社会公众环境信访案件受理量对于绿色发展水平的影响，模型（1）至模型（4）检验了社会公众环境监督案件办结数量对于绿色发展水平的影响。检验结果显示，模型均通过显著性检验，说明人民群众、社会民间组织参与对于绿色发展水平具有显著的正相关性。模型（7）至模型（12）分别检验了政府主导的环境治理模式对绿色发展水平的影响结果，其中模型（7）至模型（9）和模型（10）至模型（12）分别以环保系统人员占全社会从业人员比例、环保系统人员绝对数量为表征指标，检验了政府环境治理力度对于绿色发展水平的影响。检验结果显示，模型均通过显著性检验，说明政府主导的环境治理模式对于西部地区提升绿色发展水平同样具有重要意义。

　　党的十八大正式把生态环境上升到国家政治高度，因此仅仅依靠市场、公民、党派的力量是不够的，政府应在生态文明建设中扮演积极的政治行为人（胡其图，2015）。政府主导的环境治理的目标就是使包括环境在内的社会公共利益最大化，其中涉及社会、公民、市场等多要素，缺乏"统领"，则各种治理模式、市场和社会网络机制无法有效运作。各要素中只有政府具有比较优势，作用无人能替代，所以政府主导的环境治理模式对于绿色发展具有重要意义。中国作为一个新兴市场化国家，虽然经过40多年的改革开放，社会主义法治建设取得明显成效，社会治理和政府管理能力也有了长足的进步，但由于当前生态环境治理制度体系不完善，治理的政策工具手段不统一，政府治理的经验不丰富，政府公共事务管理的能力有待加强等原因，传统的规制型手段仍然是主要治理工具，甚至在面对严峻的环境恶化趋势时，强制性的规制方式还在强化（任志宏和赵细康，2006）。微观层面，政府作为环境治理的主体可以通过设计不同的环境规制手段，如环境税、排污费、环境补贴和排污权交易等，形成推动企业内部采用清洁生产技术和污染治理技术的强大动力，有利于持续激励企业加大绿色生产技术研发，提高微观绿色水平。

近几年来中国环境治理虽然取得了一定的成效，但过高的环境治理成本及雾霾治理使得迟迟未能取得预期效果（林美顺，2017），修正政府主导的环境治理模式的呼吁越来越多，而引入社会公众参与的环境治理不失为一条有效的措施。首先，生态环境问题纷繁复杂，必须由多个主体共同参与，形成合力。公民在生态环境协同治理中占据特殊的主体地位，公民的生态意识水平直接关系到中国生态环境治理的成败、经济社会的和谐与可持续发展（邹庆华，2016）。随着中国国力的日益提升，公民的素质也在不断提高，生态认识和生态意识不断增强，因此社会公众参与环境治理中能起到十分重要的作用。其次，就公共治理而言，在环境治理中，单一的治理模式不足以解决复杂的环境治理问题，政府、民间组织、社会公众、个人等主体因参与身份和认识问题的角度差异会有不同的倾向性偏好，这对于环境治理是十分有益的，因为通过增加治理的多样性而提高治理的弹性可以有效应对环境治理这个复杂系统的困境（唐任伍，2014）。此外，政府治理新模式所追求的目标是政府与公民对公共生活的合作管理，是国家权力向社会的回归，提高社会公众参与，可以提高社会对政府的认同度和权威的认可，从而提高了环境治理效果，提高绿色发展水平。

6.4.2.3 内生性和稳健性问题

为保证模型的稳健性，在政府主导的环境治理模式中，本书已分别采用各省份环境保护系统人员绝对数量（staff）和各省份环保系统从业人员占全省从业人员比例（staffp）两个指标来衡量；本书分别用各省份环境保护机构收到公众投诉的次数（totalletter）和办结环境信访案件（totalfinish）来表征公众参与环境治理，各个模型均通过检验，说明模型是稳定的。本书采用 Davidson-MacKinnon 检验（DMtest）来检验模型中是否存在内生性问题，表6-9 中的检验结果显示均未出现内生性。

6.4.2.4 保障机制有效性分析

从上文的分析可以看出，不论是政府主导的环境治理模式还是社会公众参与的环境治理模式对于绿色发展均能够产生较明显的促进作用，同样为西部地区绿色发展的保障机制提供有效措施。但是如何判断这两种不同措施的实施效果和贡献大小呢？本书同样采用夏普利值方法加以分析，其计算原理与前文式（6-4）至式（6-7）相同。决定方程中本书选用了半对数模型进行检验，由于篇幅所限，仅列出最佳决策方程检验结果，即表6-9 中的模型13。拟合模型如下：

$$LN(greenindex_{i,t}^{*}) = 4.141 + 0.034staff + 0.00004totalfinish$$
$$+ 0.026eip - 0.535popu \qquad (6-12)$$

方程的处理方法同前文一致。staff、totalfinish 夏普利值计算公式如下：

$$\phi(staff) = \frac{1}{4}\left[g(staff, totalfinish, eip, popu) - g(\overline{staff}, totalfinish, eip, popu)\right]$$

$$+ \frac{1}{12}\left[g(staff, \overline{totalfinish}, eip, popu) - g(\overline{staff}, \overline{totalfinish}, eip, popu)\right]$$

$$+ \frac{1}{12}\left[g(staff, totalfinish, \overline{eip}, popu) - g(\overline{staff}, totalfinish, \overline{eip}, popu)\right]$$

$$+\frac{1}{12}\left[g(\text{staff, totalfinish, eip, }\overline{\text{popu}})-g(\overline{\text{staff}},\text{totalfinish, eip, }\overline{\text{popu}})\right]$$

$$+\frac{1}{12}\left[g(\text{staff, }\overline{\text{totalfinish}},\overline{\text{eip}},\text{popu})-g(\overline{\text{staff}},\overline{\text{totalfinish}},\overline{\text{eip}},\text{popu})\right]$$

$$+\frac{1}{12}\left[g(\text{staff, }\overline{\text{totalfinish}},\text{eip, }\overline{\text{popu}})-g(\overline{\text{staff}},\overline{\text{totalfinish}},\text{eip, }\overline{\text{popu}})\right]$$

$$+\frac{1}{12}\left[g(\text{staff, totalfinish, }\overline{\text{eip}},\overline{\text{popu}})-g(\overline{\text{staff}},\text{totalfinish, }\overline{\text{eip}},\overline{\text{popu}})\right]$$

$$+\frac{1}{4}\left[g(\text{staff, }\overline{\text{totalfinish}},\overline{\text{eip}},\overline{\text{popu}})-g(\overline{\text{staff}},\overline{\text{totalfinish}},\overline{\text{eip}},\overline{\text{popu}})\right]$$

$$(6-13)$$

$$\phi(\text{totalfinish})=\frac{1}{4}\left[g(\text{staff, totalfinish, eip, popu})\right.$$

$$\left.-g(\text{staff, }\overline{\text{taotalfinish}},\text{eip, popu})\right]$$

$$+\frac{1}{12}\left[g(\overline{\text{staff}},\text{totalfinish, eip, popu})\right.$$

$$\left.-g(\overline{\text{staff}},\overline{\text{taotalfinish}},\text{eip, popu})\right]$$

$$+\frac{1}{12}\left[g(\text{staff, totalfinish, }\overline{\text{eip}},\text{popu})\right.$$

$$\left.-g(\text{staff, }\overline{\text{totalfinish}},\overline{\text{eip}},\text{popu})\right]$$

$$+\frac{1}{12}\left[g(\text{staff, totalfinish, eip, }\overline{\text{popu}})\right.$$

$$\left.-g(\text{staff, }\overline{\text{totalfinish}},\text{eip, }\overline{\text{popu}})\right]\qquad(6-14)$$

$$+\frac{1}{12}\left[g(\overline{\text{staff}},\text{totalfinish, }\overline{\text{eip}},\text{popu})\right.$$

$$\left.-g(\overline{\text{staff}},\overline{\text{totalfinish}},\overline{\text{eip}},\text{popu})\right]$$

$$+\frac{1}{12}\left[g(\overline{\text{staff}},\text{totalfinish, eip, }\overline{\text{popu}})\right.$$

$$\left.-g(\overline{\text{staff}},\overline{\text{totalfinish}},\text{eip, }\overline{\text{popu}})\right]$$

$$+\frac{1}{12}\left[g(\text{staff, totalfinish, }\overline{\text{eip}},\overline{\text{popu}})\right.$$

$$- g(\overline{staff}, \overline{totalfinish}, \overline{eip}, \overline{popu})]$$

$$+ \frac{1}{4}[g(\overline{staff}, totalfinish, \overline{eip}, \overline{popu})$$

$$- g(\overline{staff}, \overline{totalfinish}, \overline{eip}, \overline{popu})]$$

两种不同保障措施对于西部绿色发展水平的影响差异如表 6 – 10 所示。

从表 6 – 10 中可以看出，在研究周期内政府主导的环境治理模式对于提升绿色发展水平的平均贡献程度为 17.73%，而社会公众参与的环境治理模式对于提升绿色发展水平的贡献仅为 – 1.93%。从表面上看应该将政府主导的环境治理模式作为绿色发展保障机制的主要措施，但是我们深入分析可以发现，从 2013 年之后，社会公众参与的环境治理模式对绿色发展水平的影响已经超过了政府主导的环境治理模式，已成为应选择的主要保障措施。

表 6 – 10　1997 ~ 2016 年西部地区绿色发展保障机制夏普利值分析结果　　单位：%

年份	社会公众参与模式（staff）贡献度	政府主导模式（totalfinish）贡献度
1997	0.05	16.40
1998	– 0.05	14.75
1999	1.27	14.06
2000	0.73	25.00
2001	6.43	45.25
2002	– 6.12	15.22
2003	– 6.32	20.15
2004	– 33.52	– 4.78
2005	– 31.66	37.09
2006	– 6.80	32.14
2007	– 13.47	45.72
2008	– 8.84	33.75

年份	社会公众参与模式（staff）贡献度	政府主导模式（totalfinish）贡献度
2009	-6.68	36.43
2010	-3.30	42.31
2011	-7.17	37.50
2012	-13.09	45.32
2013	55.08	-9.96
2014	21.45	-32.69
2015	5.69	-28.72
2016	7.81	-30.43
平均	-1.93	17.73

资料来源：作者计算整理。

究其原因：一是从 2013 年之后政府将网络投诉的环境问题案件纳入环境信访统计范围，扩大了信访监督的来源，增强了信访对环境问题的监督。众所周知，网络已经成为我们国家的基础设施，它不仅改变了公众沟通、交流等信息传递方式，对于社会生产、生活方式也产生巨大影响。根据 2019 年 2 月中国互联网络信息中心（CNNIC）发布的互联网络发展状况统计报告，截至 2018 年底，我国网民规模达 8.29 亿人，普及率达 59.6%；我国手机网民规模达 8.17 亿人，网民通过手机接入互联网的比例高达 98.6%。这充分说明参与环境治理的公众基础十分广泛，公众的知情权、参与权、表达权和监督权在互联网快速发展的背景下得到实现，为公众参与奠定了良好的基础。在环境治理中，公众通过互联网了解环境治理事务，提供信息线索，传播热点问题，形成环境治理的网络舆论。与电话、书信、上访等信访手段相比，网络监督不仅快速、便捷，而且廉价、有效、无参与门槛，使得公众具有参与的积极性，这些海量信息为环境治理部门提供了丰富的治理线索，网络监督成为公众参与的重要途径和最佳组合手段。二是随着公众生活水平的提高，社会公众对于身边的环境问题越来越关注，主动参与环境治理的意愿迅速提高。从 2008 年起，在"我国公众最关注的社会热点问题"调查①中环境污染问题连续第三年位列前三，这说明随着生活水平的提高，公众对于环境问题的关注程度日益提高。《中华人民共和国环境保护法（修订草案）》曾两次广泛征求社会公众的意见和建议，共计收到 10394 人次 14182 条意见，充分说明社会公众对于环保问题持续高度关注，对于环境规制给予了极大期望。党的十九大提出，永远把人民对美好生活的向往作为奋斗目标，而优良的生态环境也是人民群众对美好生活追求的重要内容之一，这从另一个侧面说明社会公众对于生态环境的关注和期盼程度，这也是公众主动参与的重要内生因素。

6.5　本章小结

　　本章基于第 3 章的理论分析，以及第 4 章、第 5 章的研究条件，实证检验西部绿色发展机制中不同政策工具的实施效果。在动力机制中，分别检验了外部动力和内部动力对于西部地区绿色发展水平的影响；在激励机制中，分别检验了环境税和绿色补贴对于提高绿色发展水平激励效果；在约束机制中，分别检验了总量减排约束和单位强度减排约束对于绿色发展水平的检验效果；在保障机制中，分别检验了社会公众参与的环境治理模式和政府主导的环境治理模式对于绿色发展效果的影响。在研究过程中，引入夏普利值分析工具，分别检验不同政策工具和规划手段的实施效果和作用方式的差异，丰富了绿色发展战略执行工具和手段体系。本章为科学、合理地制定西部绿色发展政策提供了实践依据。

―――――――――

　　①　该调查是由中国环境文化促进会组织的"中国公众环保指数"中"民生指数"部分。"民生指数"形成了包含环保认知、环保行为、环保反思 3 个一级指标、8 个二级指标和 34 个三级指标的指标体系，对全国 7 个大区、20 个大中城市、城镇及农村进行了多层随机抽样。

第7章
研究结论与对策建议

■ 7.1 结 论

本书将强可持续理论引入绿色发展，构建新的研究框架，以提高西部地区绿色发展水平为出发点和落脚点，探索西部地区绿色发展路径。首先，从理论上厘清绿色发展的机制，揭示绿色发展脉络；其次，引入绿色全要素生产率理论，将绿色发展转化为现实条件下的多目标求解，从过程和效果双维度刻画西部绿色发展水平，并揭示与其他地区的异质性；随后在前文研究基础上，检验不同政策工具和规划手段在西部地区的实施效果；最后，结合西部地区实际，制定西部地区绿色发展综合解决方案，系统化地提出绿色发展路径，为绿色发展提供理论依据，为缩小区域差异提供决策支持。本书聚焦重大政策需求，按照"认识新常态、适应新常态、引领新常态"的大逻辑，严格遵循"认识现象、解析现状、探讨成因、提出对策"的应用研究规范，力求为解决制约经济社会发展的重大问题提供理论和实践依据。

7.1.1　基于系统论和控制论原理，提出绿色发展机制模型

按照系统演化中动力作用、信息传递、校正控制、自动调节的原理，绿色发展机制可分解为动力机制、激励机制、约束机制和保障机制，揭开绿色发展"黑箱"，厘清绿色发展脉络，为后续研究提供理论依据。

7.1.2　基于强可持续理论，从环境建设、环境损害两个维度评价环境污染状况

从环境建设维度来看，西部地区的环境建设水平在四个区域中处于相对较高水平，说明西部地区的环境自净能力较强，主要原因是西部地区的自然禀赋和后期的生态文明建设能力不断加强。从环境损害维度看，西部地区的污染排放相对于东北、东部、中部而言，是较低的，这主要是因为西部地区的经济发展水平和生活水平相对较低。从环境污染的变动趋势看，西部与东北、中部、东北部一样，2012 年之前保持上升趋势，2012年之后环境损害指数趋于平稳，有小幅下降趋势。究其原因，是国家对于环境问题的重视程度日益提高。由于西部地区的生态建设水平最高，而环境污染水平最低，所以考虑环境建设后的环境综合水平仍然保持较高水平。

就西部地区内部而言，青海、宁夏的环境污染综合指数（EI）最低，说明这两个省区的环境污染综合质量在西部地区最佳；而陕西、广西、四川、新疆环境综合指数最高，说明这些省区的环境综合质量相对较差。

7.1.3 基于强可持续理论，将不可再生能源和可再生能源投入同时引入 MEMB 模型，测度绿色发展效率，从过程维度衡量绿色发展

西部地区研究周期内绿色发展效率为平稳上升趋势，与全国整体变化趋势一致。横向比较结果可以看出，西部地区的绿色发展效率处于相对落后的地位，不仅明显低于全国整体水平，也低于东北部、东部、中部地区。从变动视角观察，研究周期内西部地区绿色发展效率小有提升，技术性分析主要原因是"好"产出 GDP 总量的增长高于投入的增长，使得投入产出效率提高。但"好"产出的增长速度与投入的增长相比并不显著，所以西部绿色发展效率改善的速度相对较慢。从西部地区内部来看，云南和广西绿色发展效率处于相对较高的水平，甘肃和宁夏处于相对较低的水平，贵州、内蒙古、青海、陕西、四川、重庆、新疆七省区市则处于中等水平。值得一提的是四川省和重庆市从 2005 年以后保持持续上升趋势，尤其是 2011 年后，已明显高出全国中等水平的省份。

7.1.4 构建 MEBM-Luenberger 指数，衡量绿色发展的效果，进而从过程和效果双维度刻画绿色发展水平

西部地区在四个研究时间区间内的绿色发展效率变动（LTFP）平均增长率为 0.94%、0.73%、1.79%、2.15%，增长速度快于其他地区。从静态视角观察，技术进步仍然是西部地区绿色发展增长指数（LTFP）的主要驱动因素。但是从动态视角观察，纯效率变动（LPEC）增长最为明显，是推动西部地区绿色发展增长指数（LTFP）快速提高的主要因素。从西部地区内部看，1997~2016 年重庆、广西、四川的绿色发展增长指数（LTFP）最快。在此基础上，通过进一步分析可以发现，西部地区四

个研究区间内绿色发展效率对经济增长的贡献率分别为：10.19%、6.44%、12.76%、20.77%，呈"U"型、螺旋上升态势，与其他地区的变动趋势基本一致。整体而言，西部地区绿色全要素生产率对经济增长的贡献尚处于较低水平，但改善速度明显快于其他地区。

基于过程和效果双维度衡量的绿色发展水平，西部地区最低，原因是西部地区绿色发展效率和贡献与其他区域相比均为最低。从变化趋势来看，西部地区绿色发展水平基本呈"U"型增长态势，与其他地区一致，2001～2005 年西部地区绿色发展水平相对较低，从 2006 年后保持快速上升趋势。

7.1.5　引入泰尔指数，从静态、动态两个角度分析西部与其他地区绿色发展水平的差异

静态分析显示，虽然西部、东部和西部地区的泰尔指数下降较快，带动了全国绿色发展差异的缩小，但包括区域内差异和区域间差异在内的西部地区绿色发展泰尔指数对全国的影响程度从 1996 年的 40.99% 上升到 2016 年的 53.98%，成为全国绿色发展不平衡的主要影响地区。进一步分析可以看出，西部地区绿色发展泰尔指数总体下降是由区域内差异下降所致。然而，虽然西部地区内部各省份绿色发展之间的差异在缩小，但西部地区与其他区域间的差异却在上升。这提示我们在制定绿色发展政策措施时，应充分考虑区域性特征。在统一规划全国绿色发展政策的同时，可以根据不同区域制定有针对性的西部绿色发展措施，避免"一刀切"。

变动分析显示，生产效应累计拉动西部绿色发展泰尔指数下降 0.4009，平均每年下降 0.02；结构效应累计拉动西部绿色发展泰尔指数上升 0.3893，平均每年上升 0.0195。西部地区对全国生产效应的影响为 60%，对全国结构效应的影响为 63.6%，均仅次于东部地区。生产效应显示，西部地区内部由于加快绿色发展而形成的趋同性缩小了西部地区绿

色发展差异。结构效应显示，西部地区内部绿色发展水平改善较快省份，其 GDP 在区域内部比重呈相对上升趋势；而绿色发展水平较低的省份，其 GDP 在西部的比重呈现下降趋势，呈现两极化发展态势，扩大了西部地区泰尔指数。因此，西部地区要提高绿色发展整体水平，必须加快落后地区的绿色发展，而且要重点关注经济比重下降较大省份的绿色发展水平。

7.1.6　实证检验西部地区动力机制、激励机制、约束机制和保障机制不同政策工具的效果

动力机制检验中，外部动力机制通过显著性检验，说明绿色发展水平受经济发展的显著影响，各省份以跨越"中等收入陷阱"为目的，不断转变经济发展方式，是推动绿色发展的有效抓手。内部动力检验中，使用当期的政治晋升值为解释变量时，地方政府负责人的政治晋升与绿色发展并不显著，而且出现了内生性问题；当使用了滞后一期的政治晋升值作为工具变量时，内部动力与绿色发展显著负相关，深层次的原因是中央政府并没有将发展效率、绿色发展等纳入地方政府考核范围，为了政治晋升，地方官员的发展动力在于追求规模和数量，往往会忽视绿色发展效率。

激励机制检验中，环境税、绿色补贴均通过显著性检验，说明两者均为有效的激励手段。环境税的实质是把污染者的外部性成本转化为内部成本，从而达到控制污染排放的目标。研究显示，西部地区的产业结构特点使得环境税这一政策工具对于西部绿色发展的影响是较为明显的。环境是公共物品，环境的外部性特征明显，当环境的外部不经济性不能内化的情况下，环境补贴会是一种有效的手段，环境补贴能较为明显地提高绿色发展水平。环境税和环境补贴的夏普利值分析结果显示，整体而言，环境补贴对绿色发展的作用效果要高于环境税收，究其原因：一是中国的环境税种只有排污费，征收范围相对较窄，而随着生活水平的提高，生活污染排

放比重逐渐上升，排污费仅面向企业征收，效果有限；二是排污费的价格相对较低，外部成本转化为内部成本的激励效果不明显，这也是排污费向环境税收改革的主要原因。但环境补贴在发展中的弊端逐渐显现，从2011年开始，西部地区的环境税对绿色发展的贡献已经超过了环境补贴，说明环境税应该成为今后西部绿色发展的主要激励政策工具。

约束机制检验结果并不相同，单位污染量与绿色发展水平呈负向关系，单位污染量越小，绿色发展水平越高，说明以单位污染排放量作为绿色发展的约束机制是有效的，能够倒逼西部各地区主动提高绿色发展水平。污染排放总量并没有通过显著性检验，其对绿色发展水平影响有限，也说明以总量排污为目标的约束机制并没有起到促进绿色发展的作用。与此相似的是，能源消耗总量也没有通过显著性检验，而单位能耗则通过显著性检验，单位能耗与绿色发展水平呈负相关关系，说明以单位GDP能源消耗为约束目标能有效地提高绿色发展水平。之所以西部地区轻度减排有效，是与西部地区的产业结构、投资结构等自身特点分不开的。

保障机制检验中，社会公众环境监督案件受理数量、办结数量对绿色发展水平具有影响，说明社会公众的参与对于绿色发展水平具有显著的正相关性。环保系统人员占全社会从业人员比例和环保系统人员绝对数量也通过显著性检验，说明政府主导的环境治理模式对于西部地区提升绿色发展水平同样具有重要意义。夏普利值分析结果显示，从表面上看应该将政府主导的环境治理模式作为绿色发展的主要保障措施，但是深入分析可以发现，从2013年之后，社会公众参与的环境治理模式对绿色发展的影响已经超过了政府主导的环境治理模式，成为主要保障措施。其原因一是2013年之后政府将网络投诉的环境问题案件纳入环境信访范围，扩大了信访监督的来源，增强了信访对环境问题的监督。二是随着公众生活水平的提高，社会公众对于身边的环境问题越来越关注，主动参与环境治理的意愿迅速提高。

7.2 西部地区绿色发展对策建议

7.2.1 加快建立强可持续发展方式

可持续发展分为弱可持续和强可持续发展方式，前者认为虽然经济增长导致资源、环境等自然资本的减少，但是只要社会总福利出现增长，即经济福利增长超过自然、环境资本消耗，发展就是可持续的发展。强可持续发展理论认为经济增长必须放在自然的边界内去发展，经济增长的物质扩张是有自然极限的，自然资本是不可替代的，关键自然资本被消耗掉以后，是没有办法用人类的其他资源加以补偿的，要求在发展的过程中保持资源、环境等关键自然资本非减性发展。弱可持续发展理论认为物质资本与自然资本之间是可以替代的，因而又被称为可替代发展范式；强可持续发展理论则认为物质资本与自然资本之间是不可替代的，又被称为不可替代发展范式。2012 年联合国"里约 + 20"可持续发展大会认为过去 40 多年占主导地位的弱可持续发展方式需要终结，呼吁变革经济模式，提出了绿色经济新理念，将强可持续发展方式正式确立为未来全球新模式。

7.2.1.1 我国建立强可持续发展方式的必要性

建立强可持续发展方式是以人民为中心、满足人民对美好生活向往的时代要求。中国特色社会主义进入新时代，社会主要矛盾已经转化为人民日益增长的美好生活需要和不平衡不充分的发展之间的矛盾，优美的生态环境是人民对新时代美好生活的重要期待。改革开放初期，人民群众的生活水平较低，加快经济发展成为第一诉求，人民群众对美好生活的向往是"吃饱饭、穿暖衣、住上房"。于是，各地高举发展的大旗，极力做大规模收益，GDP 突飞猛进。但发展方式粗放、经济增长效益低下，特别是当看到经济增长带来的红利大于资源、环境的消耗时，理所应当地认为资源、环境是必要的成本，而忽略其不可再生性。而今，人民群众对生态环境的新期待比以往更强烈，在物质与生态环境之间，越来越多的人选择后者，只有强可持续发展才能保证社会关键自然资本存量的非减性，因此，原来的路径依赖已不能满足人民的需要，加快建立强可持续发展方式成为亟待解决的问题。

建立强可持续发展方式是提高经济发展质量，跨越"中等国家收入陷阱"的必然选择。党的十九大规划了全面建成社会主义现代化强国路线图，提高经济发展质量，转变经济发展方式和转换经济增长动力，顺利跨越"中等收入陷阱"，进入高收入国家行列，是今后一段时期的主要任务。从拉丁美洲国家的发展经验来看，生态环境恶化，是其陷入"中等收入危机"的重要因素。这些国家由于发展方式转型不彻底，经济发展依靠具有比较优势的初级品产业，这些产业对生态环境损害大。当企业遇到环保规制时，节能减排的投入推高运行成本，过高的成本使得产品不具备国际市场竞争力，没有竞争力的产业只能被放弃，最后又回到原始生产方式上，由此形成恶性循环。即使我们以减少资源存量、恶化生态环境的方式迈入高收入国家行列，也不能称为有质量地跨越中等收入陷阱，是不可持续的。真正意义上的跨越中等收入陷阱，应该具有与发达国家相匹配的人类生存自然环境和生态足迹，一定是长久的、可持续的。党的十九大报告提出，构建市场导向的绿色技术创新体系，发展绿色金融，壮大节能环保产业、清洁生产产业、清洁能源产业。推进能源生产和消费革命，构建清洁低碳、安全高效的能源体系。落实党的十九大的战略部署，构建充分体现生态文明要求的现代化经济体系，强可持续发展模式是必然选择。

强可持续发展方式是应对国际环境新变化的客观需要。虽然中国的经济成就有目共睹，但是西方国家长期以来常常抹黑、嘲笑中国的环境问题，甚至以此攻击中国的发展。因此，中国要想取得全球治理的话语权，必须改变原有的发展模式。此外，中国已成为世界第二大经济体，在技术和资金方面具有一定的比较优势，按照发展经济学的理论，可以参与更多的全球社会分工，转移出劳动密集型产业，专注于发展技术和资本密集型产业。但是从西方针对中资企业的一系列事件中可以看出，中国面临特殊的政治环境和国际环境，西方国家不希望看到一个强大的中国，限制甚至不允许中国完全参与全球的社会分工和产业流动，为了国家经济安全中国必须建立相对完整的工业体系和产业链，高污染、高耗能的低端产业对环境危害大，但还无法完全放弃，如何解决可持续发展的问题考验中国共产党治国理政的智慧，强可持续发展方式是有效的路径。

7.2.1.2　加快建立强可持续发展方式的政策建议

（1）将强可持续发展理念作为今后发展的指导思想，做好顶层设计。强可持续发展方式不仅是发展理念，也是工作的指导思想。做好强可持续发展方式的宣传、宣贯和普及，引导全社会从关注经济、资源、环境总福利的存量，转向关注各个系统福利的存量，做好强可持续发展的规划、执行、监督、考核。把强可持续发展模式作为今后国家、地方政府、职能部门的指导思想；制定国家层面的评估体系，明确评估指标。开展环境专项巡视、督查和审计，形成从投资决策，到投资执行，再到投资后评估等闭环管理模式。

（2）建立重要自然资源、环境存量红线控制。借鉴耕地、水资源红线管理的经验，对空气环境、土壤、森林、绿地等实行红线管理，可借鉴河长制的做法，对不同地区设立自然资本的"首席负责人"制，实施存量控制，杜绝经济发展与自然资本之间的交易和替换，形成倒逼机制，限制粗放式 GDP 的规模和速度过快增长。

（3）市场化手段引导强可持续的生活、生产模式。实施可再生资源与不可再生资源区别定价，例如，水电、风电和煤电的差异化定价，对于使用可再生能源的个人和单位给予一定的补贴，增加保持资源存量非减性的发展渠道。

（4）建立重要自然资本的核算体系。自然资本要单独核算，必然要建立起科学合理的核算体系，科学制定污染排放与环境建设量的对等结算办法，合理确定可再生资源与不可再生资源的内部结算价格，通过核算体系让每个地方政府都清晰地了解和认识到，向自然界排放一吨的污染物需要补偿的环境建设量和补偿方式，只有这样才能保持环境存量的不下降。

（5）支持鼓励强可持续产业发展。强可持续性的绿色发展理论强调地球上主要自然资源的非减性发展，强调在提高非自然资源生产率的同时，要将投资从传统的消耗自然资本产业和企业转向维护、扩展自然资本的产业和企业，要求通过教育、学习等方式积累和提高有利于绿色经济的人力资本。因此，大力发展可再生能源生产行业及其利用再生资源强的下游行业，做大做强可持续的产业基础，转换经济发展的新动力。

7.2.2 把生态建设摆在生态保护的首要位置

发展是第一要务，尤其是西部面临着发展与环境保护的双重压力。环境建设和生态环境治理是保护环境的两条不同路径。前者主要通过增加环境吸收能力，提高自净能力而改善环境，而后者主要是降低污染物对环境的影响。本书的研究表明，生态环境建设对于强可持续的生态环境质量有着重要的影响，尤其是它满足当前西部乃至中国发展环境。因此，环境建设应摆在首要位置。

7.2.2.1 聚焦中国生态环境的短板，加快生态环境建设

（1）植树造林，提高森林覆盖率。植树造林是最有效的生态建设手段，通过扩大森林覆盖、林地面积，能够提高自然界对二氧化碳、粉尘、烟尘等吸收量，森林树木是地球的"氧气车间"，据统计一公顷阔叶林每天约吸收一吨二氧化碳，释放氧气700公斤。因此，人们把森林覆盖率高

的地区称为"地球之肺"。森林树木能防风固沙,风沙遇上森林后速度要减弱70%~80%,灰尘会下降50%~60%。[①] 森林可以释放新鲜空气,降低紫外线污染,防止地球加快变暖。森林对减少噪声污染也很有帮助。

(2)增加城市绿地面积。截至2017年底,中国的城镇化率已经超过58%,有一半以上的人口生活在城镇,城市绿地就显得格外重要。城市绿地包括人工种植的花草树木,以及被植被覆盖的土地、空旷地和水体。城市绿地可以净化城市空气、净化水资源、防治城市土壤流失。有数据表明,城市内的公园可以吸收和过滤空气中80%的污染物,街道的树木能吸收和过滤空气中70%的污染物。随着人们生活水平的提高,生活污染日益严重,城市又是公众高度聚集的地区,因此,增加城市绿地面积对于吸收生活排放的大量尘埃、油烟、粉尘等作用十分明显,还有助于降低因呼吸系统而导致的各种呼吸道疾病。

(3)保持湖泊、湿地等生态环境多态性。湖泊湿地还具有调蓄功能,可降低自然洪涝灾害。湿地湖泊中自然产生的厌氧、好氧过程可促进污水中的化学物质沉淀、分解,降低水污染,湿地湖泊通过"底泥—植物—水"之间的物质交换,有利于促进有机物和氮化合物的气体循环。湿地由于水分充足,植被茂盛,水分蒸发和植物蒸腾作用旺盛,能够改善局部气候和降水量等。湖泊湿地的植物不仅提高土壤含水量,加固堤岸,而且具有与森林相同的环境吸收作用。

(4)大量发展节水产业,保护水资源。中国是水资源大国,又是水资源贫国,主要体现在水资源分布极度不平衡。我国水资源空间分布十分不均匀,以北京为核心的华北平原地区人口占全国的1/3,而水资源总量仅为全国的6%,而西部的西南地区人口占全国的20%,但是水资源总量却占全国的46%。[②] 中国的水资源的管理与使用缺乏周密的规划,使用方

---

① 树谦. 绿色科技城市园林绿地的功能作用 [J]. 绿色科技,2011 (2).
② 根据中国统计年鉴2019手工计算得出。

式粗放，浪费严重，万元 GDP 用水量是国际平均水平的 5 倍。所以在当前的自然条件下，发展节水产业意义非凡。发展节水产业要求扩大节水技术的推广和普及，尤其是要提高农业生产领域、居民家庭生活领域的节水技术普及程度；发展节水产业还要在产业布局上优先发展节水行业，对于那些虽然污染排放少，但是水资源需求量大的行业，如电解铝等，也要及时调整供水结构，鼓励使用中水、再生水，提高水资源的使用效率。

7.2.2.2 结合西部地区实际，加快西部地区环境建设

就西部地区内部而言，研究周期内综合指数虽然绝对值不高，但是上升幅度较为明显，从 1996 年的 0.077 提升到 2016 年的 0.131。进一步分析可以看出，主要是环境损害指数的快速拉动，从 1996 年的 0.113 上升到 0.229，明显快于其他地区，特别是西部的青海、宁夏环境损害指数从 1996 年的 0.005、0.018 快速提升到 2016 年的 0.054、0.06，几乎增长了 10 倍。各省份 2018 年居民人均可支配收入，其中排名后 10 名的，有 8 个都是西部省份，排名后 5 位的西藏、甘肃、贵州、云南、青海全部为西部省份。西藏、甘肃、贵州、云南、青海 2018 年人均居民收入 18809 元，仅仅是上海的 29%、北京的 30%①，差距十分明显，所以西部地区面临着比其他地区更为迫切的经济发展需要，短期内其环境污染上升的趋势不可能改变，唯一的途径就是加快环境建设。

（1）西部地区制定差异化的生态建设方案。西部生态禀赋差异较大，不同地区应选择适合本地区的环境建设方案，切勿"一刀切"。重庆、陕西、甘肃、宁夏、新疆的生态建设得分较低，其中重庆应重点加强水资源、林地资源建设，大力发展节水行业、开展植树造林，提高林地面积占比。陕西的水资源总量、林地面积、森林面积、湿地面积均表现欠佳，生态建设重点是陕北黄土高原的植树造林，大力开展退耕还林，退耕还草，

---

① 根据中国统计年鉴 2019 手工计算得出。

遏制陕北黄土高原的水土流失和风沙治理；此外要大力发展治沙产业，改变戈壁、沙漠的扩张现象。甘肃重点是增加防沙护林工程的效果，提高林地和森林覆盖率。宁夏重点是加强移民搬迁，实施生态安置，大规模地实施退耕还林、还草；围绕黄河水域，提高水资源利用效率，改善生态条件。新疆地区重点是围绕塔里木河，尽快修复生态原貌，增加湿地面积、提高水资源总量。

（2）在西部地区设定生态专属功能区。西部地区的生态环境不仅是西部可持续发展的基础，也是全国的生态屏障。建议在西部的青海、甘肃的祁连山走廊、陕西的秦巴山区、新疆的天山山脉地区、四川的川西地区等建立国家级的生态保护专区。在生态专区内不以经济发展为目的，禁止工业生产，杜绝经济发展的压力。专属区通过生态保护的补偿机制和财政转移支付形式，保证生态存量只增不减，在全国范围内形成生态资本的比较优势。

7.2.3　实施灵活的政策手段，提高西部绿色发展水平

7.2.3.1　建立统一的绿色发展考核体系纳入地方政府负责人考核方法

本书的研究显示，西部地区地方政府领导的政治考核机制意愿与绿色发展负相关，说明绿色发展的内部动力不足，究其原因是在政治考核机制的背景下，地方政府的发展内部动力主要来自完成中央政府的考核，而绿色发展在地方政府考核中权重有限，绿色发展的内部动力不强劲。

长期以来，地方政府政绩考核指标中，以经济发展的数量型指标类为主，尤其是经济发展数量型指标，如地区生产总值及其增长率。这就造成了"唯 GDP 论英雄"，在相当长的一段时期内 GDP、经济发展速度仍是决定地方政府领导升迁的主要评价指标，尤其是在当前经济下行压力增加、

国际发展环境严峻的背景下，规模和数量依然是首要关注点。在这种考核方式的传导机制推动下，围绕 GDP 形成了地区发展的粗放式的竞争机制，导致地方环境恶化、资源束缚。

习近平总书记在 2013 年 6 月中央组织会议上强调"干部考核不能简单以 GDP 论英雄"。[①] 随后，中央组织部下发《关于改进地方党政领导班子和领导干部政绩考核工作的通知》，明确规定今后对地方党政领导班子和领导干部的各类考核考察，不能仅仅把地区生产总值及增长率作为政绩评价的主要指标。从 2015 年以来，全国各地逐渐"淡化"GDP 考核，但是并没有真正放弃 GDP 考核，大多调低 GDP 考核目标权重，但是随着中美贸易纠纷、西方限制中国等事件的突发，外部环境的不确定性使得就业、物价、民生保障压力陡增，GDP 又被重视起来。特别是对于西部地区，发展的任务十分繁重，但是在发展 GDP 的同时一定要强调发展的效率和质量。减少考核的数量型指标只是第一步，还要发挥考核"指挥棒"的作用，通过质量型指标引导各级地方政府重视转变经济发展方式，提高发展质量。此外，各级政府要认真落实新的考核办法，形成上下联动，充分挖掘各级地方政府推动绿色发展的内部动力。

7.2.3.2 发挥好环境税和绿色补贴的作用，激励绿色发展

环境税来源于外部性理论，通过环境税收将污染排放者的外部成本内部化，实现减少污染排放的目的。而绿色环境补贴是指政府为了解决环境污染问题，对企业进行各种补贴，以帮助企业进行环境治理的行为。本书以西部地区为研究样本，结果显示，环境税和绿色补贴对于提高绿色发展水平均具有显著性影响。通过夏普利值分析发现，环境税对于绿色发展的影响程度已经超过了绿色补贴，说明环境税由于强制性、权威性等特征，

---

① 习近平：干部考核再也不能简单以 GDP 论英雄 [N]. 人民日报，2013 – 6 – 30，第 1 版.

能更有效地促进各地区提高绿色发展水平。

（1）适度扩大环境税的征收范围。2018年1月施行的《中华人民共和国环境保护税法》规定，环境保护税的征收范围为应税污染物，包括大气污染物、水污染物、固体废物和噪声四类。而对于农药、化肥等土壤污染并没有涉及。中国用全球8%的耕地养活了世界22%的人口，也消耗了全球47%的农药，每亩耕地的平均农药使用量是美国的四倍。我国粮食产量占世界的16%，但化肥用量占31%，每公顷化肥用量是世界平均用量的4倍。① 化肥、农药的不合理施用，降低了土壤有机元素，加重了土壤板结与污染，导致土壤质量下降与退化，造成农业生产条件变差，过量的化学成分也增加了农产品的残留量，通过食物链转入肉蛋奶中，易引发多种疾病。此外，从乡村振兴的战略高度也应将农业、土壤污染纳入征收范围。

（2）适度扩大环境税的征收对象。《中华人民共和国环境保护税法》规定，环境税的纳税人为直接向环境排放应税污染物的企业事业单位和其他生产经营者，也就是说企事业单位才是征收对象。但是生活污染排放总量持续增加，在污染排放总量中的比例也不断提高。2015年全国废水排放总量为735.3亿吨，其中生活污水排放535.2亿吨，占72.8%，较2005年提高了19个百分点②，设计适合以个人为对象的污水排放税收政策，应该摆上议事日程。

（3）加大减征力度，正向激励绿色发展。《中华人民共和国环境保护税法》规定只有两种情况可以减征环境税：纳税人排放应税大气污染物或者水污染物的浓度值低于国家和地方规定的排放标准30%，按75%征收环境保护税；纳税人排放应税大气污染物或者水污染物的浓度值低于国家和地方标准50%的，按50%征收环境保护税。这样的激励效果不大，

---

① 人工智能助力精准施药［N］．经济日报，2019-8-13，第16版．
② 根据中国环境统计年鉴2016手工计算得出。

建议按照 30% 为减征点，排放标准低于国家或地方标准在 30%～50% 的，按照线性比例原则减征，而对于排放标准低于国家或地方标准 50% 的，可以实行免征或缓征，进一步激励企业实施绿色发展。

7.2.3.3　积极推动单位强度减排

本书的研究显示，实行污染排放总量减排目标、资源消耗总量减排约束的效果并不显著，而实行单位强度污染减排、单位 GDP 资源消耗强度目标约束的效果反而显著。主要原因是地方政府为了提高 GDP 规模，往往采取的是减排"边际成本最小化"的执行方式，所以最终减排效果与当初的政策初衷有所偏差。这提示我们在加快绿色发展的过程中，充分用好单位强度减排降耗的政策工具。

（1）建立严格、透明、公平的强度减排约束政策体系，提高强度约束效率。应制定严格的强度减排监管制度，对于强度约束的条件、目标、约束对象、配套要求、实际效果等均应纳入监管内容，政府要不断完善强度约束的问责机制，对于违规者应制定严厉的惩罚措施。

（2）提高强度约束的公平性、透明性。强度减排年度计划、评价标准、考核内容应提前公布，执行过程中减排对象、执行情况应公示或公开，避免暗箱操作，强度约束的政府补贴资金的使用情况应接受审计等。

（3）建立强度约束评估机制，要评估各地区强度减排效果，对于减排效果好的地区或企业可列入"红名单"，下一年度可考虑给予补贴，而对于减排效果差的地区或企业可警告或纳入"黑名单"，减少项目审批和环境补贴。

（4）发挥环境工具"组合拳"优势。应充分鼓励、引导其他政策工具参与强度减排政策，通过政策引导、市场化运营，吸引银行、证券、基金和保险等行业参与强度减排，推进企业清洁生产，创新金融产品研发，开展碳排放权融资、绿色补贴权质押，提供绿色产品信贷等，撬动社会资源，降低强度减排的"挤出效应"。

7.2.3.4 充分发挥社会公众在生态环境治理中的作用

本书的研究结果显示，政府主导的生态环境治理模式和公众参与的环境治理模式与绿色发展均正相关。而且后者对提高绿色发展水平的影响程度在不断提高，特别是从 2013 年之后，社会公众参与的环境治理模式对绿色发展水平的影响已经超过了政府主导的环境治理模式，成为绿色发展的主要保障措施。这提示我们要充分发挥社会公众在绿色发展中的作用。2019 年 3 月习近平总书记在《求是》上发表文章《推动我国生态文明建设迈上新台阶》指出，"生态文明是人民群众共同参与共同建设共同享有的事业，要把建设美丽中国转化为全体人民自觉行动"。①

（1）扩大宣传，提高社会公众主动参与环境治理的积极性和主动性。社会公众参与是国家治理、环境治理水平的新体现。由于中国经济发展不平衡，各地政府的市场管理能力也不同，社会公众的背景、素质、学识也有差异，因此，社会公众参与环境治理的水平也不平衡。当前，政府机构应摒弃"家丑不可外扬"和"环保是政府自留地"的"小农"思想，主动扩大宣传，增进社会公众对生态环境的认识和了解；定期召开社会沟通会、听证会、新闻发布会，提高生态环境治理的透明度；设立专项奖励基金，鼓励社会公众参与环境治理。

（2）拓宽渠道，增加社会公众参与的途径。社会公众参与生态环境治理，为治理方、参与方提供了表达诉求、交换意见、讨论治理方案的沟通渠道，减少社会误解，降低因误解带来的非正常损失。在地域广阔、信息不对称的背景下，公众参与还能降低环境治理成本，更具经济性（涂正革，2018）。当前，社会新网络媒体发展迅速，作为政府主管部门应不断适应网络时代新变化，除了传统的电话、信件、信访、电子邮件等

---

① 推动我国生态文明建设迈上新台阶 [EB/OL]. 求是网，2019 - 1 - 31.

传统渠道外，还要通过微博、微信、抖音、论坛、博客、直播等，为社会公众提供多渠道、多形式的参与途径，吸引更多年轻人主动参与生态治理。

（3）加快推进第三方环境治理模式。2014 年 12 月国务院办公厅印发《关于推行环境污染第三方治理的意见》提出，到 2020 年环境第三方治理在环境公用设施、工业园区等重点领域取得显著进展，进一步激发社会资本进入污染治理市场的活力，提高污染治理效率和专业化水平。但在实际中，还存在各方责任不清晰、融资渠道不畅、评价标准不统一和政策支持乏力等问题（周五七，2017）。特别是采用 PPP 建设模式的项目，由于政府资金不到位、不认真履行合同等造成社会资金不敢、不愿也不想投入第三方环境治理中。因此，一是进一步深化政府职能改革，简政放权，避免大包大揽，通过资源配置将环境治理的权力适度让渡给企业、市场和社会组织。鼓励将第三方环境治理融资纳入绿色金融扶持范围。二是发挥行业协会等社会中介的作用，完善第三方环境污染治理企业的资质标准、信用评价等，建立第三方治理企业的准入机制、淘汰机制，维护良好市场运行机制。三是加强第三方环境治理监管。增强环境信息透明度，督促污染排放企业、第三方治污企业在一定范围内及时公布环境报告，保证政府、公众、评估机构能及时掌握企业环境污染治理信息。

7.2.4 把协同治理作为缩小绿色发展区域差异的关键步骤

本书引入泰尔指数将各地区绿色发展水平差异分解为区域间差异和区域内差异。研究结果显示，从各地区整体看，绿色发展水平的差异在不断缩小。全国绿色发展差异缩小的主要原因是区域内差异在不断缩小，而区域间差异却在不断上升，呈现出较明显的区域发展的板块特征。西部地区区域间差异对全国的影响从 1996 年的 10.43% 提高到 2016 年的 17.9%，区域内差异的影响从 30.57% 提高到 36.08%。[①] 可见，要降低全国绿色发展的不均衡性，关键是加快提高西部地区内部各省区市的绿色发展水平，进一步降低区域内差异的影响。

环境污染具有区域性、流动性特征，因此打破行政区域的束缚，按照环境地理区域协同治理是创新治理模式的有效尝试。

7.2.4.1 做好环境污染协同治理的顶层设计

西部地区作为经济发展欠发达地区，地域面积大，环境污染成因复杂、治理难度大。加强西部地区的污染协同治理，首先要将西部地区作为一个整体，采用系统论的研究方法，做好顶层设计，制定西部地区统一的环境污染治理任务、目标，并将其分解为各区域、各行业、各部门的细化目标，避免各自为政，每个省都从本省利益出发，"各扫门前雪"式地编制污染治理规划。

7.2.4.2 加强区域协同治理的法治保障

法治是推进区域环境协同治理的根本保障。当前我国关于环境治理的法律不少，但是解决跨区域环境治理的法律法规仍是空白，导致重要的流域污染问题无法可依，看似每个部门、每个省份都有责任，但是最后大家都没有责任；看似每个城市都投入大量人力物力去治理环境，但最后大家还是饱受污染之苦。应该加快协同治理立法步伐，将环境协同治理责任在法律层面加以固化。此外，还应加强区域内环境问题的协同执法力度，对于相同的污染问题，执法标准、执法程序、处理结果应具有可比性，保证区域内的统一尺度，避免污染企业或被执法对象之间的"攀比"和"寻租"，化解区域内环境治理执法差异和制度冲突。

---

① 本书计算结果。

7.2.4.3 建立区域内统一的环境污染信用体系

国家"十三五"规划把生态环境目标列为约束性指标，目的在于进一步强化地方政府的责任。而建立企业的环境信用体系，制定"黑名单"是各地政府常用的方法。为加强协同治理，各地区应建立统一的企业环境信用体系，共享企业污染排放数据和实行污染信息共享，对于污染严重、环境信用不佳的企业实施西部区域内统一对待，杜绝"黑名单"中的企业在一个地方被处罚后，打着投资的旗号，换一个地方继续原模式生产，污染环境。建立统一的企业环境信用体系有利于提高污染企业的污染社会成本，让这些企业"污不起"。

7.2.4.4 优化区域环境治理制度

一是调整环境治理资金投资方式，将国家环境治理投资从按行政区域投资变为按照污染区域或影响区域投资，明确污染区域内的一个统筹协调部门（或地方政府），加强区域间环境治理的交流与合作，可优先在京津冀、长江中上游沿江区域、西部生态脆弱区等重点区域率先示范。二是签订区域性的环境污染治理投资合同书，明确投资方向、金额和治理效果，改变"重事前评审，轻事后评估"的现状，提高资金使用效率。三是建立激励机制，环境治理资金优先向治理效率高的地区配置，倒逼地方政府推动地方经济调整，优化产业结构。四是制定严格的产业转移目录和配套政策，东部地区向中西部地区产业转移的行业，如果属于目录中严格管理的行业，转移方必须配套转移一定的环境治理资金和环境治理技术。

7.2.5 加快原创性技术创新能力，提高纯技术效率推动力

本书构建 MEBM-Luenberger 指数对 1997 ~ 2016 年发展效率的增长情

况进行分解，就全国范围而言，技术进步是绿色发展增长的主要因素，纯效率变动是次要因素。西部地区的技术进步同样是绿色发展效率变动主要因素。技术进步反映了通过引入新技术、新工艺带动生产前沿面向上移动，是技术革新自我发展的红利；而纯效率变动反映了生产过程中因生产技能提高、生产经验积累、劳动者技能提高、生产管理机制和体制创新等带来的产出效率的提高，是全要素生产率的本质诉求，也可以理解为生产条件、投入组合不变的情况下，产出的增加值。本书的研究显示，剔除技术进步因素后，西部地区的资源利用能力、生产组织管理能力对生产效率的改善作用较小。党的十八大提出要实施创新驱动发展战略，把科技创新摆在国家发展全局的核心位置。

一是注重西部引进技术的转化，吸收为自有技术，实现自有生产效率的提高；激励本地转化，对于在西部本地转化的给予差异化的奖励，可以实施税收减免或税收返还等奖励政策，吸引更多的成果在本地转化。建立成果转化服务体系。学习南京邮电大学"倒三角"管理、3S 商店服务、三链融合协同的"333"技术转移体系，同济大学借助第三方技术转移服务机构，形成"企业、高校、第三方技术转移机构"的模式。鼓励研发单位、政府科技主管部门建立符合成果转化特点的技术转移服务体系。建立健全成果转化工作机制，引导建立专门从事科技成果转化的管理服务机构。加强培育专业服务人才，相关部门研究建立技术经纪人培养体系，试点开设科技成果转移转化专业及课程。

二是提高西部企业的自主创新能力，提高研发投入，开发出更多具有自主知识产权的新产品和新技术；以芯片行业为例，美国政府制裁华为，将其列入工业和安全局（BIS）的实体名单，实施芯片禁运。但是华为公司及早谋划，卧薪尝胆，关键时刻转正"备胎"芯片，实现科技自立。探索创新激励机制，学习借鉴西安交通大学"职务科技成果收益（股权、现金）混合所有制"成果转化模式、西南交通大学职务科技成果混合所有制改革模式等，进一步调动科研人员转化科技成果的积极性，积极探索科技成果转化激励机制改革，灵活处理科技成果转化过程中遇到的问题。优化成果转化税收优惠政策备案程序，促进政策全面落实，允许通过持股平台转化的成果享受递延纳税政策。

三是高度重视教育，多项研究证明居民素质、劳动者素质对于提高绿色发展效率作用显著，因此重视教育能够从多种途径提高经济发展质量。十年树木，百年育人，不管是高等教育还是职业教育均有周期长、见效慢的特点，这就要求在各种教育实践中，要及早进行顶层规划，在教育兴国上要持之以恒、坚持不懈地落实，为绿色发展提供人力资本红利。

7.2.6　坚持创新驱动，提高环境治理质量

7.2.6.1　环境治理边际成本快速上升，粗放的治理方式不可持续

中国环境污染治理投资从 2000 年的 1010.47 亿元提高到 2017 年的 9539 亿元，平均每年增长 14.1%[①]，对保护环境起到了重要作用，但环境治理边际成本快速上升。如果用废水排放强度来衡量环境治理边际成本，"十五"期间每万元 GDP 废水排放量每下降 1 吨，需要增加环境治理资金 101.85 亿元（按照 2000 年的不变价计算，下同），"十一五"期间上升到 400.16 亿元，而 2016~2017 年则增加到 541.75 亿元。如果用二氧化硫排放强度来衡量环境治理边际成本，"十五"期间每万元 GDP 二氧化硫排放量每下降 1 千克，需要增加环境治理资金 217.2 亿元，"十一五"期间上升到 627.93 亿元，而 2016~2017 年则增加到 865 亿元。

边际治理成本的上升固然有边际收益递减规律的原因，但深层次原因是以增加资金投入、扩大人员队伍为主的粗放治理方式。高质量发展阶段，要实现环境治理的质量变革，必须推动治理方式向依靠科技进步、技

---

① 根据中国环境统计年鉴 2018 手工计算得出。

能提升、管理创新转变。

7.2.6.2 推动环境治理方式转型，提高治理质量的对策建议

（1）加强环保科技队伍建设。根据《中国环境年鉴》的数据，2000年全国环保系统科技人员为 6394 人，占环保系统总人数的 4.88%；2015年全国环保系统科技人员为 6776 人，占总人数的比例下降到 2.92%，其中地市和县级环保科技人员比例仅为 2.01%，环保科研队伍呈现出相对弱化的趋势。加强我国环保科技队伍建设，提高科技人员占比是落实创新驱动，提高环境治理质量的前提，特别是加强基层环保科技队伍建设应摆在重要位置。

（2）保持合理的环境科技投入。从国家生态环境部（含下属机构）公布的各年财政决算数据可以发现，2007～2010 年该部科技累计支出为40.3 亿元，占决算总支出的 35.43%；2011～2015 年科技累计支出占总支出比为 24.14%，2016～2018 年则下降到 20.01%。进一步分析，科技支出中基本支出（办公费、人员工资等）的比重从 2007～2010 年的 2.29%上升到 2016～2018 年的 5.56%，而用于科研项目支出的比重从 2007～2010 年的 97.6% 下降到 2016～2018 年的 94.44%。国家环境治理最高机构的科技支出占比、科技项目支出占比"双降"，与创新发展的趋势相悖，也会引发地方政府效仿，从而降低全国环境治理的科技投入强度。科技进步不是口号，没有一定的资金投入，提高环境治理的科技含量就是空话，特别是环境治理中的基础性研究，国家投入无可替代。

（3）提高环境治理"软实力"。第一，提高环境治理"软件"投资比例。全国环境污染治理投资总额中用于城市环境治理基础设施的"硬件"投资从 2000 年的 56.21% 持续上升到 2017 年的 63.8%（2010 年曾达到68.08%）。① 环境治理"硬件"必不可少，但是"软件"才是决定环境

---

① 根据中国环境统计年鉴 2018 手工计算得出。

治理能力的关键因素。硬件要"硬"，软件不能"软"，各级政府应加大面向环境治理"软件"的支持力度，尤其是治理研发、技能培训、科技项目转化和推广、管理机制等。第二，推进制度创新。一是完善环境治理考核机制，把环境治理效率或质量纳入地方政府、国家职能部门考核内容；二是制定国家层面的环境治理投资后评估办法，引导质量型治理；三是将环境治理资金从按行政区域配置调整为按污染区域配置；四是动员社会力量，鼓励社会公众参与环境治理；五是创新环境治理的融资政策，支持碳排放权融资、节能减排效果抵押、清洁生产信贷等。

（4）坚持合作开放的理念，吸引各方力量共同提高环境治理质量。一是环境科研项目面向全社会招标。生态环境部内部的科研项目大部分由下属科研机构承担，从 2000～2010 年科技投入产出的横向比较结果看，效果并不理想。环境治理是全国性的难题，环境治理主管部门要摒弃"肥水不流外人田"的本位意识，科研项目面向全国招标，引入竞争机制，鼓励系统外的科研单位参与。为防止走过场，项目评委要保持足够的外部评委比例。二是开放合作，鼓励更多的社会资本进入环境保护领域。要坚持开放的心态治理环境，按照市场化的运营机制，走社会化的治理道路，打破"闭门治污"的本位主义思想，千方百计吸引更多社会资本参与环境治理，让最先进的技术、最高效的治理模式参与环境治理。

（5）提高环境治理补贴透明度，提高使用效率。一是制定严格的环境治理补贴监管制度，对于补贴的条件、金额、发放对象、使用要求、实际使用效果等均应纳入监管范围；完善环境补贴的问责机制，对于违规者应制定严厉的惩处措施。二是提高环境治理补贴的公平性、透明性。补贴的年度计划、审核标准、补贴内容应提前公布，执行过程中补贴对象、补贴金额、补贴方式应公示或公开，避免暗箱操作；政府补贴资金的使用情况应接受审计等。三是建立环境治理补贴评估机制，对于接受补贴的企业，要评估其资金使用效果，资金使用效益好的单位可列入"红名单"，后期优先资助；资金使用效果差的应减少或停止后续补贴。

7.3　研究展望

本书基于强可持续理论对西部地区的绿色发展进行研究，但是受资料等原因的限制，仍然存在着一些不足之处，还有值得进一步研究的空间。

第一，环境污染评价体系有继续完善空间。本书将环境污染与经济产出同时纳入研究框架，为捕捉真实的经济发展效应奠定基础。本书基于强可持续理论，在测度环境污染时，构建了包含 15 个指标的评价体系。但是本书构建的生态建设指标多为耕地、森林、绿地等指标，对于土壤、沙化等指标未予以考虑。此外，随着生活水平的提高，居民污染排放也日益加重，因此主要关注工业污染的评价指标则略显滞后。选取的环境污染指标多为排放量指标，环境实时检测类指标采用的较少，如空气优良天数、PM2.5 平均浓度、地表水等级等指标，这可能导致评价结果与人的客观感知有所出入。在未来的研究中，完善测度指标体系，增强测度结果的人文感知，提高公众对环境评价的认同感，是需要继续研究的内容。

第二，缺乏绿色发展水平的国际化比较研究。本书基于中国现状，从国家、地区、省际维度分别研究生态环境质量、绿色发展效率、绿色发展水平，并对如何提高西部绿色发展水平的政策有效性进行了检验。受研究视野和数据所限，对于上述各项研究，缺乏不同国家之间的比较研究。在未来的研究中要拓展研究视野，通过国际比较，为全面制定适合中国实际的经济发展策略提供经验。

第三，本书的研究样本还有继续深化的空间。本书以省区市为研究对象，有可能导致局部小范围地区的绿色发展问题被忽略，可能会影响绿色发展地市层面的政策检验和政策建议。将研究样本拓展至地市层面，细化研究内容，提高研究的有效性和针对性，这些都有待深化。

参 考 文 献

[1] 芭芭拉·沃德，勒内·杜博斯．只有一个地球［M］．长春：吉林人民出版社，1997．

[2] 北京师范大学科学发展观与经济可持续发展研究基地，西南财经大学绿色经济与经济可持续发展研究基地，国家统计局中国经济景气监测中心．2013 中国绿色发展指数报告——区域比较［M］．北京：北京师范大学出版社，2013．

[3] 蔡乌赶．技术创新、制度创新和产业系统的协同演化机理及实证研究［J］．天津大学学报（社会科学版），2012（5）：401－406．

[4] 蔡晓春，肖小爱．基于超效率 DEA 的中国区域能源利用效率研究［J］．统计与信息论坛，2010，25（4）：33－40．

[5] 曹军新，姚斌．碳减排与金融稳定：基于银行信贷视角的分析［J］．中国工业经济，2014（9）：97－108．

[6] 常凯，宋夏云，童中文．在节能减排约束下中国能耗强度、碳排放强度与 EKC 效应［J］．科技管理研究，2015（14）：206－209．

[7] 陈亮，陈霞．迈过"中等收入陷阱"的战略选择——中国经济改革发展论坛（2010）讨论综述［J］．经济学动态，2011（5）：155－156．

[8] 陈诗一．能源消耗、二氧化碳排放与中国工业的可持续发展［J］．经济研究，2009，44（4）：41－55．

[9] 陈诗一. 中国各地区低碳经济转型进程评估 [J]. 经济研究, 2012 (8): 32 – 44.

[10] 陈文磊. 地方官员变更、政府干预与企业盈余管理方式选择 [J]. 山西财经大学学报, 2018 (4): 114 – 124.

[11] 陈业材.《世界自然资源保护大纲》简介 [J]. 环保科技, 1982 (2): 45 – 46.

[12] 成艾华. 技术进步、结构调整与中国工业减排——基于环境效应分解模型的分析 [J]. 中国人口·资源与环境, 2011, 21 (3): 41 – 47.

[13] 崔晶. 新型城镇化进程中地方政府环境治理行为研究 [J]. 中国人口·资源与环境, 2016 (8): 63 – 69.

[14] 戴星翼. 中等收入陷阱与资源环境约束 [J]. 毛泽东邓小平理论研究, 2015 (1): 10 – 14.

[15] 邓波, 张学军, 郭军华. 基于三阶段 DEA 模型的区域生态效率研究 [J]. 中国软科学, 2011 (1): 92 – 99.

[16] 邓文钱. 绿色发展的逻辑和路径——以供给侧结构性改革为分析视角 [J]. 江西社会科学, 2017 (11): 231 – 238.

[17] 董锋, 龙如银, 李晓晖. 考虑环境因素的资源型城市转型效率分析——基于 DEA 方法和面板数据 [J]. 长江流域资源与环境, 2012, 21 (5): 519 – 524.

[18] 董梅, 徐璋勇, 李存芳. 碳强度约束的模拟: 宏观效应、减排效应和结构效应 [J]. 管理评论, 2019, 31 (5): 53 – 65.

[19] 董梅, 徐璋勇, 李存芳. 碳强度约束下的节能减排效应分析——基于能源和部门结构视角 [J]. 软科学, 2018 (8): 86 – 90.

[20] 窦睿音, 刘学敏, 张昱. 基于能值分析的陕西省榆林市绿色 GDP 动态研究 [J]. 自然资源学报, 2016 (6): 994 – 1003.

[21] 杜飞进. 论国家生态治理现代化 [J]. 哈尔滨工业大学学报 (社会科学版), 2016 (3): 1 – 14.

［22］杜莉，周津宇．政府持股比例与金融机构资源配置的"绿色化"——基于银行业的研究［J］．武汉大学学报（哲学社会科学版），2018（3）：107－116．

［23］杜熙．农村绿色发展与生态文明建设中的人口素质——基于困境与策略的探讨［J］．理论月刊，2018（2）：154－160．

［24］樊华，周德群．考虑非合意产出的全要素能源效率研究［J］．数理统计与管理，2012，31（6）：1084－1096．

［25］范庆泉，周县华，刘净然．碳强度的双重红利：环境质量改善与经济持续增长［J］．中国人口·资源与环境，2015（6）：62－71．

［26］范子英，张军．财政分权与中国经济增长的效率——基于非期望产出模型的分析［J］．管理世界，2009（7）：15－25．

［27］封颖．中国科技政策良好体现环境保护的影响因素研究［J］．科技进步与对策，2017（19）：114－122．

［28］郭亚军，马凤妹，董庆兴．无量纲化方法对拉开档次法的影响分析［J］．管理科学学报，2011（5）：19－28．

［29］韩国高，张超．财政分权和晋升激励对城市环境污染的影响——兼论绿色考核对我国环境治理的重要性［J］．城市问题，2018（2）：25－35．

［30］韩艺．地方政府环境决策短视：原因分析、治理困境及路径选择［J］．北京社会科学，2014（5）：28－36．

［31］何爱平，安梦天．地方政府竞争、环境规制与绿色发展效率［J］．中国人口·资源与环境，2019，29（3）：21－30．

［32］何玉梅，吴莎莎．基于资源价值损失法的绿色 GDP 核算体系构建［J］．统计与决策，2017（17）：5－10．

［33］胡鞍钢，任皓，鲁钰锋等．中国跨越中等收入陷阱：基于五大发展理念视角［J］．清华大学学报（哲学社会科学版），2016（5）：62－73．

[34] 胡鞍钢, 周绍杰. 绿色发展: 功能界定、机制分析与发展战略 [J]. 中国人口·资源与环境, 2014 (1): 14 - 20.

[35] 胡鞍钢. 中国: 绿色发展与绿色 GDP (1970 - 2001 年度) [J]. 中国科学基金, 2005 (2): 22 - 27.

[36] 胡其图. 生态文明建设中的政府治理问题研究 [J]. 西南民族大学学报 (人文社会科学版), 2015, 36 (3): 209 - 212.

[37] 黄冬娅, 杨大力. 考核式监管的运行与困境: 基于主要污染物总量减排考核的分析 [J]. 政治学研究, 2016 (4): 101 - 112.

[38] 黄娟. 科技创新与绿色发展的关系——兼论中国特色绿色科技创新之路 [J]. 新疆师范大学学报 (哲学社会科学版), 2017 (2): 33 - 41.

[39] 黄亮雄, 张弛, 王贤彬. 高官落马、政治资源与中国上市企业绩效 [J]. 经济社会体制比较, 2018 (5): 135 - 148.

[40] 黄茂兴, 叶琪. 马克思主义绿色发展观与当代中国的绿色发展——兼评环境与发展不相容论 [J]. 经济研究, 2017 (6): 17 - 30.

[41] 黄先海, 金泽成, 余林徽. 要素流动与全要素生产率增长: 来自国有部门改革的经验证据 [J]. 经济研究, 2017, 52 (12): 62 - 75.

[42] 黄跃, 李琳. 中国城市群绿色发展水平综合测度与时空演化 [J]. 地理研究, 2017 (7): 1309 - 1322.

[43] 黄志斌, 姚灿, 王新. 绿色发展理论基本概念及其相互关系辨析 [J]. 自然辩证法研究, 2015, 31 (8): 108 - 113.

[44] 纪志宏, 周黎安, 王鹏等. 地方官员晋升激励与银行信贷——来自中国城市商业银行的经验证据 [J]. 金融研究, 2014 (1): 1 - 15.

[45] 蒋南平, 向仁康. 中国经济绿色发展的若干问题 [J]. 当代经济研究, 2013 (2): 50 - 54.

[46] 蒋德权, 姜国华, 陈冬华. 地方官员晋升与经济效率: 基于政绩考核观和官员异质性视角的实证考察 [J]. 中国工业经济, 2015 (10):

21－36.

　　［47］蒋伟，李蓉，强林飞等．环境约束下的中国全要素能源效率研究［J］．统计与信息论坛，2015，30（5）：22－28.

　　［48］孔含笑，沈镭，钟帅等．关于自然资源核算的研究进展与争议问题［J］．自然资源学报，2016（3）：363－376.

　　［49］莱斯特·R.布朗．建设一个可持续发展的社会［M］．北京：科学技术文献出版社，1984.

　　［50］雷切尔·卡森．寂静的春天［M］．北京：科学出版社，2007.

　　［51］李华旭，孔凡斌，陈胜东．长江经济带沿江地区绿色发展水平评价及其影响因素分析——基于沿江11省（市）2010－2014年的相关统计数据［J］．湖北社会科学，2017（8）：68－76.

　　［52］李丽平，周国梅，季浩宇．污染减排的协同效应评价研究——以攀枝花市为例［J］．中国人口·资源与环境，2010，20（S2）：91－95.

　　［53］李茂．联合国综合环境经济核算体系［J］．国土资源情报，2005（5）：13－16.

　　［54］李梦欣，任保平．中国特色绿色发展道路的阶段性特征及其实现的路径选择［J］．经济问题，2019（10）：32－38.

　　［55］李平．环境技术效率、绿色生产率与可持续发展：长三角与珠三角城市群的比较［J］．数量经济技术经济研究，2017，34（11）：3－23.

　　［56］李强．环境分权与企业全要素生产率——基于我国制造业微观数据的分析［J］．财经研究，2017（3）：133－145.

　　［57］李曦辉，黄基鑫．绿色发展：新常态背景下中国经济发展新战略［J］．经济与管理研究，2019（8）：3－15.

　　［58］李晓西，刘一萌，宋涛．人类绿色发展指数的测算［J］．中国社会科学，2014（6）：69－95.

　　［59］李妍，朱建民．生态城市规划下绿色发展竞争力评价指标体系构建与实证研究［J］．中央财经大学学报，2017（12）：130－138.

[60] 李政大，刘坤. 中国绿色包容性发展图谱及影响机制分析 [J]. 西安交通大学学报（社会科学版），2018（1）：48-59.

[61] 李政大，袁晓玲，杨万平. 环境质量评价研究现状、困惑和展望 [J]. 资源科学，2014（1）：175-181.

[62] 李子豪. 公众参与对地方政府环境治理的影响——2003-2013年省际数据的实证分析 [J]. 中国行政管理，2017（8）：102-108.

[63] 林伯强，李江龙. 环境治理约束下的中国能源结构转变——基于煤炭和二氧化碳峰值的分析 [J]. 中国社会科学，2015（9）：84-107.

[64] 林美顺. 清洁能源消费、环境治理与中国经济可持续增长 [J]. 数量经济技术经济研究，2017，34（12）：3-21.

[65] 刘伯龙，袁晓玲. 中国省际环境质量动态综合评价及收敛性分析：1996-2012 [J]. 西安交通大学学报（社会科学版），2015（4）：32-40.

[66] 刘冲，乔坤元，周黎安. 行政分权与财政分权的不同效应：来自中国县域的经验证据 [J]. 世界经济，2014（10）：123-144.

[67] 刘丹鹭. 中国服务业工资差异的决定因素：垄断还是创新 [J]. 学习与探索，2017（6）：127-135.

[68] 刘炯. 生态转移支付对地方政府环境治理的激励效应——基于东部六省46个地级市的经验证据 [J]. 财经研究，2015（2）：54-65.

[69] 刘军胜，马耀峰. 基于发生学与系统论的旅游流与目的地供需耦合成长演化与驱动机制研究——以西安市为例 [J]. 地理研究，2017，36（8）：1583-1600.

[70] 刘瑞明，金田林. 政绩考核、交流效应与经济发展——兼论地方政府行为短期化 [J]. 当代经济科学，2015（3）：9-18.

[71] 刘伟杰. 实现经济发展战略目标关键在于转变发展方式 [J]. 经济研究，2010（12）：14-16.

[72] 刘晓倩，范超. 基于弹性网模型的"中等收入陷阱"问题研究

[J]. 调研世界, 2018 (8): 3 - 11.

[73] 刘亦文, 文晓茜, 胡宗义. 中国污染物排放的地区差异及收敛性研究 [J]. 数量经济技术经济研究, 2016, 33 (4): 78 - 94.

[74] 娄树旺. 环境治理: 政府责任履行与制约因素 [J]. 中国行政管理, 2016 (3): 48 - 53.

[75] 卢洪友, 刘啟明, 祁毓. 中国环境保护税的污染减排效应再研究——基于排污费征收标准变化的视角 [J]. 中国地质大学学报 (社会科学版), 2018 (5): 67 - 82.

[76] 吕福新. 绿色发展的基本关系及模式——浙商和遂昌的实践 [J]. 管理世界, 2013 (11): 166 - 169.

[77] 罗党论, 佘国满, 陈杰. 经济增长业绩与地方官员晋升的关联性再审视——新理论和基于地级市数据的新证据 [J]. 经济学 (季刊), 2015 (3): 1145 - 1172.

[78] 马万里, 杨濮萌. 从"马拉松霾"到"APEC 蓝": 中国环境治理的政治经济学 [J]. 中央财经大学学报, 2015 (10): 16 - 22.

[79] 欧阳康. 绿色 GDP 绩效评估论要: 缘起、路径与价值 [J]. 华中科技大学学报 (社会科学版), 2017, 31 (6): 1 - 5.

[80] 祁毓, 卢洪友, 徐彦坤. 中国环境分权体制改革研究: 制度变迁、数量测算与效应评估 [J]. 中国工业经济, 2014 (1): 31 - 43.

[81] 乔晓楠, 段小刚. 总量控制、区际排污指标分配与经济绩效 [J]. 经济研究, 2012 (10): 121 - 133.

[82] 乔永璞, 储成君. 庇古税改革、可耗竭资源配置与经济增长 [J]. 经济与管理研究, 2018 (2): 19 - 30.

[83] 秦书生, 胡楠. 中国绿色发展理念的理论意蕴与实践路径 [J]. 东北大学学报 (社会科学版), 2017, 19 (6): 631 - 636.

[84] 任志宏, 赵细康. 公共治理新模式与环境治理方式的创新 [J]. 学术研究, 2006 (9): 92 - 98.

[85] 尚洪涛, 祝丽然. 政府环境研发补贴、环境研发投入与企业环境绩效——基于中国新能源企业产权异质性的数据分析 [J]. 软科学, 2018 (5): 40-44.

[86] 沈菊琴, 孙悦. 基于 DPSIR 模型的地区绿色 GDP 评价指标体系研究 [J]. 河海大学学报 (哲学社会科学版), 2016 (6): 56-61.

[87] 沈晓艳, 王广洪, 黄贤金. 1997—2013 年中国绿色 GDP 核算及时空格局研究 [J]. 自然资源学报, 2017 (10): 1639-1650.

[88] 石光, 周黎安, 郑世林等. 环境补贴与污染治理——基于电力行业的实证研究 [J]. 经济学 (季刊), 2016 (4): 1439-1462.

[89] 石莹, 朱永彬, 王铮. 成本最优与减排约束下中国能源结构演化路径 [J]. 管理科学学报, 2015 (10): 26-37.

[90] 史丹. 中国工业绿色发展的理论与实践——兼论十九大深化绿色发展的政策选择 [J]. 当代财经, 2018 (1): 3-11.

[91] 世界环境与发展委员会. 我们共同的未来 [M]. 长春: 吉林人民出版社, 1997.

[92] 舒绍福. 绿色发展的环境政策革新: 国际镜鉴与启示 [J]. 改革, 2016 (3): 102-109.

[93] 宋修霖, 龚梦洁, 王晓等. 地方政府 COD 总量减排途径及行为研究 [J]. 中国地质大学学报 (社会科学版), 2015 (4): 1-10.

[94] 汤维祺, 吴力波, 钱浩祺. 从"污染天堂"到绿色增长——区域间高耗能产业转移的调控机制研究 [J]. 经济研究, 2016 (6): 58-70.

[95] 唐任伍, 李澄. 元治理视阈下中国环境治理的策略选择 [J]. 中国人口·资源与环境, 2014, 24 (2): 18-22.

[96] 涂正革, 邓辉, 甘天琦. 公众参与中国环境治理的逻辑: 理论、实践和模式 [J]. 华中师范大学学报 (人文社会科学版), 2018, 57 (3): 49-61.

[97] 王兵, 侯冰清. 中国区域绿色发展绩效实证研究: 1998—

2013——基于全局非径向方向性距离函数 [J]. 中国地质大学学报（社会科学版），2017（6）：24-40.

[98] 王海芹，高世楫. 我国绿色发展萌芽、起步与政策演进：若干阶段性特征观察 [J]. 改革，2016（3）：6-26.

[99] 王继源，贾若祥. 培育我国跨越中等收入陷阱的第二梯队 [J]. 宏观经济管理，2018（11）：56-62.

[100] 王金南，田仁生，吴舜泽等."十二五"时期污染物排放总量控制路线图分析 [J]. 中国人口·资源与环境，2010，20（8）：70-74.

[101] 王金南，於方，曹东. 中国绿色国民经济核算研究报告 2004 [J]. 中国人口.资源与环境，2006（6）：11-17.

[102] 王军，李萍. 绿色税收政策对经济增长的数量与质量效应——兼议中国税收制度改革的方向 [J]. 中国人口·资源与环境，2018（5）：17-26.

[103] 王克强，熊振兴，刘红梅. 生态赤字税：理论与实证研究框架 [J]. 财经研究，2016（12）：4-15.

[104] 王立彦. 环境成本与 GDP 有效性 [J]. 会计研究，2015（3）：3-11.

[105] 王砾，孔东民，代昀昊. 官员晋升压力与企业创新 [J]. 管理科学学报，2018（1）：111-126.

[106] 王贤彬，张莉，徐现祥. 地方政府土地出让、基础设施投资与地方经济增长 [J]. 中国工业经济，2014（7）：31-43.

[107] 魏巍贤，赵玉荣. 可再生能源电价补贴的大气环境效益分析 [J]. 中国人口·资源与环境，2017（10）：209-216.

[108] 吴传清，黄磊. 演进轨迹、绩效评估与长江中游城市群的绿色发展 [J]. 改革，2017（3）：65-77.

[109] 吴健，陈青. 环境保护税：中国税制绿色化的新进程 [J]. 环境保护，2017（Z1）：28-32.

[110] 吴瑞财. 碎片化及其整合机制：国家主要污染物总量减排执行机制分析 [J]. 华侨大学学报（哲学社会科学版），2018（5）：109-116.

[111] 徐杰芳，田淑英，占沁嫣. 中国煤炭资源型城市生态效率评价 [J]. 城市问题，2016（12）：85-93.

[112] 徐晓亮. 清洁能源补贴改革对产业发展和环境污染影响研究——基于动态 CGE 模型分析 [J]. 上海财经大学学报，2018（5）：44-57.

[113] 徐盈之，管建伟. 中国区域能源效率趋同性研究：基于空间经济学视角 [J]. 财经研究，2011，37（1）：112-123.

[114] 许家云，毛其淋. 政府补贴、治理环境与中国企业生存 [J]. 世界经济，2016（2）：75-99.

[115] 许宪春，任雪，常子豪. 大数据与绿色发展 [J]. 中国工业经济，2019（4）：5-22.

[116] 杨飞. 环境税、环境补贴与清洁技术创新：理论与经验 [J]. 财经论丛，2017（8）：19-27.

[117] 杨国忠，姜玙. 多代竞争环境下政府补贴对绿色技术扩散的影响 [J]. 科技管理研究，2018（19）：247-255.

[118] 杨立华，刘宏福. 绿色治理：建设美丽中国的必由之路 [J]. 中国行政管理，2014（11）：6-12.

[119] 杨宜勇，吴香雪，杨泽坤. 绿色发展的国际先进经验及其对中国的启示 [J]. 新疆师范大学学报（哲学社会科学版），2017（2）：18-24.

[120] 殷杰兰. 论全球环境治理模式的困境与突破 [J]. 国外社会科学，2016（5）：75-82.

[121] 于潇，孙猛. 中国省际碳排放绩效及 2020 年减排目标分解 [J]. 吉林大学社会科学学报，2015（1）：57-65.

[122] 袁丽静，郑晓凡. 环境规制、政府补贴对企业技术创新的耦合

影响［J］.资源科学，2017（5）：911-923.

［123］袁倩.绿色发展的理念与实践及其世界意义［J］.国外理论动态，2017（11）：23-24.

［124］袁晓玲，景行军，李政大.中国生态文明及其区域差异研究——基于强可持续视角［J］.审计与经济研究，2016（1）：92-101.

［125］袁晓玲，杨万平，张跃胜等.中国环境质量综合评价报告（2018）［M］.北京：中国经济出版社，2018.

［126］袁晓玲.中国环境质量综合评价报告2013［M］.西安：西安交通大学出版社，2015.

［127］原毅军，谢荣辉.污染减排政策影响产业结构调整的门槛效应存在吗？［J］.经济评论，2014（5）：75-84.

［128］岳书敬，杨阳，许耀.市场化转型与城市集聚的综合绩效——基于绿色发展效率的视角［J］.财经科学，2015（12）：80-91.

［159］曾贤刚.中国区域环境效率及其影响因素［J］.经济理论与经济管理，2011（10）：103-110.

［130］湛泳，王恬.中国经济转型背景的包容性创新［J］.改革，2015（11）：54-65.

［131］张华，丰超，时如义.绿色发展：政府与公众力量［J］.山西财经大学学报，2017，39（11）：15-28.

［132］张欢，罗畅，成金华等.湖北省绿色发展水平测度及其空间关系［J］.经济地理，2016（9）：158-165.

［133］张健华，王鹏.中国全要素生产率：基于分省份资本折旧率的再估计［J］.管理世界，2012（10）：18-30.

［134］张劲松.去中心化：政府生态治理能力的现代化［J］.甘肃社会科学，2016（1）：12-17.

［135］张军，吴桂英，张吉鹏.中国省际物质资本存量估算：1952—2000［J］.经济研究，2004（10）：35-44.

[136] 张乾元，苏俐晖.绿色发展的价值选择及其实现路径 [J].新疆师范大学学报（哲学社会科学版），2017（2）：25－32.

[137] 张三元.绿色发展与绿色生活方式的构建 [J].山东社会科学，2018（3）：18－24.

[138] 张帅，史清华.应用人类发展指数和生态足迹的可持续发展研究——基于强可持续的研究范式 [J].上海交通大学学报（哲学社会科学版），2017，25（3）：99－108.

[139] 张同斌，张琦，范庆泉.政府环境规制下的企业治理动机与公众参与外部性研究 [J].中国人口·资源与环境，2017（2）：36－43.

[140] 张同斌，周县华，刘巧红.碳减排方案优化及其在产业升级中的效应研究 [J].中国环境科学，2018，38（7）：2758－2767.

[141] 张鑫，陈志刚.经济增长激励、官员异质性与城市工业污染：以长三角地区为例 [J].长江流域资源与环境，2018（7）：1413－1422.

[142] 张友国.公平、效率与绿色发展 [J].求索，2018（1）：72－81.

[143] 张友国.碳强度与总量约束的绩效比较：基于 CGE 模型的分析 [J].世界经济，2013（7）：138－160.

[144] 张子龙，薛冰，陈兴鹏等.基于哈肯模型的中国能源—经济—环境系统演化机制分析 [J].生态经济，2015（1）：14－17.

[145] 赵领娣，张磊，徐乐等.人力资本、产业结构调整与绿色发展效率的作用机制 [J].中国人口·资源与环境，2016（11）：106－114.

[146] 赵细康，吴大磊，曾云敏.基于区域发展阶段特征的绿色发展评价研究——以广东21地市为例 [J].南方经济，2018（3）：42－54.

[147] 郑海友，蒋锦洪.论实现"绿色发展"的四大支撑 [J].求实，2016（10）：54－61.

[148] 周国梅.绿色发展与环境保护关注问题分析 [J].环境保护，2016（22）：31－34.

［149］周黎安．中国地方官员的晋升锦标赛模式研究［J］．经济研究，2007（7）：36–50.

［150］周生贤．中国特色生态文明建设的理论创新和实践［J］．求是，2012（19）：16–19.

［151］周五七．中国环境污染第三方治理形成逻辑与困境突破［J］．现代经济探讨，2017（1）：33–37.

［152］周县华，范庆泉．碳强度减排目标的实现机制与行业减排路径的优化设计［J］．世界经济，2016（7）：168–192.

［153］周小亮，李婷．技术创新与制度创新协同演化下促进经济增长的条件研究［J］．东南学术，2017（1）：189–197.

［154］朱斌，吴赐联．福建省绿色城市发展评判与影响因素分析［J］．地域研究与开发，2016（4）：74–78.

［155］朱瑞雪．中国面临的"中等收入陷阱"及其应对［J］．经济研究导刊，2013（3）：5–6.

［156］朱喜安，李文静．金融发展与实体经济区域差异研究——基于夏普利值分解模型［J］．经济问题探索，2019（2）：109–117.

［157］诸大建．从"里约+20"看绿色经济新理念和新趋势［J］．中国人口·资源与环境，2012（9）：1–7.

［158］诸大建．可持续性科学：基于对象—过程—主体的分析模型［J］．中国人口·资源与环境，2016（7）：1–9.

［159］诸大建．绿色经济新理念及中国开展绿色经济研究的思考［J］．中国人口·资源与环境，2012（5）：40–47.

［160］邹庆华．生态环境协同治理中公民生态意识的培育［J］．哈尔滨工业大学学报（社会科学版），2016，18（5）：115–120.

［161］邹薇，楠玉．阻碍中国经济加速增长之源：1960—2012年［J］．经济理论与经济管理，2015（4）：68–80.

［162］邹璇，雷璨，胡春．环境分权与区域绿色发展［J］．中国人口·

资源与环境, 2019, 29 (6): 97 – 106.

[163] Asche F, Guttormsen A G, Nielsen R. Future challenges for the maturing Norwegian salmon aquaculture industry: An analysis of total factor productivity change from 1996 to 2008 [J]. Aquaculture, 2013, 396 – 399 (0): 43 – 50.

[164] Bai Y, Hua C, Jiao Jet al. Green efficiency and environmental subsidy: Evidence from thermal power firms in China [J]. Journal of Cleaner Production, 2018, 188: 49 – 61.

[165] Bardhan P, Udry C. Development microeconomics [M]. Oxford: Oxford University Press, 1999.

[166] Bauhardt C. Solutions to the crisis? The green new deal, degrowth, and the solidarity economy: alternatives to the capitalist growth economy from an ecofeminist economics perspective [J]. Ecological Economics, 2014, 102: 60 – 68.

[167] Beca P, Santos R. Measuring sustainable welfar: A new approach to the ISEW [J]. Ecological Economics, 2010, 69: 810 – 819.

[168] Böhmelt T, Vaziri F, Ward H. Does green taxation drive countries towards the carbon efficiency frontier? [J]. Journal of Public Policy, 2017, 38 (4): 481 – 509.

[169] Bowen A, Kuralbayeva K, Tipoe E L. Characterising green employment: The impacts of "greening" on workforce composition [J]. Energy Economics, 2018, 72: 263 – 275.

[170] Briec W, Peypoch N, Ratsimbanierana H. Productivity growth and biased technological change in hydroelectric dams [J]. Energy Economics, 2011, 33 (5): 853 – 858.

[171] Bulman D, Eden M, Nguyen H. Transitioning from low-income growth to high-income growth: is there a middle-income trap? [J]. Journal of the

Asia Pacific Economy, 2017, 22 (1): 5 – 28.

[172] Chambers R G, Chung Y, Färe R. Benefit and distance functions [J]. Journal of Economic Theory, 1996, 70 (2): 407 – 419.

[173] Chambers R G. Exact nonradial input, output, and productivity measurement [J]. Economic Theory, 2002, 20 (4): 751 – 765.

[174] Cheng G, Zervopoulos P D. Estimating the technical efficiency of health care systems: A cross-country comparison using the directional distance function [J]. European Journal of Operational Research, 2014, 238 (3): 899 – 910.

[175] Chung Y H, Färe R, Grosskopf S. Productivity and undesirable outputs: A directional distance function approach [J]. Journal of Environmental Management, 1997, 51 (3): 229 – 240.

[176] Davies A R. Cleantech clusters: Transformational assemblages for a just, green economy or just business as usual? [J]. Global Environmental Change, 2013, 23 (5): 1285 – 1295.

[177] DECC. The UK low carbon transition plan: national strategy for climate and energy act on CO_2 [M]. London: The Stationery Office, 2009.

[178] de Medeiros J F, Lago N C, Colling C et al. Proposal of a novel reference system for the green product development process (GPDP) [J]. Journal of Cleaner Production, 2018, 187: 984 – 995.

[179] Du J, Chen Y, Huang Y. A modified Malmquist-Luenberger productivity index: Assessing Environmental Productivity Performance in China [J]. European Journal of Operational Research, 2018, 269 (1): 171 – 187.

[180] Fabrizi A, Guarini G, Meliciani V. Green patents, regulatory policies and research network policies [J]. Research Policy, 2018.

[181] Fan L W, Wu F, Zhou P. Efficiency measurement of Chinese airports with flight delays by directional distance function [J]. Journal of Air

Transport Management, 2014, 34 (0): 140 – 145.

[182] Fraccascia L, Giannoccaro I, Albino V. Green product development: What does the country product space imply? [J]. Journal of Cleaner Production, 2018, 170: 1076 – 1088.

[183] Färe R, Grosskopf S, Pasurka Jr. C A. Environmental production functions and environmental directional distance functions [J]. Energy, 2007, 32 (7): 1055 – 1066.

[184] Färe R, Grosskopf S. Modeling undesirable factors in efficiency evaluation: Comment [J]. European Journal of Operational Research, 2004, 157 (1): 242 – 245.

[185] Fukuyama H, Weber W L. A directional slacks-based measure of technical inefficiency [J]. Socio-Economic Planning Sciences, 2009, 43 (4): 274 – 287.

[186] Gao J, Xiao Z, Wei Het al. Active or passive? Sustainable manufacturing in the direct-channel green supply chain: A perspective of two types of green product designs [J]. Transportation Research Part D: Transport and Environment, 2018, 65: 332 – 354.

[187] Garcia D J, You F. Introducing green GDP as an objective to account for changes in global ecosystem services due to biofuel production [J]. Computer Aided Chemical Engineering, 2017, 40: 505 – 510.

[188] Gouvea R, Kassicieh S, Montoya M J R. Using the quadruple helix to design strategies for the green economy [J]. Technological Forecasting and Social Change, 2013, 80 (2): 221 – 230.

[189] Gupta K, Kumar P, Pathan S Ket al. Urban neighborhood green index-A measure of green spaces in urban areas [J]. Landscape and Urban Planning, 2012, 105 (3): 325 – 335.

[190] Hailu A, Veeman T S. Non-parametric productivity analysis with

undesirable outputs: An application to the canadian pulp and paper Industry [J]. American Journal of Agricultural Economics, 2001, 83 (3): 605 – 616.

[191] He M, Zhou J, Liu L. A study of supporting legal policies for improving China's new energy automobile industry based on environmental benefits equilibrium-enlightenment from the environmental subsidies of Germany legal system [J]. International Journal of Hydrogen Energy, 2017, 42 (29): 18699 – 18708.

[192] Hole G, Hole A S. Recycling as the way to greener production: A mini review [J]. Journal of Cleaner Production, 2019, 212: 910 – 915.

[193] Hsueh S L. A fuzzy logic enhanced environmental protection education model for policies decision support in green community development [J]. Scientific World Journal, 2013, 2013: 250374.

[194] Hua Z, Bian Y. Performance measurement for network DEA with undesirable factors [J]. International Journal of Management & Decision Making, 2008, 9 (2): 141 – 153.

[195] Jain P, Jain P. Sustainability assessment index: a strong sustainability approach to measure sustainable human development [J]. International Journal of Sustainble Debelopment and World Ecology, 2013, 20 (2): 116 – 122.

[196] Kennet M. Green Economics: Setting the Scene. Aims, context, and philosophical underpinning of the distinctive New solutions offered by green economics [J]. Green Economics, 2006, 1 (1/2): 68 – 102.

[197] Kogan P, Arenas J P, Bermejo Fet al. A green soundscape index (GSI): The potential of assessing the perceived balance between natural sound and traffic noise [J]. Science of The Total Environment, 2018, 642: 463 – 472.

[198] Kumbhakar S, Denny M, Fuss M. Estimation and decomposition of

productivity change when production is not efficient: a paneldata approach [J]. Econometric Reviews, 2000, 19 (4): 312 - 320.

[199] Lawn P A. A theoretical foundation to support the index of sustainable economic welfare (ISEW), genuine progress indicator (GPI), and other related indexes [J]. Ecological Economics, 2003, 44 (01): 105 - 118.

[200] Lee Y N, Chau N, Just D R. Producer group participation in the trade adjustment assistance program for farmers before and after the American Recovery and Reinvestment Act of 2009 [J]. Food Policy, 2019, 86: 101724.

[201] Leipert C. A critical appraisal of gross national product: The measurement of net national welfare and environmental accounting [J]. Journal of Economics Issues, 1987, 21 (01): 357 - 373.

[202] Leslie G. Tax induced emissions? Estimating short-run emission impacts from carbon taxation under different market structures [J]. Journal of Public Economics, 2018, 167: 220 - 239.

[203] Li G, Fang C. Global mapping and estimation of ecosystem services values and gross domestic product: A spatially explicit integration of national "green GDP" accounting [J]. Ecological Indicators, 2014, 46: 293 - 314.

[204] Lin B, Jia Z. The energy, environmental and economic impacts of carbon tax rate and taxation industry: A CGE based study in China [J]. Energy, 2018, 159: 558 - 568.

[205] Liu G, Wang B, Zhang N. A coin has two sides: Which one is driving China's green TFP growth? [J]. Economic Systems, 2016, 40 (3): 481 - 498.

[206] Liu L, Zhang B, Bi J. Reforming China's multi-level environmental governance: Lessons from the 11th Five-Year Plan [J]. Environmental Science & Policy, 2012, 21 (8): 106 - 111.

[207] Li Z, Liao G, Wang Zet al. Green loan and subsidy for promoting clean production innovation [J]. Journal of Cleaner Production, 2018, 187: 421 – 431.

[208] Lu W, Wang W, Kweh Q L. Intellectual capital and performance in the Chinese life insurance industry [J]. Omega, 2014, 42 (1): 65 – 74.

[209] MacDonald S, Eyre N. An international review of markets for voluntary green electricity tariffs [J]. Renewable and Sustainable Energy Reviews, 2018, 91: 180 – 192.

[210] Manello A. Productivity growth, environmental regulation and win-win opportunities: The case of chemical industry in Italy and Germany [J]. European Journal of Operational Research, 2017, 262 (2): 733 – 743.

[211] Mardones C, Muñoz T. Environmental taxation for reducing greenhouse gases emissions in Chile: an input-output analysis [J]. Environment, Development and Sustainability, 2018, 20 (6): 2545 – 2563.

[212] Markandya A, González-Eguino M, Escapa M. From shadow to green: Linking environmental fiscal reforms and the informal economy [J]. Energy Economics, 2013, 40, Supplement 1 (0): S108 – S118.

[213] Martins N O. Ecosystems, strong sustainability and the classical circular economy [J]. Ecological Economics, 2016, 129: 32 – 39.

[214] Meadows D, Randers J, Meadows D. The limits to growth [M]. New York: Universe Books, 1972.

[215] Mekala G D, Hatton MacDonald D. Lost in transactions: analysing the institutional arrangements underpinning urban green infrastructure [J]. Ecological Economics, 2018, 147: 399 – 409.

[216] Mittal S, Dhar R L. Effect of green transformational leadership on green creativity: A study of tourist hotels [J]. Tourism Management, 2016, 57: 118 – 127.

[217] M L, A S, B J Z. Modeling undesirable factors in efficiency evaluation [J]. European Journal of Operational Research, 2002, 142 (1): 16 – 20.

[218] Musa H D, Yacob M R, Abdullah A Met al. Enhancing subjective well-being through strategic urban planning: Development and application of community happiness index [J]. Sustainable Cities and Society, 2018, 38: 184 – 194.

[219] Nahman A, Mahumani B K, de Lange W J. Beyond GDP: Towards a green economy index [J]. Development Southern Africa, 2016, 33 (2): 215 – 233.

[220] Neumayer E. On the methodology of ISEW, GPI and related measures: Some constructive suggestions and some doubt on the "threshold" hypothesis [J]. Ecological Economics, 2000, 34 (3): 347 – 361.

[221] Neumayer E. Weak versus strong sustainability: exploring the limits of two opposing paradigms [M]. Cheltenham: Edward Elgar, 2003.

[222] NEXT. California Green Innovation Index 2009 [R]. California: 2010.

[223] Nikolaou I E, Tsalis T A, Evangelinos K I. A framework to measure corporate sustainability performance: A strong sustainability-based view of firm [J]. Sustainable Production and Consumption, 2019, 18: 1 – 18.

[224] Nukman Y, Farooqi A, Al-Sultan Oet al. A strategic development of green manufacturing index (GMI) topology concerning the environmental impacts [J]. Procedia Engineering, 2017, 184: 370 – 380.

[225] Oh D, Phillips F, Chen H. Support mechanism in technopolis toward green growth [M].//Oh D, Phillips F. Technopolis. Springer London, 2014: 117 – 129.

[226] Oh D, Phillips F, Ko S. Eco-industrial park (EIP) initiatives to-

ward green growth: Lessons from Korean experience [M].//Oh D, Phillips F. Technopolis. Springer London, 2014: 357 – 369.

[227] O Keeffe J M, Gilmour D, Simpson E. A network approach to overcoming barriers to market engagement for SMEs in energy efficiency initiatives such as the Green Deal [J]. Energy Policy, 2016, 97: 582 – 590.

[228] Oliveira Neto G C D, Pinto L F R, Amorim M P Cet al. A framework of actions for strong sustainability [J]. Journal of Cleaner Production, 2018, 196: 1629 – 1643.

[229] Onuoha I J, Aliagha G U, Rahman M S A. Modelling the effects of green building incentives and green building skills on supply factors affecting green commercial property investment [J]. Renewable and Sustainable Energy Reviews, 2018, 90: 814 – 823.

[230] Pearce D. The Role of Carbon taxes in adjusting to global warming [J]. The Economic Journal, 1991, 101 (407): 938 – 948.

[231] Pearce D W, Atkinson G D. Capital theory and the measurement of sustainable development: an indicator of "weak" sustainability [J]. Ecological Economics, 1993, 8 (2): 103 – 108.

[232] Pearce D W. Blueprint: For a green economy [M]. London: Earthscan Ltd, 1989.

[233] Puppim De Oliveira J A, Doll C N H, Balaban O. et al. Green economy and governance in cities: assessing good governance in key urban economic processes [J]. Journal of Cleaner Production, 2013, 58 (0): 138 – 152.

[234] Read R. Beyond an Ungreen-Economics-Based Political Philosophy: Three Strikes Against The Difference Principle [J]. Green Economics, 2011, 5 (2): 167 – 183.

[235] Sarmiento C V, El Hanandeh A. Customers' perceptions and expec-

tations of environmentally sustainable restaurant and the development of green index: The case of the Gold Coast, Australia [J]. Sustainable Production and Consumption, 2018, 15: 16 – 24.

[236] Shang D, Yin G, Li Xet al. Analysis for green mine (phosphate) performance of China: An evaluation index system [J]. Resources Policy, 2015, 46: 71 – 84.

[237] Simão L, Lisboa A. Green marketing and green brand-The Toyota case [J]. Procedia Manufacturing, 2017, 12: 183 – 194.

[238] Singh A, Philip D, Ramkumar Jet al. A simulation based approach to realize green factory from unit green manufacturing processes [J]. Journal of Cleaner Production, 2018, 182: 67 – 81.

[239] Smith R. Development of the SEEA 2003 and its implementation [J]. Ecological Economics, 2007, 61 (4): 592 – 599.

[240] Stranlund J K. Public Technological aid to support compliance to environmental standards [J]. Journal of Environmental Economics and Management, 1997, 34 (3): 228 – 239.

[241] Tiwari S, Ahmed W, Sarkar B. Multi-item sustainable green production system under trade-credit and partial backordering [J]. Journal of Cleaner Production, 2018, 204: 82 – 95.

[242] Tone K, Tsutsui M. An epsilon-based measure of efficiency in DEA-a third pole of Technical Efficiency [J]. European Journal of Operational Research, 2010 (207): 1554 – 1563.

[243] Tone K. A slacks-based measure of efficiency in data envelopment analysis [J]. European Journal of Operational Research, 2001, 130 (3): 498 – 509.

[244] UNEP. Towards a green economy: Pathways to sustainable development and poverty eradication [EB/OL]. http://www. unep. org/greenecono-

my/Portals/88/documents/ger/GER_ synthesis_ en. pdf, 2011.

[245] Wan G. Accounting for income inequality in rural China: a regression-based approach [J]. Journal of Comparative Economics, 2004, 32 (2): 348 – 363.

[246] Wang M, Zhao H, Cui Jet al. Evaluating green development level of nine cities within the Pearl River Delta, China [J]. Journal of Cleaner Production, 2018, 174: 315 – 323.

[247] Wang Q, Wu J, Zhao Net al. Inventory control and supply chain management: A green growth perspective [J]. Resources, Conservation and Recycling, 2019, 145: 78 – 85.

[248] Wang Y, Xie B, Shang Let al. Measures to improve the performance of China's thermal power industry in view of cost efficiency [J]. Applied Energy, 2013, 112 (0): 1078 – 1086.

[249] Wen J, Wang H, Chen Fet al. Research on environmental efficiency and TFP of Beijing areas under the constraint of energy-saving and emission reduction [J]. Ecological Indicators, 2018, 84: 235 – 243.

[250] Yan D, Lei Y, Li Let al. Carbon emission efficiency and spatial clustering analyses in China's thermal power industry: Evidence from the provincial level [J]. Journal of Cleaner Production, 2017, 156: 518 – 527.

[251] Yang Y, Guo H, Chen Let al. Regional analysis of the green development level differences in Chinese mineral resource-based cities [J]. Resources Policy, 2019, 61: 261 – 272.

[252] Yuan B, Xiang Q. Environmental regulation, industrial innovation and green development of Chinese manufacturing: Based on an extended CDM model [J]. Journal of Cleaner Production, 2018, 176: 895 – 908.

[253] Yu C, Shi L, Wang Yet al. The eco-efficiency of pulp and paper industry in China: an assessment based on slacks-based measure and Malmquist-

Luenberger index [J]. Journal of Cleaner Production, 2016, 127: 511 – 521.

[254] Yu S, Wei Y, Wang K. Provincial allocation of carbon emission reduction targets in China: An approach based on improved fuzzy cluster and Shapley value decomposition [J]. Energy Policy, 2014, 66: 630 – 644.

[255] Yu Y, Han X, Hu G. Optimal production for manufacturers considering consumer environmental awareness and green subsidies [J]. International Journal of Production Economics, 2016, 182: 397 – 408.

[256] Yu Y, Yu M, Lin Let al. National green GDP assessment and prediction for China based on a Ca-Markov land use simulation model [J]. Sustainability, 2019, 11 (5763).

[257] Zhou P, Ang B W, Wang H. Energy and CO2 emission performance in electricity generation: A non-radial directional distance function approach [J]. European Journal of Operational Research, 2012, 221 (3): 625 – 635.

附　录

1996~2016 年全国各地区环境质量综合指数

省区市	1996年	1997年	1998年	1999年	2000年	2001年	2002年	2003年	2004年	2005年	2006年	2007年	2008年	2009年	2010年	2011年	2012年	2013年	2014年	2015年	2016年
安徽	0.143	0.156	0.156	0.153	0.162	0.167	0.164	0.170	0.186	0.197	0.203	0.214	0.222	0.230	0.237	0.268	0.266	0.269	0.265	0.258	0.248
北京	0.071	0.068	0.073	0.066	0.056	0.056	0.055	0.060	0.064	0.064	0.068	0.070	0.069	0.072	0.074	0.074	0.071	0.071	0.073	0.074	0.077
福建	0.084	0.078	0.083	0.093	0.096	0.103	0.109	0.126	0.138	0.145	0.147	0.165	0.170	0.178	0.168	0.186	0.172	0.179	0.177	0.170	0.156
甘肃	0.057	0.063	0.066	0.061	0.061	0.062	0.068	0.076	0.078	0.086	0.086	0.095	0.098	0.098	0.107	0.138	0.138	0.137	0.138	0.136	0.130
广东	0.181	0.161	0.196	0.181	0.211	0.211	0.234	0.260	0.276	0.301	0.296	0.334	0.300	0.315	0.310	0.342	0.327	0.308	0.339	0.330	0.312
广西	0.095	0.099	0.112	0.111	0.125	0.117	0.121	0.148	0.159	0.171	0.160	0.196	0.185	0.18	0.181	0.171	0.161	0.149	0.148	0.137	0.146
贵州	0.067	0.071	0.150	0.122	0.124	0.120	0.116	0.121	0.123	0.127	0.140	0.136	0.125	0.128	0.131	0.129	0.127	0.134	0.128	0.120	0.117
海南	0.010	0.012	0.013	0.011	0.015	0.014	0.017	0.019	0.023	0.024	0.026	0.029	0.036	0.045	0.047	0.046	0.046	0.052	0.050	0.051	0.047
河北	0.216	0.222	0.257	0.252	0.250	0.264	0.273	0.289	0.321	0.337	0.363	0.381	0.368	0.377	0.393	0.453	0.437	0.445	0.433	0.411	0.392
河南	0.204	0.224	0.246	0.254	0.256	0.278	0.288	0.287	0.319	0.348	0.375	0.386	0.39	0.399	0.397	0.445	0.433	0.432	0.430	0.425	0.417
黑龙江	0.070	0.080	0.077	0.078	0.077	0.085	0.058	0.084	0.091	0.093	0.098	0.102	0.102	0.095	0.099	0.111	0.097	0.081	0.088	0.088	0.086
湖北	0.204	0.206	0.208	0.207	0.215	0.217	0.211	0.217	0.243	0.246	0.266	0.263	0.268	0.273	0.274	0.308	0.296	0.274	0.271	0.259	0.246

续表

省区市	1996年	1997年	1998年	1999年	2000年	2001年	2002年	2003年	2004年	2005年	2006年	2007年	2008年	2009年	2010年	2011年	2012年	2013年	2014年	2015年	2016年
湖南	0.149	0.147	0.155	0.157	0.158	0.182	0.153	0.177	0.195	0.203	0.199	0.210	0.206	0.211	0.208	0.230	0.211	0.218	0.208	0.205	0.195
吉林	0.083	0.085	0.086	0.090	0.089	0.090	0.089	0.089	0.100	0.108	0.115	0.122	0.124	0.126	0.125	0.138	0.140	0.134	0.143	0.143	0.138
江苏	0.292	0.282	0.306	0.296	0.309	0.345	0.290	0.339	0.372	0.403	0.410	0.400	0.400	0.399	0.419	0.393	0.441	0.426	0.431	0.425	0.415
江西	0.081	0.078	0.076	0.082	0.091	0.085	0.088	0.102	0.122	0.129	0.134	0.152	0.150	0.155	0.149	0.178	0.158	0.172	0.164	0.165	0.166
辽宁	0.193	0.196	0.206	0.204	0.204	0.191	0.193	0.199	0.204	0.237	0.251	0.258	0.270	0.257	0.261	0.298	0.282	0.273	0.294	0.291	0.271
内蒙古	0.049	0.059	0.055	0.058	0.058	0.059	0.067	0.084	0.077	0.090	0.100	0.105	0.110	0.111	0.117	0.128	0.117	0.098	0.110	0.110	0.109
宁夏	0.017	0.019	0.024	0.024	0.026	0.027	0.031	0.037	0.040	0.045	0.048	0.052	0.052	0.050	0.068	0.071	0.068	0.067	0.070	0.067	0.065
青海	0.004	0.004	0.006	0.006	0.006	0.006	0.006	0.007	0.009	0.014	0.015	0.017	0.019	0.021	0.023	0.040	0.025	0.025	0.026	0.042	0.041
山东	0.307	0.316	0.364	0.388	0.351	0.361	0.380	0.402	0.415	0.446	0.466	0.473	0.471	0.473	0.496	0.518	0.508	0.493	0.502	0.520	0.520
山西	0.115	0.119	0.168	0.157	0.163	0.170	0.187	0.193	0.200	0.212	0.213	0.215	0.220	0.216	0.238	0.271	0.244	0.267	0.261	0.247	0.235
陕西	0.088	0.080	0.089	0.090	0.087	0.089	0.094	0.103	0.114	0.125	0.128	0.133	0.139	0.141	0.148	0.161	0.160	0.160	0.164	0.162	0.161
上海	0.129	0.118	0.127	0.122	0.122	0.123	0.114	0.123	0.126	0.132	0.136	0.140	0.137	0.131	0.137	0.129	0.127	0.126	0.118	0.116	0.114
四川	0.107	0.119	0.133	0.121	0.139	0.136	0.147	0.140	0.158	0.153	0.177	0.180	0.170	0.170	0.166	0.171	0.153	0.145	0.145	0.147	0.144
天津	0.038	0.041	0.040	0.040	0.050	0.047	0.044	0.046	0.047	0.055	0.056	0.056	0.058	0.060	0.064	0.066	0.068	0.067	0.069	0.067	0.067
新疆	0.046	0.049	0.059	0.058	0.056	0.058	0.059	0.066	0.074	0.081	0.086	0.093	0.099	0.101	0.104	0.127	0.136	0.140	0.156	0.146	0.143
云南	0.047	0.056	0.057	0.050	0.055	0.055	0.059	0.069	0.065	0.077	0.084	0.086	0.090	0.096	0.098	0.128	0.125	0.122	0.123	0.120	0.116
浙江	0.134	0.131	0.157	0.160	0.168	0.186	0.190	0.213	0.223	0.238	0.243	0.251	0.253	0.257	0.261	0.276	0.255	0.265	0.260	0.255	0.252
重庆	0.083	0.071	0.112	0.129	0.122	0.115	0.124	0.121	0.128	0.135	0.143	0.132	0.137	0.143	0.129	0.120	0.116	0.115	0.116	0.118	0.117

附表 B　1997～2016 年（基期=1996 年）全国各地区绿色水平

省区市	1997年	1998年	1999年	2000年	2001年	2002年	2003年	2004年	2005年	2006年	2007年	2008年	2009年	2010年	2011年	2012年	2013年	2014年	2015年	2016年
安徽	0.20	0.16	0.15	0.01	0.06	0.07	0.01	0.02	0.01	0.01	0.01	0.01	0.01	0.02	0.01	0.01	0.01	0.02	0.03	0.02
北京	0.28	0.18	0.62	1.72	0.85	1.03	0.51	0.12	1.50	0.30	1.21	0.42	0.59	0.54	0.50	1.08	1.53	0.94	0.82	1.05
福建	0.06	0.03	0.02	0.01	0.02	0.02	0.01	0.01	0.00	0.03	0.02	0.01	0.00	0.00	-0.08	0.11	0.04	0.00	0.02	0.10
甘肃	0.04	0.05	0.06	0.06	0.06	-0.03	-0.09	0.01	0.10	0.04	0.02	0.06	0.09	0.00	0.01	0.04	0.04	0.09	0.13	0.19
广东	0.00	0.02	0.10	0.01	0.13	0.00	0.00	0.00	0.00	0.04	0.00	0.05	0.00	0.01	0.01	0.00	0.03	0.01	0.02	0.01
广西	-0.14	0.33	0.09	-0.25	0.52	-0.05	-0.29	-0.12	0.08	0.05	0.02	0.21	0.17	0.05	0.12	0.57	0.39	0.21	0.67	0.24
贵州	0.05	0.04	-0.01	0.00	-0.06	0.00	-0.02	0.04	0.12	0.03	0.07	0.06	0.06	0.06	0.05	0.05	0.02	0.05	0.13	0.03
海南	0.01	0.27	0.03	-0.39	0.37	0.61	-1.22	1.08	-0.28	0.26	-0.04	0.30	-0.11	0.31	0.16	0.00	0.13	0.00	-0.25	-0.43
河北	0.08	0.20	0.09	0.04	0.14	0.00	0.03	0.05	0.11	0.04	0.04	0.16	-0.04	0.03	0.04	0.13	0.07	0.15	0.24	0.28
河南	0.09	0.25	0.12	0.04	-0.05	0.00	-0.05	-0.14	0.14	0.08	0.00	0.04	0.11	0.11	0.01	0.11	0.25	0.26	0.28	0.32
黑龙江	0.04	0.08	0.22	0.21	0.23	0.54	-0.25	0.17	0.30	0.09	0.08	0.15	0.58	0.30	0.33	0.81	0.80	0.25	0.22	0.30
湖北	0.09	0.20	0.00	0.24	0.24	0.18	-0.06	0.10	-0.28	0.15	0.11	0.23	0.31	-0.05	0.16	0.40	0.13	0.32	0.34	0.11
湖南	0.43	0.25	0.39	0.10	-0.05	0.03	-0.18	-0.23	0.33	-0.14	-0.41	0.20	0.20	0.21	0.00	0.44	0.84	0.64	0.44	0.22
吉林	0.14	0.39	0.12	0.12	0.12	0.13	0.23	0.21	0.42	0.35	0.03	0.20	0.39	-0.01	0.47	-0.42	0.98	0.28	0.38	0.21
江苏	0.48	0.67	0.19	-0.23	0.05	0.03	0.01	-0.05	-0.27	-0.02	0.24	0.42	0.45	0.18	0.32	0.57	0.58	0.62	0.66	0.43
江西	0.38	0.29	0.14	0.01	0.09	0.01	-0.38	-0.48	0.44	0.18	-0.03	0.28	0.08	0.00	0.00	0.15	0.00	0.10	0.06	0.04
辽宁	0.27	0.28	0.13	0.04	0.25	0.24	0.10	0.05	0.01	0.01	0.05	0.03	0.01	0.01	0.00	0.00	0.01	0.00	0.59	0.04

续表

省区市	1997年	1998年	1999年	2000年	2001年	2002年	2003年	2004年	2005年	2006年	2007年	2008年	2009年	2010年	2011年	2012年	2013年	2014年	2015年	2016年
内蒙古	0.12	0.62	-0.57	0.04	0.04	0.01	0.04	0.00	0.14	0.15	0.09	0.14	0.07	0.01	-0.02	-0.01	0.00	-0.05	0.19	0.13
宁夏	0.04	0.10	-0.02	0.02	0.02	0.03	0.03	0.00	0.09	0.02	0.04	0.07	0.00	0.09	0.05	0.08	0.01	0.03	-0.05	-0.02
青海	0.00	-0.03	-0.34	0.03	0.09	0.06	-0.11	0.05	0.10	0.07	0.10	0.15	0.08	0.11	0.11	0.14	-0.02	-0.01	0.10	-0.06
山东	0.43	1.04	0.86	-0.69	-0.79	0.61	-0.01	-0.04	0.06	0.06	0.22	0.33	0.32	0.08	0.12	0.21	0.22	0.40	-0.56	0.13
山西	0.04	0.14	-0.05	0.04	0.06	0.09	0.06	0.12	0.09	0.02	0.08	0.07	0.01	-0.01	0.03	0.02	0.04	0.05	-0.06	0.00
陕西	0.12	0.18	-0.06	-0.02	-0.21	-0.03	0.09	-0.07	0.13	-0.05	0.03	0.07	0.15	0.02	0.08	0.12	0.10	0.12	0.10	-0.11
上海	0.24	0.15	0.17	0.03	0.22	0.14	0.02	0.06	0.03	0.07	0.23	0.04	0.16	0.02	0.15	0.22	0.17	0.14	0.04	0.21
四川	0.17	-0.01	0.09	0.08	0.15	-0.01	-0.20	0.01	0.17	-0.01	0.08	0.05	0.08	0.09	0.07	0.14	0.34	0.07	0.34	0.20
天津	0.29	0.59	0.21	0.47	0.49	0.39	0.36	0.42	0.43	0.32	0.21	0.40	0.31	0.09	0.15	0.07	0.12	0.04	0.00	0.22
新疆	0.03	0.38	-0.07	0.36	0.02	-0.02	0.12	0.11	0.12	0.11	0.10	0.16	0.10	0.06	0.02	0.05	-0.01	-0.01	0.00	-0.02
云南	0.02	0.03	0.26	0.03	0.14	0.02	0.03	0.10	0.01	0.04	0.09	0.10	0.02	0.03	0.00	0.01	0.10	0.02	0.06	0.06
浙江	0.29	0.18	0.04	-0.43	0.14	-0.07	0.02	0.09	0.09	-0.02	0.19	0.37	0.32	0.04	0.31	0.51	0.44	0.76	0.46	0.41
重庆	0.13	-0.09	-0.02	-0.01	0.28	0.08	0.41	-0.13	-0.24	0.09	0.12	0.12	0.17	0.09	0.10	0.17	0.19	0.07	0.25	0.28

后　　记

感谢国家哲学社会科学基金的资助，使我能够静下心来，潜心完成这个项目。国家哲学社会科学基金在推进我国人文社会科学的学科体系建设、科研方法创新等方面具有无法替代的作用，尤其是对于新时代中国特色社会主义实践项目的支持，是指引每一个科研工作者"把论文写在祖国大地上"的前进号角和强大后盾。

感谢在百忙之中评审结项报告的各位专家，您的批评指正是我做好后续相关研究的指引，是进一步锤炼自己，加强学术修养，不断提高科研能力的前进方向。

李政大

2022. 3. 10